8° Lj 9/757

EXTRAIT
DE LA REVUE GÉNÉRALE
DE
L'ARCHITECTURE ET DES TRAVAUX PUBLICS,
Publiée Mensuellement
PAR **M. CÉSAR DALY**, ARCHITECTE.

———— ✦ ————

MÉMOIRE

SUR

TRENTE - DEUX STATUES SYMBOLIQUES

OBSERVÉES DANS LA PARTIE HAUTE

DES TOURELLES DE SAINT - DENYS,

PAR

Mme FÉLICIE D'AYZAC,
Dame de la Maison royale de la Légion-d'Honneur (Saint-Denys).

Précédé d'une Introduction

TRAITANT

DU SYMBOLISME DANS L'ARCHITECTURE,

Par **M. CÉSAR DALY**, architecte.

———— ✦ ————

PARIS.

AUX BUREAUX DE LA REVUE GÉNÉRALE DE L'ARCHITECTURE
ET DES TRAVAUX PUBLICS,
6, RUE DE FURSTEMBERG.

1847.

EXTRAIT

DU 7ᵉ VOLUME DE LA REVUE GÉNÉRALE

DE

L'ARCHITECTURE ET DES TRAVAUX PUBLICS[1],

PUBLICATION MENSUELLE

DIRIGÉE PAR **M. CÉSAR DALY**, ARCHITECTE,

Membre de l'Académie royale des Beaux-Arts de Stockholm, de l'Institut royal des Architectes britanniques, de la Société des Beaux-Arts d'Athènes, etc., etc.

◇◇◇◇◇◇◇◇◇◇

DU SYMBOLISME
DANS L'ARCHITECTURE.

L'ANTIQUITÉ ET LE MOYEN AGE.

Sommaire. — *Un dialogue* à l'occasion d'un monument du moyen âge, où l'un des interlocuteurs découvre des monstruosités physiques, et l'autre de grandes beautés morales.
Fragments d'une correspondance entre deux artistes : Des désirs exprimés par l'art antique, et des aspirations reflétées par l'art du moyen âge. — L'antiquité a cultivé le beau; le moyen âge, le beau et le laid. Pourquoi ? — *Timor Dei* et *amor Dei*, de leur influence sur l'art. — Au moyen âge l'art devait nécessairement rechercher les formes symboliques. Preuves de ce fait puisées dans le but de l'art, dans des circonstances d'à-propos et dans les traditions religieuses. — L'art tout entier est nécessairement symbolique de l'état matériel, moral et intellectuel de l'humanité. Démonstration de cette vérité. — Les lignes géométriques de l'architecture ont un sens symbolique, que les architectes l'aient voulu ou non. Application de cette théorie à l'interprétation de l'architecture égyptienne. — Récit biblique exprimant le but éternel de l'art. — Les arts plastiques sont des langues.

---

[1] Format grand in-4º. Chaque numéro se compose de trois feuilles de texte élucidées par des gravures sur bois et accompagnées de 4 ou 5 planches admirablement gravées sur acier.

PRIX DE L'ABONNEMENT :

Pour Paris :	*Par la poste, pour les départ. et l'étranger :*
Un an . . . . . . 40 fr.	Un an . . . . . . 45 fr.
Six mois. . . . . 20 fr.	Six mois. . . . . . 23 fr.

Prix de chacun des cinq volumes déjà publiés :
Broché, 40 fr. — Cartonné, 42 fr. — Relié en toile gaufrée, lettres d'or, 45 fr.
Le port en sus pour les départements et l'étranger.

Des éléments constitutifs et de la syntaxe de ces langues plastiques. — Le symbolisme est quelquefois instinctif, quelquefois intentionnel. — Des excellents travaux des PP. Martin et Léon Cahier sur le symbolisme. — Des études considérables de madame Félicie d'Ayzac sur le symbolisme, et résultats inévitables que produiront ces travaux.
Encore un dialogue : La laideur physique au service de la beauté morale. — Les monstres sont bons à quelque chose. — Un ami exclusif de l'antiquité comprend enfin le moyen âge (à bon entendeur salut). — Les lecteurs de la *Revue* sont priés d'accorder une très sérieuse attention au Mémoire de madame F. d'Ayzac, qui suit immédiatement ce travail.

Dialogue.

Par un beau jour d'été, il y a plusieurs années de cela, j'étais assis devant l'imposant et splendide portique qui décore d'une façon si magistrale le côté nord de la cathédrale de Chartres : l'âme pleine d'émotion en face de cet immense poëme religieux, je m'efforçais d'en reproduire l'image, en lui conservant ce caractère particulier de naïveté dans le détail et de pompe dans l'ensemble qui en fait une œuvre si étonnante.

La grande chaleur du jour avait passé sur moi sans troubler l'extase où me plongeait ma juste admiration ; et les curieux qui m'avaient entouré pendant une grande partie de la journée, s'étaient peu à peu retirés d'auprès de moi. Seul enfin, avec mes pensées, mon esprit obéit aux sollicitations du chef-d'œuvre que j'étudiais, et mon imagination peupla bientôt le vide qui s'était fait autour de moi. Je voyais sortir par la porte centrale une procession d'hommes voués à Dieu et de petits enfants, dont le chant, d'un style large et simple, semblait faire tressaillir jusqu'aux immobiles figures assises dans les voûtes. Devant ce cortége sacré, la foule qui encombrait le portique, qui s'étageait sur le perron et se pressait sur le parvis, ouvrait ses rangs et s'écartait respectueusement ; les têtes se courbaient, les genoux fléchissaient ; tout était solennel, grave et religieux ; une foi profonde harmonisait les hommes et les choses de ce tableau ; les sentiments des assistants concordaient avec l'idéal artistique d'où était sorti le beau monument que je dessinais.

« Mais, au nom de quel démon, ennemi du beau, te
donnes-tu un mal si effrayant pour copier les infirmités de
ce saint Jean-Baptiste ? »

Ce brusque propos me fut adressé par un ancien ami, ca-
marade d'étude, que je ne m'attendais guère à rencontrer
devant la belle basilique chartraine. Je lui tendis la main.

« Tu fus toujours un peu sceptique, lui dis-je, et tu es en
outre sculpteur. Détachée de l'ensemble du portail, cette
figure de saint Jean-Baptiste peut offrir, en effet, quelque
prise à la critique, à la tienne particulièrement; car tu aimes
et tu respectes surtout les beautés du corps, ce sont les splendeurs du tabernacle qui te séduisent. Pour moi, architecte,
et quelque peu poëte, j'avoue que c'est d'abord l'ensemble
d'une œuvre qui m'impressionne : c'est l'esprit générateur de
la composition, et les grandes lignes de la forme plastique
dans lesquelles cet esprit s'est incarné; et vraiment, je
trouve ici beaucoup à admirer.

Regardez bien, ne semble-t-il pas qu'un fluide vital cir-
cule à travers ces pierres; que ces murs, ces piliers, ces
trumeaux, ces voûtes que couvrent de célestes phalanges,
s'animent sous le regard mental de celui qui sent l'influence
d'une foi profonde ? Quant à moi, ce spectacle me transporte
à travers les espaces et les siècles : tenez, ici, en avant du tru-
meau de la porte centrale, est la Vierge Marie tenant doucement embrassé son Enfant divin; au-dessus de la porte vous
voyez sa glorification : elle est assise à la droite du Seigneur.
N'y a-t-il pas là l'expression du fait capital de notre civilisation
moderne : la glorification de la mère, le respect de la
femme, l'ennoblissement de la chasteté ?

Rappelez-vous la Vénus antique; son éblouissante nudité
fit-elle jamais vibrer les cordes intimes de l'âme, comme cette
figure drapée de la Vierge ? Aussi, l'une enfante *Cupidon*,
le désir brutal, désir qui n'a que soi pour objet, tandis que
l'autre donne le jour au Sauveur du monde, à celui qui
annonça la grande loi de fraternité et de solidarité humaines.

Suivez-moi encore; à droite et à gauche de la mère du

Christ, je vois des personnages de l'Ancien-Testament; au-dessus de ma tête, je trouve des chapitres de la Genèse : la création du monde et l'histoire d'Adam et Ève; là on peut voir la parabole des vierges sages et des vierges folles, et, en regard, les travaux des douze mois de l'année—·les douze signes du zodiaque, d'où le soleil éclaire successivement les efforts variés de l'industrie humaine.

Dans ce portique, je vois tout à la fois le royaume de Dieu avec ses cohortes célestes; les poétiques traditions de la Bible, qui forment la base du christianisme, et l'existence terrestre de l'homme, que rappellent les divers travaux de l'année. Il y a donc là le Ciel, l'Éden et la Terre; l'espoir de l'avenir, le regret du bonheur perdu, la volonté de le reconquérir par le travail. Ce portique n'est plus pour moi une masse de pierres plus ou moins savamment assemblées, c'est quelque chose de vivant, d'animé, qui me parle et me traverse d'une émotion indéfinissable.

— Toi qui vois tant de choses, mon cher..... Erwin Steinbach, ou... Robert de Luzarche; — car vraiment je ne sais plus quelle étiquette mettre à la place de ton nom beaucoup trop romain; — comment se fait-il que tu n'aies pas encore vu que saint Jean-Baptiste était affecté d'un cruel torticolis? que l'air béat de son voisin est d'un comique des plus irrespectueux? que les cordons de personnages assis sur la tête les uns des autres, et qu'on dirait embrochés, occupent des positions impossibles? que sous les pieds des grandes statues sont taillées d'ignobles figures qui choqueraient tout homme d'un goût délicat et sans prévention; figures qui dénotent un dévergondage d'imagination et un laisser-aller peu d'accord avec l'idéal poétique enfanté par ton esprit exalté?

Moi aussi j'aime la poésie, moi aussi j'adore le beau, et c'est pour cela même que je condamne le laid et l'absurde partout où je les rencontre. A la porte royale de l'église je viens de voir des figures d'une longueur si démesurée qu'elles m'ont fait supposer que les laminoirs sont une très ancienne invention; près de la vieille tour, sur le côté sud de l'édifice, on m'a montré un âne jouant d'un instrument de musique, et on m'a parlé d'une figure de truie qui file.

Crois-moi, de tels écarts ne peuvent correspondre qu'à des sentiments fort grossiers, à un idéal peu élevé. Le génie du beau doit seul recevoir les hommages d'un véritable artiste, et puisque tu as cité les Écritures, je te dirai qu'on ne peut servir à la fois Jehova et Mammon, le beau et le laid. Le spectacle habituel de la laideur et des monstruosités dégrade l'âme, et tout en accordant que ce monument (et ici il désignait d'un mouvement de main l'ensemble de l'église) révèle de la puissance et de l'imagination, cependant je ne saurais m'enthousiasmer d'une œuvre dont les beautés sont encadrées haut et bas par des rangées d'êtres hideux que le cauchemar le plus affreux serait impuissant à créer; en haut, ce sont des gargouilles à têtes monstrueuses, aux formes sans nom; en bas, ce sont des supports à figures grimaçantes ou des combinaisons hybrides toujours repoussantes, quelquefois horribles. Quand je regarde une œuvre d'art, c'est dans l'espoir d'éprouver une jouissance, et ce que je vois ici me rappelle les rêves qui m'ont parfois assailli après m'être endormi sur une indigestion.

Mais tu fermes ton portefeuille, tu ramasses tes crayons, t'aurais-je déjà converti?

— Non, le jour baisse, et tu viens de prononcer un mot qui contient toute ta doctrine, toute la doctrine de l'art antique; tu l'as dit: le but de l'art pour toi, son but immédiat, c'est la *jouissance;* pour les artistes du moyen âge, l'art avait une plus haute destinée, celle de perfectionner l'état moral des hommes. Tout est renfermé dans cette distinction. Car le but de l'art une fois déterminé, la meilleure théorie sera celle qui le guidera le plus promptement et le plus sûrement à ses fins. Tu es certainement de mon avis sur ce point; nous avons donc un terrain où nous pourrons toujours nous retrouver. Je vais chez notre ami de B., tu devrais m'accompagner. Homme d'esprit lui-même, tu sais combien il sera heureux de te recevoir.

— Mille fois merci, cher, avant une heure j'aurai quitté Chartres ; et franchement je ne suis pas mécontent de ne pas dormir à l'ombre de cette colossale construction, d'où je vois saillir à chaque étage tant de figures étranges auxquelles la nuit tombante prête ses effets mystérieux, et qui me jettent en plein au milieu des histoires d'esprits et de revenants, dont ma nourrice berça mon enfance. Je crois que le bruit de la diligence écrasant les pavés de la route et les claquements du fouet du postillon m'impressionneront moins péniblement que le silence solennel de ces milliers de statues de pierre qu'on entrevoit dans l'ombre et dont on ne distingue plus les imperfections. Tu te rappelleras que tu me dois une réponse à la bonne et vigoureuse critique que je viens d'infliger à l'une de tes idoles. Je te somme de m'adresser cette réponse par la poste, si mieux tu n'aimes faire amende honorable, et renoncer au culte de Belzébuth et de ses légions. Dans quinze jours, je serai transporté au milieu de la ville de saint Pierre et des Césars. Adieu, plus la soirée avance et assombrit cet immense édifice, et moins je l'aime ; je m'étonne qu'un peuple gai et spirituel, comme le peuple français, ait jamais toléré un art aussi lugubre ; si quelque Hippocrate moderne voulait faire des recherches sérieuses, je suis certain qu'il trouverait que nos ancêtres du xiiie siècle étaient souvent affectés du spleen. Allons, encore adieu, et guéris-toi au plus tôt, car cette maladie du gothique te conduirait droit... à la Trappe.

Je voulus répondre quelques mots, mais il s'était déjà éloigné, et l'angle d'une maison le déroba bientôt à ma vue.

Opinion d'un classique sur le Moyen Age.

Je reçus de ses nouvelles peu de mois après cette causerie. Il était à Rome. Il m'écrivit ensuite successivement de Palerme, d'Athènes, de Constantinople, de l'Asie mineure, de la Syrie et de l'Égypte. Ses lettres m'apportaient chaque fois quelque chose des parfums et de la couleur du pays où il se trouvait ; mais, au-dessous de cette influence locale, se rencontrait toujours la même admiration passionnée et exclusive pour l'art antique. Il me reprochait de ne joindre mes louanges aux siennes, qu'en faisant quelques réserves en faveur d'un idéal supérieur. De plus en plus émerveillé des chefs-d'œuvre épars sur sa route, il supportait impatiemment de lire dans une même lettre, à quelques lignes seulement de distance, que j'entrais parfaitement dans ses émotions ; que ses descriptions si pleines de goût me ravissaient ; et que, dans le temps où il gravissait le cap Sunium à la recherche des souvenirs du grand Platon, et pour admirer les débris du temple de Minerve, j'avais fait de mon côté une excursion pédestre le long des rives de la Seine, depuis Paris jusqu'à la mer, recherchant avec ardeur les beaux souvenirs artistiques, que le moyen âge y a semés d'une main si souverainement libérale.

Son affection pour moi pouvait seule me sauver dans son esprit ; mais, parfois, son mécontentement l'entraînait dans de longues dissertations, où il s'efforçait de me démontrer qu'on ne devait pas, qu'on ne pouvait pas admirer tout à la fois l'art antique et l'art du moyen âge. « Ce sont deux génies qui se contredisent, m'écrivait-il, et qui vont la plupart du temps dans des sens opposés. Pour les bien juger, rappelle-toi que l'objet de l'art est de contribuer au bonheur des hommes ; que, par conséquent, c'est le beau seul que l'art doit encenser. Le moyen âge s'est égaré, soit par ignorance, soit par impuissance et mauvais goût. Ses plus importants monuments en fournissent mille preuves ; car partout on y reconnaît la volonté manifeste d'étaler aux regards les créations les plus abominables, les plus hideuses ; et quand, par une espèce de ressouvenir des temps plus anciens, ou bien par suite de cet instinct de la vérité que l'homme ne perd jamais complétement, les artistes de cette époque ont voulu entrer dans un monde supérieur, en reproduisant les figures du Christ, de la Vierge et de la hiérarchie sainte, alors ils se sont trouvés impuissants à revêtir leur pensée d'une forme digne d'elle. Avec la bonne intention peut-être de reconnaître les droits légitimes du beau, ils n'ont pas su créer des figures qui pussent entrer en comparaison avec les moindres œuvres du ciseau antique. Presque toujours, sur les visages de leurs saints, est répandu un air de souffrance indéfinissable, qui attriste le spectateur. »

Il ajoutait bien d'autres considérations encore, tantôt pour justifier son enthousiasme en faveur des anciens, et tantôt pour attaquer le moyen âge. La renaissance, c'était le réveil du goût après un long et pénible sommeil; mais c'était un réveil agité, où se reconnaissaient encore les fatigues d'une nuit douloureuse; on n'y retrouvait pas cette puissance calme qui naît de la conscience de sa propre force.

Je répondais longuement à ces lettres; je rendais justice au goût, au sentiment exquis des formes extérieures qui distinguent le plus souvent les jugements de mon ami; mais je réagissais de toutes mes forces contre ses aveugles négations, contre son esprit exclusif et contre ses théories systématiquement hostiles à tout ce qui sortait de la voie antique.

Je voudrais rapporter dans cette *Revue* de longs extraits de notre correspondance; peut-être le ferai-je un autre jour; mais, pour le moment, je dois me borner à en donner quelques fragments. Les voici :

Génie de l'art antique. — Génie de l'art du Moyen Age.

CHER AMI,

. . . . . . *Se conserver et jouir*, voilà le vœu de l'antiquité; accomplir le *devoir* par le *sacrifice*, afin de gagner le ciel, voilà l'aspiration du moyen âge. Bien entendu, ces règles offrent de part et d'autre des exceptions, mais elles expriment très exactement le caractère général des deux époques. Il serait facile de le prouver par de nombreuses citations des écrivains de chacune des phases historiques, et par des faits encore plus nombreux et plus concluants; mais je suis persuadé que nous nous accordons parfaitement sur ce point.

Donc, d'un côté le *bien-être*, le *plaisir*; de l'autre, le *devoir*, le *sacrifice*. Avec des buts si opposés, l'art de ces époques devait nécessairement, comme tu le dis, prendre des routes très différentes.

« *Allez par tout le monde; prêchez l'Évangile à toute créature,* » avait dit le Christ; et selon ce commandement, la *propagation de la foi chrétienne* était devenue, au moyen âge, le but principal de toute grande activité, et par conséquent celui de l'art, de l'art religieux surtout.

Dans les législations humaines, la loi n'a qu'une sanction assurée : le châtiment; rien que le châtiment. La législation divine est moins simple; les lois de Dieu ont une double sanction : si elles tiennent en réserve le châtiment pour le méchant, elles assurent également une récompense au juste. Aussi la prédication de l'Évangile s'est-elle faite à la fois au nom de la *crainte* et au nom de l'*amour;* par le spectacle des *tourments de l'enfer* et par celui des *joies du paradis.*

L'art, dans sa vérité, a reflété, instinctivement peut-être, mais nettement, ce double caractère de la propagation chrétienne; au-dessous des anges, figurent les démons; en regard des vierges sages, se rencontrent les vierges folles; à l'opposé des bienheureux, se voient les damnés; l'espoir et la crainte, le ciel et l'enfer, le bien et le mal, la vertu et le vice, voilà ce que l'art chrétien présente constamment aux yeux des fidèles, avec le symbolisme de la beauté et de la laideur.

En dehors de ces deux manières de propager le christianisme par la *crainte des démons* et par l'*amour de Dieu*, il ne restait aucun moyen d'agir énergiquement sur les âmes en intéressant puissamment la personnalité. Mais dans les prédications et les sermons, qu'ils fussent parlés ou écrits, sculptés ou peints, on pouvait, on devait même compter, tantôt davantage sur l'influence de la crainte, tantôt davantage sur l'influence de l'amour, suivant l'état de rudesse ou de raffinement des populations. Instinctivement l'art traduit toujours l'état du sentiment public; et, de même qu'on peut dire d'avance, lorsqu'on connaît le degré d'abrutissement ou de progrès social d'un pays ou d'une époque, quelle a dû être la couleur générale de la prédication chrétienne dans ce pays ou à cette époque, si c'était le *timor Dei* ou l'*amor Dei*, la crainte de l'enfer ou l'espoir du ciel qui en faisait le fond; de même on peut prédire sûrement si l'art hiératique a dû étaler au regard plus de légions de démons que d'anges, de damnés que de bienheureux.

Ceci se conçoit de reste, puisque plus les natures sont grossières et plus il est nécessaire, pour les impressionner vivement, d'étaler à leurs yeux des tableaux effrayants, le spectacle de la béatitude et de l'extase étant impuissant à les émouvoir.

Tendance symbolique de l'art au Moyen Age.

J'ai dit que la propagation de la doctrine et des sentiments chrétiens était, à l'époque du moyen âge, le but de toute grande activité; et qu'entre les mains de l'Eglise, l'art était devenu une prédication permanente. Quoi de plus simple? Dans ces temps, il n'y avait guère d'instruction que parmi les membres du clergé; les populations ne savaient ni lire ni écrire : l'imprimerie n'était pas encore inventée; les artistes comptaient dans leurs rangs un très grand nombre de moines et de prêtres : la décoration des églises pouvait-elle ne pas servir à l'enseignement religieux? Évidemment non. Aussi la peinture des murs et des vitraux, la sculpture et toute l'ornementation, ont-elles dû tenir à un système d'enseignement général, d'accord avec ce que les fidèles recueillaient chaque jour de la bouche du prédicateur parlant en chaire. Je ne prétends pas, dès aujourd'hui, pouvoir donner l'interprétation de toutes ces formes symboliques; mais je reste convaincu, par les raisons qui précèdent, et par beaucoup d'autres encore, que dans toutes ces œuvres il y a une pensée et un ordre dont le système complet échappe encore à mes recherches; que là, le symbolisme s'unit dans une merveilleuse harmonie avec les formes que réclamaient la science du constructeur et le service de l'Eglise, avec les couleurs qui flattent nos regards, avec les statues, les monstres et jusqu'aux végétaux qui enrichissent et varient l'aspect de l'édifice. Je vois le monde minéral, le monde végétal et le monde animal, la terre entière, concourir à la formation d'une vaste unité architectonique, qu'éclaire la lumière du ciel diffractée en ses éléments de couleur. Lorsque j'assiste au spectacle de la foule agenouillée dans l'enceinte sacrée, que la note vibrante de l'orgue jette une harmonie sonore le long des grandes voûtes, mon âme s'élève, et j'ai besoin de communier avec tout ce qui m'entoure, avec toutes ces formes, avec toutes ces couleurs, et alors je sens, et ma raison me dit, que ce vaste corps a une âme, et qu'en la cherchant on la trouvera.

Répétons-le, afin que ce soit bien compris : pour les anciens, qui ne voyaient dans l'art qu'une jouissance, le *beau* seul était acceptable ; mais il en était autrement pour les artistes du moyen âge. Préoccupés de sauver les âmes, et travaillant la plupart du temps sous l'influence du clergé, ils devaient faire vibrer la double corde de la terreur et de l'espoir, mais surtout la première. Au lieu de t'abandonner aux délicatesses de ton sybaritisme à l'aspect de ces myriades de monstres que les hommes saints écrasent sous leurs pieds, ou qui du haut des corniches et des tourelles regardent le passant d'un œil féroce ; au lieu de n'y voir que les fantaisies d'une imagination en délire, ne serais-tu pas plus raisonnable en supposant que chacune de ces hideuses créations renferme dans le secret de sa laideur mystérieuse quelque leçon profonde digne de la méditation des chrétiens ?

La nécessité d'assurer le facile écoulement des eaux pluviales qui tombent sur les édifices, et de lancer ces eaux loin des murs qu'elles dégradent, conduisit à l'emploi des gargouilles ; et, comme la pluie fut toujours plus abondante dans le Nord que dans le Midi, nos ancêtres leur donnèrent une saillie considérable. Un jet d'eau pluviale n'a rien de répugnant en soi ; mais lorsqu'il se fait par la gueule d'un animal, le jet d'eau ressemble à un vomissement et excite une impression désagréable. Dans les monuments antiques cependant, les gouttières se terminent par des têtes de lion, de loup, etc., à la vérité toujours d'un grand style, et plus ou moins idéalisé. Dans les édifices du moyen âge, les gargouilles deviennent d'horribles monstres. Est-il à supposer que les artistes-prédicateurs du moyen âge aient créé ces formes repoussantes, sans y attacher aucune signification ?

Dans leurs figures de démons ils ont bien traduit la laideur morale par la laideur physique; n'est-il pas vraisemblable qu'en voyant ces gargouilles se dégorger sur les passants, ils ont été conduits à en faire des monstres symbolisant des difformités morales ? Cette marche nous semble parfaitement conforme au génie particulier du moyen âge. Cette appropriation des gargouilles ne serait que la contrepartie de ce qui s'était fait pour les démons : à ceux-ci, ils avaient donné une enveloppe répugnante pour exprimer une laideur morale, tandis que pour les gargouilles il s'agissait d'attacher une idée de laideur morale à un effet matériel déplaisant.

Tu me diras, sans doute, que si ce ne sont pas là tout simplement les horribles fantaisies d'une imagination déréglée et grossière, ces monstres sont au moins des hiéroglyphes, dont le sens est aujourd'hui complétement perdu.

Je suis bien forcé de reconnaître, mon ami, que nous trouvons en France, en Angleterre, en Allemagne, et même en Italie, sur la plupart des édifices du moyen âge, de nombreux hiéroglyphes chrétiens, dont le sens est aujourd'hui à peu près perdu. Nous avons aussi, dans toutes ces contrées, des savants, des académies entières, qui travaillent et qui veillent dans l'espoir de découvrir le sens d'anciens caractères cunéiformes, runiques, etc.; mais aucun d'eux, que je sache, ne s'occupe de déchiffrer la pensée déposée par nos pères dans ces milliers de figures qui étonnent les artistes modernes par leur aspect étrange et par leur nature complexe...

Il est même des personnes, et de celles qui admirent le

plus sincèrement l'art du moyen âge, qui, faute d'être entrées assez avant dans l'esprit de cet art étonnant, en sont encore, comme toi, à n'y voir que les caprices fantastiques d'un ciseau habile. Mais ceux-là ne touchent que l'écorce, que l'enveloppe matérielle de l'art chrétien. Les esprits ne se voient pas avec les yeux du corps; aussi, pour contempler la vie intérieure qui anime ces œuvres d'un autre temps, pour y retrouver le sentiment de ceux qui les ont créées, il faut commencer par avoir une âme au-dedans de soi-même, une âme vivante, qui sente et comprenne ce que c'est qu'une foi et qui en sache trouver les accents. Cette âme découvrira, comme d'instinct, la vie dans toutes ces pierres; elle découvrira un sens, un enseignement à chacune de ces étranges laideurs.

Mais, sans en demander autant, un sceptique pourrait encore arriver à la conviction que ces monstres ont une signification particulière. Pour cela, il suffirait d'employer le procédé si aimé de nos savants depuis la fin du XVIe siècle, le procédé expérimental : il lui suffirait d'étudier les monstres de quelques unes de nos églises gothiques; de les analyser dans leurs formes, dans leurs attitudes, dans leur orientation; de grouper ensuite toutes ses observations, et de les classer d'après leurs rapports d'identité et d'analogie. Il en sortirait à coup sûr une révélation. Ce serait là, sans doute, un procédé fort long; mais l'excès de fatigue qu'entraînerait ce mode de recherche serait la juste punition de ceux qui sacrifient si complétement le sentiment à la raison pure, la synthèse à l'analyse. Ce ne furent pas des considérations *à posteriori* qui illuminèrent l'esprit de Képler, et lui donnèrent la première notion des lois sublimes qui règlent les évolutions planétaires.

Un tel travail n'est plus aujourd'hui indispensable pour convaincre tout homme raisonnable que le symbolisme était pratiqué par les artistes du moyen âge sur une échelle très étendue. En lisant les pères de l'Église, on est frappé du système d'interprétation par la voie du symbolisme qui s'y manifeste à chaque instant. D'après Origène, qui ne suivait en cela qu'une route déjà frayée par saint Clément et d'autres, tout ce qui, pris à la lettre dans les saintes Écritures, paraît absurde, impossible, immoral ou indigne simplement de la majesté de Dieu, doit être considéré uniquement comme *symbolique*.

Beaucoup de narrations de l'Ancien Testament n'ont-elles pas été interprétées par les Apôtres comme purement figuratives de ce qui devait arriver ultérieurement?

Saint Paul ne dit-il pas, en parlant des événements qui accompagnèrent et suivirent la sortie des Israélites de la terre d'Égypte : « Or, toutes ces choses ont été des *figures* de ce qui nous regarde » (1ʳᵉ *Ép. aux Cor.*, chap. X, v. 6)? Ne dit-il pas encore que le récit relatif aux deux enfants d'Abraham est une *allégorie* (*Ép. aux Gal.*, chap. IV, v. 24)? Que Melchisedech est une « *image* du Fils de Dieu » (*Ép. aux Héb.*, chap. VII, v. 3); que les cérémonies de l'ancienne alliance étaient *figuratives* de l'alliance nouvelle (*Ép. aux Héb.*, chap. IX)? Saint Pierre ne voit-il pas dans l'arche de Noé la *figure* du baptême (1ʳᵉ *Épître* de saint Pierre, ch. III, v. 20, 21)? L'Apocalypse de saint Jean n'est-elle pas pleine de symboles, et n'est-ce pas Dieu lui-même qui se charge d'en expliquer plusieurs d'entre eux (*Apoc.*, chap. I, v. 20)? Saint Jean n'en explique-t-il pas plusieurs lui-même, tels que l'agneau égorgé, avec sept cornes et sept yeux (chap. V, v. 6); les vingt-quatre vieillards avec des harpes et des parfums (v. 8), etc., etc.?

Jésus-Christ lui-même ne parle-t-il pas par paraboles? N'a-t-il pas recours aux figures symboliques? Ne dit-il pas que les scribes et les pharisiens sont semblables « à des sépulcres blanchis (S. Mathieu, ch. XXIII, v. 27)? » Qu'au jour du jugement, Dieu mettra « les brebis (les *justes*) à sa droite et les boucs (les *méchants*) à sa gauche (S. Mathieu, ch. XXV, v. 33)? N'a-t-il pas dit : « Je vous serai à tous cette nuit une occasion de scandale; car il est écrit : Je frapperai le pasteur (le *Christ*), et les brebis (les *apôtres*, les *disciples*, les *justes*) seront dispersées?

Et si les pères de l'Église, si les apôtres et Jésus-Christ lui-même ont usé de symboles dans la prédication de la foi, comment supposer que les artistes chrétiens, la plupart appartenant aux corporations religieuses, n'aient pas profité avec empressement d'un moyen qui seul pouvait donner de la grandeur à l'art, et servir puissamment à frapper l'esprit et le cœur des populations? Comment le supposer, lorsqu'on voit sur toutes les cathédrales les quatre animaux dont parlent S. Jean et le prophète Ézéchiel, la hiérarchie céleste telle qu'il en est parlé dans l'Apocalypse et en tant d'autres endroits, avec les vases à *parfums* symbolisant les *prières* qui montent au trône de l'Éternel, etc., etc., etc.?

L'art tout entier est symbolique de l'état matériel, moral et intellectuel de l'humanité aux diverses époques de son développement.
La Géométrie fournit des symboles à l'Architecture.

Les païens n'avaient-ils pas symbolisé toutes les énergies de la nature? Les Égyptiens ne mettaient-ils pas tantôt des têtes d'animaux sur des corps humains, tantôt des têtes humaines sur des corps d'animaux, et tantôt la tête d'un animal sur le corps d'un autre animal, en vue de préciser une signification symbolique? *L'art lui-même est-il autre chose que l'expression du sentiment humain par le moyen du symbole?* Cette dernière observation t'étonne peut-être, car probablement, avec tes idées, tu ne comprendras pas, par exemple, que dans les lignes géométriques d'un édifice, dont les combinaisons sont nées des besoins de la construction et de l'état de la science, il puisse y avoir une valeur symbolique. Cela est néanmoins strictement exact. En effet, quand on examine le développement historique de l'architecture, on voit que le sentiment humain s'exprime dans la langue architectonique, par des combinaisons de lignes. Il s'ensuit que l'idéal architectonique d'un peuple doit être l'expression de son sentiment, et qu'entre les lignes caractéristiques adoptées par les divers peuples et leur sentiment religieux et social, il y a une relation nécessaire qui fait de celles-là l'expression visible, le signe ou le symbole de celui-ci.

Sans doute, en raison de sa nouveauté, cette thèse, qui donne à toutes les créations de l'art une valeur symbolique, aurait besoin d'être longuement développée, et il me serait très possible de le faire, car voici bien des années déjà que j'en réunis les preuves, et que j'en élabore la démonstration. Pour te faire entrevoir ce monde nouveau, je retire de mon album une note très abrégée, que voici :

Note. — Les Égyptiens, dit Diodore de Sicile, ne considéraient cette vie que comme un voyage rapide conduisant à la mort; pour eux, leurs maisons n'étaient que comme des *hôtelleries* où le voyageur s'arrête un moment, avant d'atteindre sa véritable demeure, le *tombeau.* Leurs plus importants monuments étaient, en effet, des tombeaux; leurs plus anciens temples, creusés dans la terre, rappellent encore des tombeaux. La mort était leur continuelle préoccupation ; l'étranger, trouvé mort par suite d'un accident, recevait de pompeuses funérailles aux frais de la localité où son cadavre avait été découvert; le fils donnait parfois en gage à son créancier, à défaut d'une hypothèque sur un bien ou d'un bijou précieux, le cadavre momifié de son père, et il était réputé infâme s'il ne le retirait pas. Enfin, jusque dans la salle des festins, on trouvait la figure de la momie destinée à rappeler aux convives cette idée de la mort.

Examinons quelle a dû être nécessairement sur l'art l'influence de cette disposition religieuse et sentimentale.

Dans sa notion générale, la *mort* c'est l'*immobilité* absolue. L'idée de la mort est donc une idée essentiellement *simple.* La *vie*, au contraire, correspond à une notion *complexe*, car la vie se manifeste par le *mouvement*, et les mouvements se modifient indéfiniment comme les divers aspects de la vie. Un cadavre se *roidit* et n'a qu'une attitude, tandis que le corps vivant, sous l'influence des émotions de l'âme, réalise dans sa flexibilité les mouvements les plus variés.

Évidemment, l'idéal de l'architectonique égyptien devait reposer sur une base *simple* comme la notion de la *mort*, afin de présenter aux *yeux* un caractère analogue à celui qu'offre à *l'esprit* la notion de *l'immobilité*.

Or, de tous les éléments géométriques, la *ligne droite* est la plus simple : c'est donc la ligne droite, et la ligne droite presque exclusivement, qui exprimera l'idéal égyptien ; c'est elle qui formera comme la *tonique* de toutes les harmonies arti tiques de la vieille terre des *Pharaons*.

—

Je ne te donne ici qu'une *note ;* je pourrais t'adresser un long mémoire où toutes les faces de la question seraient examinées. Je n'ai parlé que de l'Égypte, mais je tiens à ta disposition des explications analogues sur toutes les combinaisons géométriques des divers styles d'architecture créés depuis la période égyptienne jusqu'à nos jours. Je prétends justifier de cette manière les formes géométriques qui constituent la *tonique* des combinaisons architecturales du moyen âge.

En un mot, pour moi *l'art tout entier n'est qu'un vaste symbole, c'est le signe de l'état matériel, sentimental et intellectuel de l'humanité aux diverses époques de son développement.*

Discuter, comme on l'a fait si souvent, sur la question de savoir si dans tel monument il faut voir une signification symbolique, est donc une puérilité ; car, si l'art est toujours l'image d'un besoin physique, d'un sentiment ou d'une idée, toute œuvre d'art renferme nécessairement une valeur symbolique. Seulement, il est des symboles, des emblèmes, dont le sens a été explicitement reconnu, et en employant ces emblèmes, l'artiste fait *sciemment* du symbolisme. tandis que d'après la théorie que j'expose, il lui arrive le plus souvent d'en faire *instinctivement* et sans s'en rendre compte ; il est sous l'influence d'une idée ou d'un sentiment, il l'exprime dans son œuvre ; et celle-ci, devenue le signe de cette idée ou de ce sentiment, en est nécessairement le symbole, que l'artiste en ait la conscience ou non.

Ouvre la Bible, au deuxième chapitre de la Genèse : au verset 7, tu liras que le Seigneur Dieu forma l'homme (Adam) du limon de la terre, et que sur le visage de cette figure inerte « il répandit un souffle de vie, » et que « l'homme devint *vivant* et *animé*. »

L'art tout entier est exprimé dans ce récit de l'*argile* fait *homme* ; car l'art ne peut avoir pour objet direct que de donner *la vie*, *une âme* à la matière ; or, quelle est l'*âme* d'une œuvre d'art si ce n'est la *pensée* ou le *sentiment* dont cette forme matérielle est le signe extérieur, le *symbole?*

Dès que l'artiste, laborieusement penché sur son travail, a effleuré de son souffle le bloc grossier de la carrière, ce bloc s'est transformé ; il est devenu animé et vivant, car dès ce moment il exprime un sentiment et fait naître une émotion ; il est devenu un mot de cette langue universelle dont l'intelligence instinctive est au fond de toute âme humaine.

Je répéterai souvent, car il faut réagir contre ces tendances exclusivement matérielles qu'on rencontre jusque dans les rangs des défenseurs du moyen âge, je répéterai : L'art plastique n'est qu'une langue par laquelle les hommes expriment leurs idées et leurs sentiments. J'affirmerai que les monuments, les tableaux et les images taillés sont des discours qui s'écoutent avec les yeux ; que ce sont des symboles qui représentent les divers états de l'âme.

N'y a-t-il pas une langue mimique, et n'est-elle pas plus universellement comprise que n'importe quelle langue parlée? Eh bien, les arts plastiques constituent une langue analogue à la mimique ; toutes les deux s'adressent au sens de la vue, et les seuls éléments qu'elles emploient sont la forme et la couleur.

On pourrait dire qu'elles ont la même syntaxe ; car les combinaisons de lignes qui correspondent aux mouvements par lesquels le *mime* exprime le sentiment qui le domine, se

retrouvent dans les arts plastiques comme symboliques de ce
même sentiment. Peut-être cette dernière idée aurait-elle
besoin de développement pour être parfaitement appréciée.
Ce sera l'objet d'une autre lettre. Cependant, penses-y;
car, pour l'artiste qui veut saisir la loi des secrètes relations
qui existent entre le sentiment humain et les formes matérielles, il y a dans ce rapprochement toute une révélation.

D'après la théorie que j'expose, le symbolisme serait
tantôt *instinctif* et tantôt *réfléchi*. La première espèce de
symbolisme tient aux rapports nécessaires et naturels des
choses; et, ces rapports étant invariables, le symbole instinctif
est toujours vrai : un poing fermé ne sera jamais pris pour
un symbole de paix et d'affection. La seconde espèce de symbolisme est exposé à tomber dans l'erreur. Ainsi, dans
l'antiquité comme au moyen âge, certains animaux avaient
été adoptés comme emblèmes de telle ou telle idée ou qualité, parce que l'on attribuait à ces animaux des propriétés
ou des mœurs qui ne leur appartenaient pas. Toutefois, la
plupart des symboles réfléchis sont aussi fondés en raison; le
symbolisme réfléchi n'est que le symbolisme instinctif passé à
l'état de conscience. Je me suis occupé beaucoup à consti-
tuer la théorie du symbolisme instinctif, parce que dans cette
langue naturelle sont comprises toutes les énergies de l'art;
et que, cette théorie connue, on ne confondra pas plus les
combinaisons géométriques de mode majeur avec les combinaisons qui sont de mode mineur, qu'on ne confond, dans
une partition d'orchestre, les combinaisons majeure et mineure des sons musicaux; qu'on ne confond les lignes heur-
tées de l'Hercule avec les ondoyants et gracieux contours de
la Vénus.

Je m'en suis beaucoup occupé encore, parce que, tu
trouveras la raison curieuse peut-être, parce que cette belle
étude a fait sur mon esprit une impression analogue à celle
que ferait sur mon cœur la vue d'un admirable enfant aban-
donné; j'y ai vu tant de beautés actuelles, tant de promesses
pour l'avenir, que je me suis arrêté, et que j'ai partagé mes
efforts entre lui et les autres enfants de mon esprit.

Mais tandis que je cherchais les lois du symbolisme en général, et que j'observais les diverses expressions architectoniques, picturales, sculpturales, même musicales, et dramatiques, par lesquelles l'art exprime les mouvements de l'âme humaine, pour en comparer les expressions les unes avec les autres et en saisir les rapports, d'autres s'occupaient sans relâche de ce symbolisme *intentionnel*, dont les éléments s'empruntent à la tradition aussi bien qu'à la nature.

Dans le livre monumental consacré par les savants archéologues, les PP. Martin et Léon Cahier, à l'explication des vitraux de Bourges, il y a des pages sur le symbolisme chrétien qui ont dû projeter une lumière dans les esprits les plus ténébreux (1). Dans un mémoire plein d'intérêt, de M. l'abbé Texier (curé d'Auriol), sur les travaux des émailleurs et des argentiers de Limoges, il y a un chapitre consacré à la symbolique générale des reliquaires. D'autres encore ont publié des livres utiles sur la matière, ou s'occupent à en préparer.

Ce sont les croyants et les poëtes qui seuls paraissent comprendre l'importance et l'intérêt de cette étude. Aussi n'ai-je pas été surpris d'entendre dire que parmi ces natures d'élite figurait une noble femme, que réclament à la fois la poésie, la science et la religion. Madame Félicie d'Ayzac, dame de Saint-Denis, s'occupe depuis bien des années déjà à compulser les écrivains sacrés, les docteurs de l'Église et les auteurs du moyen âge, pour découvrir tout le symbolisme que les artistes gothiques ont introduit *avec intention* dans leurs œuvres. Femme, poëte, et pleine de foi religieuse, elle comprend à la fois les nuances délicates et les aspirations puissantes. Familière avec les langues sa-

---

(1) Nous sommes bien en retard avec les auteurs de ce magnifique travail, car il y a longtemps que nous aurions dû en publier un compte-rendu. Mais qu'on veuille bien être indulgent envers nous. D'un côté, le désir de donner à notre appréciation tout le développement que mérite le livre de MM. Martin et Léon Cahier, et, d'un autre, la grandeur matérielle des volumes, ce qui rend leur maniement très difficile (nous ne parlons pas des nombreuses occupations qui nous ont absorbé), ont été les seules causes de notre retard.

vantes, et infatigable au travail, ses recherches se sont immensément étendues. On prétend qu'elle a retrouvé la signification symbolique qu'on attachait, au moyen âge, aux diverses pierres précieuses, aux couleurs des verrières, des costumes et des peintures, à celle des nombres, etc., etc.

Apprécies-tu bien l'importance de ces études? Comprends-tu bien de quel secours sera cette lumière nouvelle pour l'intelligence et la restauration des monuments gothiques? Conçois-tu l'importance artistique que vont prendre ces « horribles fantaisies d'une imagination dévergondée et corrompue, » comme tu les appelais, si madame F. d'Ayzac vient à nous prouver que ce sont les abominables habitants de quelque monde satanique? de quelle ressource inappréciable sera pour tous ceux qui voudraient refaire aujourd'hui des églises gothiques, ce « *retrouvement* » de ce que volontiers j'appellerais la grammaire du symbolisme pratiqué au moyen âge? Quand les mots de cette langue seront connus, quel sens offriront ces édifices gothiques modernes, dans lesquels, en effet, le sculpteur s'est livré aux divagations d'une imagination déréglée, tout en reproduisant par-ci par-là quelque imitation littérale d'une gargouille historique, jetant ainsi au hasard, sur une œuvre sans âme, quelques mots arrachés d'un grand poëme religieux, mais dont on chercherait vainement la pensée ou l'image complète?. . . . .

. . . .

Encore un dialogue, suivi d'une conversion motivée.

Il y avait bien longtemps que je n'avais plus reçu de nouvelles de mon ami. Dans sa dernière lettre, il me parlait de l'ancienne Éthiopie, et laissait entrevoir le désir de visiter ce prétendu berceau de la civilisation égyptienne. Avait-il poussé en effet son excursion jusqu'en Nubie ou même au-delà? loin de nous qui l'aimions, lui était-il arrivé de succomber à quelque maladie, à quelque accident? J'y pensais souvent, et je relisais de temps en temps sa dernière lettre. Il y disait aussi quelques mots de l'Inde, et de l'influence que ce pays avait également pu exercer sur le mouvement progressif de l'ancienne Égypte: était-il allé dans l'Inde? y était-il mort? pauvre ami!

Il était à peu près neuf heures du soir, il y a de cela un mois: je m'étais établi dans mon voltaire, près de ma cheminée, qu'un feu négligé semblait plutôt assombrir qu'égayer. Sur une table, devant moi, était étalée une collection de dessins que j'examinais attentivement, à la lumière de deux lampes, et j'écrivais mes observations au fur et à mesure, pour les adresser à l'auteur de ces dessins qui devaient paraître dans ma *Revue*. Au milieu de mon travail, il me parvint comme un léger tintement de sonnette. Avait-on réellement sonné chez moi, ou était-ce une illusion?

Absorbé dans mes réflexions, j'avais bien reçu une impression, mais elle restait en moi à l'état latent.

Je continuai d'examiner mes dessins et d'écrire.

Quelques instants après, j'entendis rentrer ma domestique. Je me replongeai de nouveau tout entier dans mon travail. Cependant, mon oreille saisit comme le craquement d'une botte, mais si faible et si rapide, que ce bruit, si bruit il y avait eu en effet, ne parvint pas à me tirer de mon absorption.

Je me souviens cependant d'avoir eu la pensée, en ce moment, que je n'étais plus seul chez moi; mais cette pensée me traversa l'esprit, sans troubler un moment l'ordre et la progression des idées qui s'y développaient sous l'influence de ma préoccupation.

Une tête s'avança au-dessus de mon épaule, et au même moment: « Ah! c'est trop fort, s'écria à mon oreille une voix connue: Encore des monstres gothiques! »

Au même instant, je me trouvai dans les bras de mon ami.

— Tu es donc bien encore de ce monde? lui dis-je.

— Et toi, tu n'es pas encore à la Trappe?

— Quel magnifique portefeuille tu dois avoir! Quelles

belles soirées nous allons passer ensemble à examiner tout
cela ! que j'aurai de plaisir à entendre le récit de tes impres-
sions !

—A la bonne heure, cher, mais comment se fait-il que,
tout en rendant justice à l'antiquité, je te trouve toujours
en contemplation devant ces caprices diaboliques du moyen
âge ? La dernière fois que nous nous embrassâmes, ce fut en
face d'un saint Jean Tortocoli dont le souvenir m'a fait rire
plus d'une fois, et maintenant je te trouve en admiration
devant une trentaine de figures hybrides qui font vraiment
d'affreuses grimaces !

— Humilie-toi, ami, car là, il y a pour toi, à la fois une
leçon morale et une révélation artistique ; car là tu trouveras la condamnation de ton esprit exclusif pour tout ce qui
ne relève pas de la beauté physique, et l'explication de l'emploi utile du laid dans les arts.

Ces figures hybrides couronnent les tourelles placées aux
angles des transsepts de l'église Saint-Denis ; et ce qui t'éton-
nera peut-être, c'est qu'elles constituent une œuvre des
plus dramatiques. Tu remarqueras que la première figure
est celle d'un jeune bénédictin, voué à la vie monastique, à
une existence de sacrifice et de travail. Ce religieux aura de
rudes assauts à supporter ; il sera assailli successivement par
tous les appétits charnels, par toutes les sollicitations des
sens, par tous les essors mondains des affections. Ce sont là
les redoutables ennemis que le jeune moine devra vaincre ; et
ce n'est qu'à la suite de nombreuses victoires, et lorsque les
années lui seront venues en aide pour amortir l'ardeur des
ennemis de son salut, qu'il pourra commencer à goûter la
récompense d'une vie de combats et de travail. Aussi, la dernière figure de la série représente-t-elle un moine d'âge, qui
tient écrasé sous une pression énergique l'affreux symbole du
génie du mal. Toutes les figures intermédiaires symbolisent
les caractères des divers ennemis que le religieux bénédictin
aura successivement à vaincre, avant d'avoir obtenu la paix de
l'âme.

Ces laideurs physiques, mon ami, ce sont les vices, ennemis du salut ; cet ensemble, c'est le drame de la vie. L'aspect repoussant de ces animaux hybrides, en offrant le spectacle du vice, en inspire une juste horreur, et contribue à la beauté de l'âme, à la victoire de la vertu. C'est la *beauté morale* que prêche l'artiste chrétien par ces *images hideuses* du vice.

— Je conviens que cette idée est chrétiennement belle ; mais était-elle réellement celle de l'auteur de ces images ?

— Rappelle-toi tout ce que je t'ai écrit sur l'art gothique considéré comme moyen de propagation des sentiments et des idées du christianisme ; et ensuite, lis le mémoire que voici : C'est une œuvre empreinte de foi religieuse et de poésie ; une œuvre fondée sur une science rigoureuse et une érudition qu'on admirerait même chez un bénédictin.

Si, en le lisant, des objections graves se présentent à ton esprit ; si tu trouves les preuves insuffisantes ; si les textes ne te semblent pas assez explicites, dis-le moi ! C'est madame d'Ayzac elle-même qui aura la grâce d'effacer tes doutes. En me remettant son mémoire, elle prévoyait, disait-elle, que beaucoup de personnes hésiteraient avant d'adopter ses explications ; mais je suis tellement convaincue de leur exactitude, ajouta-t-elle, et ma conviction est fondée sur des recherches si sérieuses, que j'offre volontiers de répondre à toutes les objections que pourront vous adresser vos lecteurs.

En effet, j'ai confiance que les lecteurs de la *Revue de l'Architecture* examineront avec toute l'attention qu'il mérite le mémoire dont madame F. d'Ayzac leur donne aujourd'hui communication. C'est un travail qui a été précédé de plusieurs années de recherches et d'études sérieuses, et où l'érudition n'a rien perdu à se parer de grâce et de poésie.

CÉSAR DALY.

Paris. — Imprimerie de L. MARTINET, rue Jacob, 30.

MÉMOIRE

SUR

TRENTE-DEUX STATUES SYMBOLIQUES,

OBSERVÉES DANS LA PARTIE HAUTE

DES TOURELLES DE SAINT-DENYS.

Sommaire. — Exposition du sujet. — Existence de statues hybrides au moyen-âge. — Réponse à quelques objections. — Tableau des Tourelles de Saint-Denys. — Style et genre de leurs statues. — Costume. — Discussion de la date du monument. — Causes du silence gardé sur les statues aériennes des tourelles de Saint-Denys. — Aperçu de leurs sens probable. — Citation de monuments et de textes. — Détails. — Réalité incontestable de la popularité de la zoologie mystique au moyen âge. — Témoignages des auteurs du XIIe, du XIIIe et du XIVe siècle. — Théologiens, glossateurs, et Bestiaires manuscrits. — Source primitive et ancienne de la Symbolique des animaux. — Discussion sur le *Physiologue*. — Désignation des animaux sculptés intégralement ou partiellement sur les tourelles de Saint-Denys.

Au moment où les recherches archéologiques explorent dans tous leurs détails nos richesses monumentales ; quand l'existence au moyen âge d'une *Zoologie mystique* est reconnue et proclamée, nous croyons, après une étude sérieuse remontant à plusieurs années, devoir signaler à la science une réunion de statues échappées jusqu'à ce moment aux regards des archéologues, quoique placées en quelque sorte aux portes mêmes de Paris, et dignes par leur vétusté d'une attention particulière. Ces figures, taillées sur place dans les régions aériennes de l'abbatiale de Saint-Denys, nous ont frappée depuis longtemps, parce que, d'une date ancienne, elles offrent l'application de plusieurs d'entre les principes de la Zoologie mystique consignée dans nos manuscrits, et qu'avec d'autres de même âge et de même genre, elles appuient nos assertions. Tout le monde sait aujourd'hui que des monstres imaginaires et beaucoup d'animaux réels furent jadis pour nos aïeux autant d'allégories notoires qui expri-

3

mèrent sur les églises, où l'on voit encore leurs images, tantôt des allusions bibliques et des traditions légendaires, tantôt des spécifications des différents dons de la grâce, certaines vertus, certains vices, le Saint-Esprit et le Sauveur, des saints, des martyrs, des prophètes, et enfin des points, des préceptes, des mystères de notre foi (1). Mais ce qui est moins connu sans doute, c'est l'introduction progressive, à travers cette symbolique empruntée aux livres sacrés, de nombreux animaux *hybrides*, ou réunissant divers membres pris à différentes espèces, et par là, devenus des signes résumant en un seul sujet les sens assignés à plusieurs. L'Écriture, si en honneur et si scrutée au moyen âge, offre des exemples notables de ce genre d'allégories; la statuaire religieuse, exploitant cet ordre d'emblèmes, s'en saisit, les multiplia, en forma un nouveau trésor pour le langage lapidaire et les mit en scène dans l'art. C'est là que le xiiie siècle si ardent pour le merveilleux prit beaucoup d'entre les sujets de sa Zoologie mystique, et c'est aussi à ce même ordre que

---

(1) Sous le rapport du mysticisme, l'empire animal est le plus riche des trois règnes de la nature. Au xiiie siècle surtout, les animaux ont leur légende aussi bien que les êtres doués de raison, et leurs histoires merveilleuses, leurs attributions et leurs mœurs fournissent le champ le plus vaste à d'innombrables allusions. Par ses qualités différentes, ses habitudes, ses instincts, par son chant, par ses industries, par ses sympathies et ses haines, par ses besoins et par ses goûts, le même animal figurait les choses les plus élevées et les plus abjectes : Dieu, le démon, l'homme pécheur, le pénitent, le péché même, les différents états de l'âme, et les vices et les vertus. Sans donner ici des détails en dehors de notre sujet, bornons-nous à y consigner que le même oiseau, la colombe, dans différentes conditions d'attitude, de domicile, d'attributs et de couleur même, figurait, selon la manière dont elle était représentée : la vie chrétienne dite *active*, la réconciliation de Dieu avec l'homme, les fruits de la sainteté et des bonnes œuvres, les sept vertus du prédicateur, l'incorruptible chasteté, la personne du Saint-Esprit, Jésus-Christ ralliant les âmes dans son colombier qui est l'Église, lui-même mourant sur la croix, les trois Hébreux dans la fournaise, c'est-à-dire, Misach, Sidrach, Abdenago, eux-mêmes emblème des justes : les divers ordres de prophètes, Jonas prêchant aux Ninivites, Élie enlevé dans les cieux, S. Jean-Baptiste, S. Étienne premier martyr. — Les conditions déterminées qui précisent ces allusions sont spécifiées dans les livres et les manuscrits de l'époque; nous en rapportons le détail dans la note *Zoologie symbolique*.

se rattachent les statues nous n'osons dire découvertes, mais du moins *retrouvées* par nous sur la basilique de Saint-Denys.

En décrivant ce vieux vestige des traditions du moyen-âge rongé et usé par les siècles, mais précieux par la pensée qui en dicta les combinaisons ; en livrant surtout à la presse et à la critique éclairée nos idées sur son but mystique, nous publions le résultat de longues et âpres recherches justifié par nos études sur grand nombre de monuments et par beaucoup de témoignages admirablement uniformes, empruntés aux vieux manuscrits de nos riches bibliothèques. Nous demandera-t-on de plus, pour nous accueillir et nous croire, des titres gravés dans la pierre à côté de chaque sujet, ou, dans quelque antique volume, la description formelle, exacte de cet ensemble de statues, dans le même ordre, au même nombre, revêtues des mêmes costumes et présentant les mêmes traits ? Ce serait exiger de nous, nominativement et seule, ce qu'on ne demande à personne pour beaucoup de bonnes raisons, et ce qui n'est point nécessaire pour expliquer un monument, surtout quand ces indications sont anéanties, introuvables, ou qu'elles n'ont point existé. C'est un fait facile à prouver, que si les inscriptions en lettres superposées usitées au xiii° siècle ont été fréquemment gravées auprès des statues historiques, et des emblèmes lapidaires attachés exclusivement à certaines localités, on en rencontre rarement à côté des statues mystiques et des emblèmes consacrés qui avaient cours dans toute l'Europe : telles sont les Vertus chrétiennes costumées en preux chevaliers (1) ou représentées par des plantes, tels sont les Péchés et les Vices

---

(1) On voit les Vertus sous ce costume, sculptées dans les ébrasures des baies du portail du transsept, croisillon septentrional de l'église abbatiale de Saint-Denys : à N. D. de la Coudre : à Civray, à Parthenay, etc. On voit le chrétien couvert des vertus comme d'une armure complète, à la Bibliothèque royale, au fol. 115 d'un manuscrit du xiii° siècle, coté 7018 (Cod. Lancill. 133) fol. 115, § *Des Dons et des Vertus*, conformément au texte de S. Paul, et d'après Vincent de Beauvais et les manuscrits de la même époque.

personnifiés surtout par des animaux, et montrés sous leurs attributs jusqu'après le xvie siècle. Quant à ce qui est des descriptions, les églises du moyen âge n'avaient pas de monographies alors qu'elles se construisaient ; et faute d'anciens documents sur leurs plans et leurs architectes, trésors restés au petit nombre mais qui manquent à la plupart, faut-il renoncer sans essais à l'espoir de jamais comprendre et d'analyser leurs secrets ? Les statues que nous signalons ont une intention uniforme ou ont pu en avoir quelqu'une : cela n'est-il point suffisant pour motiver quelques recherches ? Les nôtres ont produit en nous les convictions les plus complètes : l'Hippocentaure, la Syrène, l'Onocentaure, etc., vus au nombre de ces statues, sont classés parmi les emblèmes les plus populaires au moyen âge où ils sont répandus partout, sculptés ou peints sur les églises comme dans les écrits du temps, et traduits dans les moralistes, dans les traités théologiques, dans la plupart des glossateurs et partout dans les Bestiaires avec leurs allusions reçues et acceptées dans tous les âges : il n'y a point de doute possible sur le sens qui leur fut prêté ; les autres sont de même genre, beaucoup moins connues seulement, ou tout à fait perdues de vue à l'époque où nous écrivons : mais elles complètent les phrases non achevées par les premières, et l'on trouve, sans trop d'efforts, leur explication dans les mêmes sources. Certes, la moitié pour le moins des statues d'ornementation répandues sur les cathédrales se montrent comme celles-ci sans désignation et sans titre, et ne laissent pas d'être interprétées et nommées par les connaisseurs. Combien, avec leurs lambels vides ou plutôt malgré ces lambels, n'ont pas manqué d'être comprises ? Personne mettra-t-il en doute que les bas-reliefs du linteau de la baie méridionale du grand portail de Notre-Dame ne soient la naïve légende de la vie de la Sainte-Vierge quoiqu'ils n'aient aucune inscription ? Les quatre animaux symboliques assignés aux Évangélistes, si connus par bonheur pour nous, trouvent-ils un seul incrédule ? Et l'archéologie écrite n'est-elle pas riche aujourd'hui d'admirables explications de stalles ornées et sculptées, de portails couverts de statues et d'antiques verrières peintes, sans secours de titres quelconques creusés dans le bois ou la pierre ou enchâssés dans les vitraux?

A l'aide donc des sources saintes, des glossateurs du moyen âge et des manuscrits de ses *clercs*, nous allons exposer ici nos présomptions et nos idées sur le sens des statues mystiques des tourelles de Saint-Denys. En citant sous forme de notes quelques textes en petit nombre à l'appui de nos assertions, nous en gardons par devers nous une grande quantité d'autres qui n'auraient pu couvrir nos pages sans décourager nos lecteurs : nous les donnerons au besoin, avec des fragments plus complets de notre *Zoologie symbolique*. Nous partageons, en attendant, cet opuscule en trois parties :

La première, qui est celle-ci, donnera l'idée générale de l'emplacement, de l'ensemble, et la discussion de la date des statues que nous signalons : elle en fixera le sujet, et désignera les auteurs auxquels nous empruntons nos preuves.

Dans notre seconde partie, nous produirons succinctement les éléments de Symbolique applicables à ces statues, dont la nature est si complexe.

Dans notre troisième partie, enrichie de plusieurs gravures, prenant chaque statue à part nous en détaillerons les membres, et nous donnerons sur chacune nos idées ou nos solutions.

PREMIÈRE PARTIE.

De tous les détails de l'Abbatiale de Saint-Denys, le moins remarqué, ce nous semble, et pourtant l'un des plus curieux par la pensée qui y respire et par le cachet de son siècle, qu'on y voit encore presque intact, ce sont les tourelles de son transsept. On les aperçoit dans les airs quand on embrasse d'un regard l'ensemble de la basilique ; mais leur plus curieux ornement, la ceinture de statues qui couronne leurs piédestaux, ne frappe point les visiteurs à cause de l'élévation du point qu'il occupe : on confond d'en bas ces figures avec les feuillages sculptés disposés au pied des aiguilles; et ces tourelles effilées, écrasées en quelque manière par la masse de l'édifice, ne paraissent que des clochetons ordinaires du style ogival rayonnant. Leurs détails sont donc ignorés, et les explorateurs qui visitent quelquefois les galeries de l'église, et qu'ont dû frapper ces statues, n'ont vu jusqu'à présent en elles que des inspirations sans but, des fantaisies peu importantes groupées autour de ces tourelles par quelque caprice d'artiste. La description et l'analyse que nous essayons d'en donner les feront regarder peut-être sous un point de vue différent.

Il importe, avant toute chose, d'établir la date probable de l'érection de ces tourelles.

On sait que la basilique de Saint-Denys, consacrée primitivement sous le règne de Dagobert Ier en l'an 636 et reconstruite sous Peppin et Karl-le-Magne en 775, fut abattue et relevée de nouveau en 1144 sous le règne de Louis VII par les soins de l'abbé Suger. Bâtie sur le plan cruciforme, et orientée de manière que le prêtre officiant au maître-autel soit placé en face de l'est, la croix latine qu'elle forme dirige sa base à l'ouest et projette ses croisillons de transsept au septentrion et au sud. Sur l'un et sur l'autre portail des façades de sa croisée se déploie une immense rose; l'extrémité supérieure du carré où elle est découpée supporte une galerie haute à arcatures trilobées ; de ce point, qui est celui de la naissance du comble, montent deux hauts pignons aigus semés de trèfles, de six-feuilles, et portant, au septentrion la statue de saint Eleuthère, au sud celle de saint Rustique, qui partagent avec saint Denys le titre de patrons de l'Abbatiale (1).

Les quatre tourelles qui nous occupent flanquent ces pi-

---

(1) La statue de saint Denys, apôtre des Gaules et patron spécial de la basilique, surmonte un troisième pignon, celui de la façade principale, à l'ouest.

guous latéraux ; leur hauteur totale est de 48 m. 33 c. ; en-
gagées des deux tiers de leur diamètre dans le mur terminal
de chacun des croisillons du transsept, à partir du sol jusqu'à
la naissance du grand pignon , elles s'en détachent à cette
hauteur et montent aux flancs de la pyramide , l'égalant en
élévation et recélant les escaliers qui du sol de l'Abbatiale
conduisent aux deux galeries placées à différent étage. La
partie supérieure de ces tourelles , aiguille inflorescente
haute de 10 mètres et surmontée d'un bouquet de feuilles
sculptées, est toute moderne : leur partie inférieure est un
piédestal octogone de 38 m. 33 c. d'élévation à partir du sol,
et de 2 m. 1/2 de diamètre. Ce massif, près de son sommet ,
est orné de huit niches simulées dessinées par une haute co-
lonnette accompagnée d'un double tore (1) et surmontée
d'une arcature à trilobe aigu sous ogive. Huit pignons trian-
gulaires percés de trèfles encadrés et hérissés d'inflorescences,
couronnent aussi ces huit niches ; le point de jonction de
chacun donne naissance à une excroissance végétale sculptée ;
au-dessous est une statue en pierre et de grandeur humaine ;
chaque tourelle en compte huit , comme elle compte huit
arêtes, huit petits pignons et huit faces. L'aiguille qui part
de ce point est découpée d'un quatre-feuilles sur chaque face,
un peu au-dessus de sa naissance : c'est là que resta sus-
pendue, il y a de cinq à six cents ans, la construction de ces
tourelles ; les travaux n'ont été repris que pendant le siècle
actuel.

Cette riche ornementation sans profusion de découpures,
le genre des inflorescences, ces arcatures à trilobe légèrement lancéolées , ces pignons, ces quatre-feuilles encadrés
uniformément, sont autant de caractères qui , pris au point
de vue de l'art, nous semblent marquer le cours du XIIIᵉ siècle

_____

(1) Le *tore* ou *boudin* est une moulure demi-ronde dont la saillie égale la
moitié de sa hauteur ; c'est la plus commune de toutes ; elle fait partie de la
base des colonnes, borde et encadre la découpure des fenêtres, dessine souvent les fleurons, et ressemble à une baguette, s'employant dans toutes les
directions, dans tous les sens, et prenant de la flexibilité selon le besoin.

et le début du xive, c'est-à-dire l'apogée du goût architectonique le plus correct et le plus pur. En même temps, la
statuaire offrant des figures humaines et des représentations
d'animaux, dénote un style de progrès concordant à la même
époque. La zoologie qui a fourni les bêtes est assez fantas-
magorique pour pouvoir sans difficulté être attribuée au
xiiie siècle ; seulement un discernement remarquable a pré-
sidé au choix des types, ce qui peut convenir encore au cours
du xive siècle. On trouve là, en fait d'emprunts faits à ce
monde imaginaire si en faveur à cette époque et que l'on
exhume aujourd'hui, les queues de dragon, le Centaure, l'O-
nocentaure, la Syrène et plusieurs détails de la Manicore,
c'est-à-dire assez de fictions pour justifier les deux dates. Il
est à observer de plus, que les quatre premiers de ces monstres sont bibliques et d'un symbolisme consacré dans les prophéties, tout imaginaires qu'ils sont, et que le cinquième, la
Manicore, était proclamée par les moralistes, comme l'emblème du démon. Mais la forme des autres animaux merveilleux adoptés à la même époque étant bien moins déterminée et
moins connue vulgairement, ils n'ont rien donné aux statues.
Tels sont le Caucatrix, la Woutre, l'Ydrus (ou Ichneu-
mon d'Égypte), le Chambals, le Rosmare, le Grylio (la Salamandre), la Serre, le Griffon, la Wivre, la Harpie, le
Basilecoc (Basilic), décrits dans tous les Bestiaires antérieurs à l'an 1300. Du reste, avec les divers membres des
animaux européens, africains et asiatiques existants et connus
alors, l'art a composé de vrais monstres, et on les voit sur
les tourelles, aussi hideux, aussi difformes, aussi fabuleux
que ceux-là.

Quant au costume en général, il s'adapte à nos présomptions touchant les dates désignées : il se restreint à deux
chapeaux d'homme et une coiffure de femme dont nous par-
lerons en leur lieu, et à des pans de draperies jetés sur diverses statues, et rappelant la coulle monastique : c'est le
capuchon commun aux deux sexes et à toutes les professions

dans le cours du xiiie siècle (1) et au début du xive ; alors, dit
M. Herbé dans ses « Costumes français », hommes, femmes,
» enfants, soldats, prêtres, ribauds, tous se coiffèrent du ca-
» puchon. »

A ces observations fournies par l'étude des caractères, se
joignent les faits historiques, bien que de profondes ténèbres
planent, au moins pour les détails, sur l'histoire monumentale de Saint-Denys. Après ses deux reconstructions en 775
et 1144, on voit sous Philippe le Hardi, l'abbé Mathieu de
Vendôme terminer dans cette basilique, en 1281, la restauration importante commencée en 1231 sous le règne de
S. Louis par l'abbé Eudes-Clément. Ce dernier, passé en
1245 au siége archiépiscopal de Rouen, avait laissé l'œuvre
incomplète ; on ne lit point qu'elle ait été continuée sous ses
successeurs Guillaume de Macorris et Henri Mallet. Les
constructions de l'abbé Eudes sont l'abside à partir de la
base de sa lanterne (2), la croisée du transsept avec ses portails, et la partie de la nef comprise entre cette croisée et
les marches de l'ancien chœur (3). Mathieu de Vendôme
acheva la nef et sans doute les parties hautes du transsept,
tout portant à croire que la construction du vaisseau dut
avoir le pas sur les détails de pure ornementation dans cet
édifice (4). Ces données historiques nous semblent des raisons plausibles d'attribuer la décoration des tourelles à l'abbé
Mathieu de Vendôme.

---

(1) V. *Recueil de Fabliaux*, manuscrit de la Bibliothèque royale.

(2) L'étage inférieur de l'abside, sur lequel pose la lanterne, est l'œuvre
de l'abbé Suger, aussi bien que la plus grande partie des cryptes.

(3) L'ancien chœur forme aujourd'hui la partie supérieure de la nef, ex-
haussée, au moment où nous écrivons, de cinq marches au-dessus du niveau
de l'*atrium* et de la partie de la nef qui suit immédiatement le porche.

(4) L'affluence des pèlerins étant immense à Saint-Denys, les détails d'ornementation ont été ajournés par les constructeurs, presque à chaque restauration de la basilique. Les quatre tours même qui contrebutent son transsept
furent interrompues à regret par l'abbé Suger, pressé d'agrandir les nefs et
de reconstruire le portail, comme on le lit dans le livre de son *Administration*
et celui de la *Dédicace*. Ces tours sont restées depuis cette époque à l'état de
hauts piédestaux, et attendent encore leurs flèches.

Cet homme célèbre mourut en 1286. Soixante-dix-sept ans après lui, un autre abbé restaurateur fit beaucoup pour l'Abbatiale; ce prélat fut Guy de Monceaux (1), homme habile, sage, prudent, et versé dans les saintes lettres; il gouverna le monastère sous les règnes orageux de Jean le Bon, de Charles V et de Charles VI, accrut les bâtiments claustraux et les environna, trois fois différentes, d'une palissade de bois qui reliait de fortes tours disposées d'espace en espace : les preuves de ces adjonctions existent dans Félibien et dans les autres monographes de l'abbaye, ainsi qu'aux archives du royaume où nous les avons compulsées (2). L'épitaphe de Guy de Monceaux rend un témoignage analogue et donne la même énumération de travaux : augmentation des revenus, additions architectoniques, construction de fortifications et de tours : « Redditibus et ædificiis, in turribus et fortalitiis cœnobium augmentavit, etc. (3). » C'en serait assez peut-être pour placer son nom à côté de celui de l'abbé Mathieu quand il s'agit de probabilités à établir à l'égard du constructeur des tourelles, mais ce n'est point assez, ce semble, pour la résoudre en faveur de Guy de Monceaux : on sait combien fut agitée la période qu'il franchit, et la peine qu'eut alors l'abbaye à payer les taxes communes. Il ne paraît guère probable que dans un temps calamiteux elle ait fait sculpter des statues.

Ce sont ces trente-deux statues disposées sur chaque tourelle et taillées sur place dans le bloc même du massif, qui sont l'objet de ce mémoire. Nous avons déjà signalé la difficulté qu'il y a à les distinguer. Indépendamment de leur élévation à 38 m. un tiers au-dessus du sol, la lumière qui les frappe de tous côtés dans ces régions aériennes et dont les rayons s'entrecroisent comme les mailles d'un réseau, miroite

---

(1) Élu en 1363, mort en 1398.

(2) V. D. Félibien, Histoire de Saint-Denys, pag. 279. — D. Doublet, Antiquités de Saint-Denys. — Aux Archives, les cartulaires de l'époque.

(3) Félib. Hist. de Saint-Denys, p. 300 et 314. — Ibid., aux Pièces justificatives.

dans le fond du ciel autour du massif des tourelles et l'y détache en silhouette ; mais elle confond néanmoins, sur la paroi de ce massif d'une teinte uniforme et sombre, les trèfles, les bourgeons sculptés, tout l'agencement d'accessoires, en ne dessinant des statues que quelques profils incertains. C'est ce qui explique le silence gardé par tous les monographes sur ces tourelles du transsept. Dom Doublet, dom Félibien, dom Milet, dom Robert, moines et historiens de l'abbaye de Saint-Denys, n'en disent rien dans leurs ouvrages, et l'on n'en fait nulle mention dans les notices incomplètes qui ont paru sur la basilique.

Nous avons vécu vingt années au pied des tourelles de Saint-Denys, sans soupçonner à leur ceinture autre chose que des fleurons, des ornements de fantaisie, et d'épais bouquets de feuillage, œuvre gracieux du ciseau. Mieux renseignée depuis ce temps par nos explorations fréquentes sur les galeries de l'église, nous en avons vu les statues et nous avons eu la pensée d'en faire lever le dessin. Nous avons choisi avec soin dans l'ancien bâtiment claustral (1) et sur les galeries de la basilique les divers points les plus propices. Nos dessins, levés à l'œil nu et parfois à l'aide d'une lunette, étant une fois terminés, le hasard le plus favorable nous est venu encore en aide pour assurer à leurs contours la plus parfaite exactitude. En effet, nous avions le rare bonheur, il y a peu de mois, de pouvoir observer de près la partie ornée des tourelles, au moyen des échafaudages dressés au-dessus du grand comble pour la pose de la toiture (2). Cette investi-

(1) Cet édifice, reconstruit de fond en comble dans les dernières années du XVIIe siècle, n'est point à beaucoup près aussi magnifique que le précédent. Il n'a gardé ni ses chapiteaux historiés de pierres et de couleurs diverses, ni la salle de son chapitre avec ses murs peints et dorés et ses vitraux précieux, ni la croix sculptée du préau avec ses curieuses statues, ni son arcade à quinze ogives qui n'avait point d'autre exemple en France. Ce bâtiment, du dernier siècle, est approprié aujourd'hui à l'éducation des filles des membres de la Légion-d'Honneur, et porte le nom de *Maison royale de Saint-Denys.*

(2) A la fin de l'année 1846, le comble a été exhaussé, et couvert d'une toiture métallique.

gation nouvelle nous ayant révélé plusieurs désaccords entre le trait et ses modèles, nous les avons fait disparaître et l'on a rectifié avec soin toutes celles de ces figures sculptées en plein nord et en plein sud, sur tout le côté des tourelles placé en saillie circulaire en dehors des murs de l'église : avant que les échafaudages eussent été établis, nous n'avions pu voir ces statues que du sol des cours adjacentes, c'est-à-dire à une distance de plus de 38 m. Grâce à cette facilité, qui avait dû se présenter bien rarement depuis l'érection des tourelles et qui ne se reproduira sans doute plus de longtemps, nous avons la satisfaction de pouvoir offrir à nos lecteurs des gravures irréprochables, propres à leur rendre possible la comparaison de chaque sujet avec l'analyse que nous essayons d'en tracer.

L'étude et l'examen sérieux de cette série de statues nous donne la persuasion que l'on doit reconnaître en elles une de ces représentations des SEPT PÉCHÉS CAPITAUX si communes au moyen âge, si conformes à son esprit, qui étaient en France, au XIIIᵉ et au XIVᵉ siècle, la décoration consacrée de la plupart des cathédrales (1). Comme ces corps de malfaiteurs que les potences féodales échelonnaient sur les châteaux pour épouvanter les provinces et intimider les pervers, les passions exposées ainsi au front de ces saints édifices y étaient comme signalées à la réprobation publique. Ici, avec les *sept péchés*, se groupent encore leurs *familles*, ces dérivations innombrables qu'après les Pères de l'Église, tous les moralistes du moyen âge rassemblent autour des *sept vices* en séries généalogiques, et qu'ils classent subtilement par filiations (2), distinctions, divisions et genres, selon leurs

(1) « Les sept péchés capitaux, sculptés en relief, étaient l'ornement obligé de toute cathédrale : ils étaient exposés jusque là (cours du XIVᵉ siècle) avec une naïveté peu édifiante, mais sérieuse et biblique; au XVᵉ siècle ils devinrent malicieusement obscènes, etc. » (M. Magnin, *Causeries et méditations. De la statue de la reine Nantechild.*)

(2). V. dans Vincent de Beauvais, *Speculum morale*, livre 3, les chapitres intitulés : « *De Superbiâ et filiabus ejus : De Invidiâ et filiabus ejus : De Irâ et filiabus ejus*, etc.

espèces, leurs causes, leurs degrés et leurs différences (1). C'est évidemment dans leurs livres que les sculpteurs de ces statues, comme tous ceux du même siècle, ont pris les assimilations et les attributs des passions, représentées presque toujours sous la figure d'animaux; et une remarque curieuse, c'est que sur ces tourelles de Saint-Denys ainsi qu'à Notre-Dame de Paris, à Moissac, à Pont-à-Mousson, à Montmorillon, etc., les péchés capitaux eux-mêmes ne sont pas tous spécifiquement reproduits : afin de rendre leurs figures plus explicites, plus directes et par conséquent plus pratiques, on y a substitué à quelques uns des *sept péchés* telle ou telle dérivation plus spéciale et plus commune. Quel détracteur s'avoue toujours à lui-même le lâche sentiment d'envie qui inspire et dicte ses discours? Quel usurier et quel cupide conviennent de leur avarice, et quels buveurs se croient gourmands? Au lieu donc de sculpter l'*Envie*, on a montré parmi les vices sa fille aînée la *Détraction*; à la place de l'Avarice on a figuré la *Rapine* et l'*Amour désordonné des biens temporels*, et au lieu de la Gourmandise, on a mis ses dérivations, la *Sensualité* et l'*Ivrognerie*. Ce principe est mis en pratique d'une extrémité à l'autre du moyen âge : un siècle avant l'érection des tourelles de Saint-Denys, un Bestiaire anglo-normand, celui de Philippe de Thaun, comptait *neuf* péchés capitaux :

« ... Nof péchés criminals   » Injurie, malveis vice,
» Par quei hum est mortals   » Le siste, detraciun,
» Ceo est adulterium   » Le VII, omicidium,
» E le altre fornicatium,   » Usure, ebrietas,
» Superbe, averice,   » Tut çeo fait Sathanas... »

---

(1) Dans les traités théologiques de Boëce, de S. Anselme, d'Alcuin, de Rhaban-Maur, de S. Grégoire-le-Grand, de Hugues, de S. Victor, etc., on voit les *vices* prendre un corps et dépouiller l'homme, le flageller, l'assujettir, le couvrir de plaies, le fouler aux pieds. Ils n'y constituent pas seulement des familles, mais encore des armées, des bataillons, des corps de réserve, chacun avec ses capitaines, ses commandants, ses généraux menant leur ordre de bataille contre le grand corps des Vertus, et s'opposant hommes à hommes et bataillons à bataillons.

Et pourtant, dans cette énumération, le nom du péché de Colère n'est même pas articulé : on y voit à sa place l'*Injurie* et l'*Omicidium*, deux résultats qui le traduisent; la Gourmandise est aussi remplacée par l'*Ebrietas*, la Luxure par le *Fornicatium* et l'*Adulterium*; enfin l'*Usure* est mentionnée, quoique l'Avarice le soit déjà.

Nous avons dit qu'à Saint-Denys, comme partout au moyen âge, les rôles des péchés mortels sont donnés à des animaux. L'histoire a compté quelques hommes qui ont eu, au nom de la folie, le droit de parler seuls aux princes le langage de la raison; telle est en un sens la mission de ces monstres dont l'espèce n'est nulle part hors de ces fictions lapidaires; miroirs véridiques des âmes et réflecteurs inexorables de leurs maladies intérieures. Rien n'est plus multiplié dans l'art chrétien du moyen âge que ces parodies de la vie humaine vue de son plus mauvais côté. Dans les basiliques ainsi ornées, plus d'un chrétien dégénéré, en voyant les traits de la brute figurer ses vices secrets, et les monstres les plus difformes retracer par le spectacle de leur victoire sur l'homme, l'état de dégradation où il se trouvait, dut parfois frapper sa poitrine et pousser vers le ciel le cri de Jonas (1). Nous avons scruté bien des fois de ces statues allégoriques en consultant les Bestiaires et les anciens commentateurs. Dans ces groupes où notre ignorance n'a vu longtemps que des grotesques, nos pères trouvaient autrefois un examen de conscience à l'usage des illettrés, leçon éloquente et sévère qui devait remuer les cœurs. Aussi variés que les vices, leurs emblèmes sont infinis, et dans cette triste nomenclature, rien n'a appelé sur nos lèvres un sourire de dérision.

Pour comprendre l'esprit d'ensemble de ces collections de *Péchés*, il suffit de lire ces lignes de l'un des Traités que Boëce écrivait au commencement du ve siècle :

(1) Clamavi de tribulatione meâ ad Dominum... De ventre inferi clamavi... Projecisti me in profundum, in corde maris... Ego dixi : Abjectus sum à conspectu oculorum tuorum... Sublevabis de corruptione vitam meam, Domine..., etc. (*Jon*. cap. 3.)

« Celui que vous voyez altéré dans sa nature et comme
» transformé par le vice, vous ne le pourriez prendre pour
» un homme, si ce qui lui reste de l'humanité, dans son être
» extérieur, ne vous montrait qu'il a été homme. Brûlé de la
» soif de l'or, ravit-il par la force le bien d'autrui? Vous le
» direz pareil au loup. Audacieux, impitoyable et sans se
» donner de repos, consacre-t-il sa bouche à la querelle et
» aux procès? Vous le comparez au chien. Habile à cacher
» sa ruse se complait-il en ce qu'il tient par la fraude? Il est
» l'égal du renard. Livré à l'intempérance de la colère?
» C'est un lion. Peureux, suit-il en tremblant un fantôme?
» Qu'on le tienne pour un cerf. Lent, stupide et dans la tor-
» peur? Il vit en âne. Léger et inconstant, change-t-il inces-
» samment de goûts? Il ressemble à l'oiseau. Plongé dans
» l'immonde bourbier des plaisirs? Il est possédé par les sales
» jouissances du pourceau. C'est ainsi que l'homme, en
» abandonnant la vertu, se change réellement en bête (1) ».

Piérius, au xve siècle, reproduit la même pensée : « Tout
» homme, dit-il, n'est point homme, mais celui qui s'a-
» donne au vice est réellement un homme-cheval (homo
» equus est). Placé dans un rang honorable s'il imite les
» insensés il devient un *homme-jument*, car il est semblable
» à la brute, comme la race de vipères que le Seigneur
» nommait ainsi, se composait d'*hommes-vipères* (2). »
Ainsi s'exprime Piérius, et l'idée placée sous la plume de
ces deux hommes vivant à onze siècles de distance, l'un au
milieu du moyen âge, l'autre tout à fait en deçà, se lit exactement la même, avec encore plus d'extension, dans tous
les écrivains chrétiens qui fleurirent dans l'intervalle entre
Boëce et Piérius. La zoologie presque entière vient figurer
dans leurs traités avec les allusions multiples qu'elle a avec

(1) Traduction de MM. les abbés Jourdain et Duval, Stalles de la cathédrale d'Amiens, p. 288.
(2) Hier. lib 4, cap. 24. — «Serpentes, et genimina viperarum», Matth. iii,
7. — xii, 34. — xxiii, 33. — Luc, iii, 7.

les *Sept péchés*. Partout, les mêmes harmonies, consacrées et vulgarisées, rattachent le même animal à la pensée du même vice ; ces relations passent dans l'art et restent dans toutes ses œuvres ; si l'on voit les progrès de la statuaire transformer d'époque en époque l'appareil de leur mise en scène (1), leur esprit ne change jamais.

Les transformations dont parle Boëce sont représentées à la lettre sur les tourelles de Saint-Denys. L'homme plus ou moins transformé en bête par l'habitude du péché, telle est la scène variée qui en forme l'ornementation.

Parmi ces trente-deux statues, deux représentent l'homme intact, et gardant sans altération la dignité de sa nature : l'une est un très jeune novice, l'autre est un religieux profès. Dans la personne du novice, la première des statues selon l'ordre que nous croyons devoir adopter (2), l'homme est tenté, résiste et lutte : dans celle du moine profès, la dernière de la série, on le voit calme et triomphant. Les trente autres semblent figurer les ennemis qui vont tour à tour l'assaillir, et qu'il devra longtemps combattre. Ils représentent des péchés envahissant plus ou moins l'âme, figurée par la tête humaine et par le corps, disparu sous l'enveloppe de la brute. Cette enveloppe fantastique, c'est en quelque sorte une boîte façonnée comme un animal ; là où elle enferme tout l'homme on ne voit plus rien que la bête, substituée à l'être humain : mais quand l'homme garde sa tête et parfois plus ou moins du buste, cette partie non trans-

---

(1) On voit, en effet, du ve au xiiie siècle, ces animaux dévorer l'homme ou ronger son corps tout vivant : dans le cours du xiiie siècle, au xive et au xve, l'homme lui-même devient brute plus ou moins intégralement selon le degré d'ascendant que le mal a pris sur son âme : vers la fin du xve siècle et dans tout le cours du suivant, les péchés ne sont plus des bêtes, mais des personnages humains dans le costume de l'époque, et exécutant divers rôles dans des scènes d'intérieur sculptées avec gaieté et grâce, mais aussi avec une licence et un sel de causticité qui mettent trop souvent les rieurs du côté du vice.

(2) Nous procédons de gauche à droite, commençant par la tourelle nord-ouest où est cette statue du novice, puis par les tourelles nord-est, sud-est, et enfin par celle du sud-ouest où est la statue du religieux.

formée sort et se dégage de l'autre comme d'une gaîne ou étui (1); l'artiste a voulu faire entendre que ce masque d'ignominie peut, selon le progrès de l'âme dans le mal ou dans la justice, s'étendre jusqu'à l'ensevelir tout entière dans sa dégradante prison, ou, s'effaçant en sens inverse, se retirer de sa personne, comme un vêtement inutile qu'on laisse tomber à ses pieds.

Ces pécheurs ainsi distingués, mais pourtant confondus ensemble, forment donc moralement deux ordres distincts : l'homme, encore tel par quelques membres; c'est le premier degré du mal : on le voit devenu centaure, onocentaure, etc., mais gardant d'humain la poitrine, foyer du cœur et du courage, et la tête, réputée le siège de l'âme; par ces facultés qui lui restent il peut encore se reconnaître, rougir de lui-même et prier : on peut ranger parmi ce nombre la *femme-poisson*, la *femme-chèvre*, la *femme-chatte*, l'*homme-barbet*, l'*homme-canard*, l'*homme-lion*, etc. Le second et dernier ordre comprend ceux qui vivent sans règle, secouant toute retenue, et sans souvenir de leurs fins; ils subissent à ce degré une transformation complète : vainement on chercherait l'âme, ils n'ont rien conservé de l'homme, et dans ce qui reste d'eux-mêmes on ne voit plus que l'animal.

Rongés par le temps et la mousse, usés, noircis, criblés de trous, tous ces personnages hybrides et par conséquent hors nature si l'on en excepte deux seulement, ont du mouvement, de la vie, de la souplesse dans les poses et une grande animation; si on en a vu dans le religieux et dans la statue du novice, il y en a aussi dans le reste, surtout dans

---

(1) Cette disposition n'est pas sensible sur tous nos dessins ; on peut l'observer néanmoins sur les sujets : 8 (tourelle nord-est), 11 et 12 (tourelle nord-est), 23 (tourelle sud-ouest), et on la voit très apparente sur le sujet 19 (même tourelle), du côté opposé à celui que rend le dessin : il faut pour cela être placé à une fenêtre faisant face à l'abside de la basilique, dans l'un des bâtiments claustraux. Même remarque sur le sujet 30 (tourelle sud-ouest) : cet agencement était très apparent du sommet des échafaudages, où le sujet était aperçu par derrière et d'où l'on voyait la draperie qui enveloppe le cou entièrement relevée.

les statues de femmes, où le naturel et la grâce ressortent avec avantage des attitudes contournées qu'il a fallu leur assigner. L'esprit de satire et de charge n'est pas, malgré les apparences, le caractère dominant de cette réunion de types; il y en a bien quelque nuance dans le *Buveur*, le *Sensuel*, dans la *Bête encapuchonnée* moitié chienne et moitié pourceau; il y a bien motif à sourire dans la *Coquette surannée*, dans la *Syrène à sa toilette* et dans la *Religieuse chatte* en qui s'unissent sous le voile et sous la guimpe à plis serrés la mollesse des habitudes, la malice aidée de l'astuce, l'impassibilité du front : mais le sérieux se révèle à l'observation sous ces dehors un peu comiques, et dans chacun de ces emblèmes on voit un grave commentaire, une utile moralité : ce sont la maigreur, la misère empreintes sur les traits du buveur, l'expression sournoise et féroce donnée au regard de la chienne, les pieds de cheval et de singe prêtés à l'homme dissolu, le regard fixe et allumé du vieillard devenu centaure, enfin les hideux caractères de plusieurs d'entre ces sujets. Là, chaque animal est hybride et chaque membre a son motif. Point de mains à ces êtres brutes, qui ont perdu jusqu'aux moindres traits de la noble essence de l'homme, mais à tous des pieds ou des pattes, pieds bisulques des ruminants ou pieds cornés des solipèdes, pattes des animaux rongeurs ou des espèces carnassières et serres des plus redoutables et des plus rapaces oiseaux : pour tête, un objet monstrueux rappelant souvent à la fois plusieurs genres de mammifères, le renard, le loup, la hyène, le singe, l'âne, le pourceau : à plusieurs, la queue de la poule, de la vipère ou du dragon, remarquablement écourtée et peignant par ce caractère l'excès de l'abrutissement. Tous sont dirigés vers le sol en signe de leur déchéance; leur attitude est invariablement accroupie, c'est celle de la grenouille, dont plusieurs possèdent le corps. La menace ou un cri quelconque sort de l'effroyable hiatus de toutes ces gueules ouvertes, ce qui, dans la statuaire mystique, est propre aux sujets doctrinaux, c'est-à-dire, qui par essence renferment un enseignement.

Enfin la plupart ont des ailes, et les ailes, pour l'ordinaire, marquent l'essor de la prière et la réunion des vertus; mais les vertus n'habitent point dans le réceptacle des vices, et pour l'âme ainsi dégradée il n'est pas commun ni facile de trouver les aspirations qui rouvrent les portes célestes; c'est ce que dénotent ces ailes courtes, dont l'autruche, les palmipèdes et différents oiseaux de ferme ont fourni seuls l'assortiment.

En nous plaçant sur le terrain de la Zoologie mystique, nous savons que notre langage sera accueilli sans surprise de ceux qui ont lu les Écritures et scruté les auteurs sacrés. Mais il n'en saurait être ainsi de ceux qui n'ont point lu les Pères ni les auteurs du moyen âge, qui en sont les fidèles échos, et nous devons craindre de rencontrer parmi ceux-là un certain nombre d'incrédules. Mais disons-le-leur bien ici : quoique nous n'ayons point à nous ranger pour ou contre la Symbolique chrétienne du moyen-âge, mais uniquement à la constater, nous ne pouvons taire pourtant que tout en elle a son principe, qu'on n'y trouve rien d'arbitraire, et qu'il ne faut point s'étonner de voir unis dans son domaine tels sujets et telles idées sans analogie propre à ressortir tout d'abord. Ces assimilations, qui n'ont pas laissé d'être consacrées et reçues pendant plusieurs siècles, ont des causes très répandues, vulgaires même à leur époque, bien qu'elles soient perdues de vue et comme effacées aujourd'hui. Le principe fondamental et la source la plus féconde des significations morales attribuées aux animaux sont des textes de l'Écriture expliqués uniformément dans ses nombreux commentateurs; ayant acquis force de loi et plus sacrés que les proverbes dont ils partageaient l'énergie, la vogue et la publicité, ils remplissent au moyen âge les sermons et les homélies, les œuvres des théologiens et des liturgistes, et on les voit partout dans l'art. Alors ils règnent dans la science, ils s'infiltrent dans le langage et tiennent une grande place dans tout ce que laisse ce temps. Leur empire sur la pensée s'étend dans cette période jusqu'aux mensonges du sommeil. Richaume,

abbé cistercien (1), rêvant au fond de sa cellule d'une poule
grattant la terre, d'un chien aboyant et d'un coq, ne lit
dans ces illusions vaines qu'un avertissement d'en haut pour
réveiller sa négligence, parce que ces trois hiéroglyphes figurent les prédicateurs, les gardiens et les pasteurs d'âmes.
Du ve au xvie siècle, on voit ces idées reproduites dans de
merveilleuses légendes et dans les visions fantastiques d'O-
thlon (2), de Wettin (3), du moine Robert ou Henri (4),
de Tundal (5), du frère Albéric (6), de Karl le Chauve (7),
d'Adam de Ros (8), etc., qui ont inspiré tant d'œuvres d'art
dans toute l'Europe chrétienne. Là viennent figurer en foule
tous ces dragons, tous ces griffons, tous ces aspics, tous ces
reptiles, tous ces monstres imaginaires qui désignaient en
même temps les vices de l'homme en ce monde et les tourments des réprouvés dans les géhennes infernales. Dès la fin
du xiie siècle, les allusions les plus communes des trois règnes de la nature sont classées dans des catalogues et des
traités particuliers pour l'utilité des artistes et pour les lecteurs placés en dehors de ce qu'on nommait la clergie (9).
Telle est l'origine des *Bestiaires*, des *Volucraires*, des *Lapidaires*, etc., dont on trouve encore un bon nombre parmi

(1) B. Richalmi abbatis Speciosæ Vallis in Franconia, Liber Revelationum, cap. 66.

(2) Othlonis monachi Ratisbonensis, Liber Visionum tùm suarum tùm aliorum. Apud Bernardum Pez, Thesaurus anecdotarum novissimus, tom. 3.

(3) Rimé par Walafrid. Acta sanctorum ordinis sancti Benedicti, sect. 4, part. 2, pag. 263.

(4) OEuvres de Marie de France, tom. 2.—Vincentii Bellov., lib. ii, dist. i, pars. 4. *De Inferno.*— Mathieu Paris.— Jean de Vitry.— M. Wright, S. Patrik's Purgatory.

(5) Ou *Tantale.* — Vincent. Bellovac. spec. mor., l. ii, dist. i, part. 4. *De Inferno.*— Turnbull, The Visions of Tundale... Edinburg, 1843.

(6) Écrite au Mont-Cassin, au xiie siècle, sous la dictée du moine Albéric. Publiée à Rome en 1814, par l'abbé Cancellieri.

(7) Vincent. Bellov. Spec. mor. *De Inferno.*

(8) Intitulée : *La descente de S. Paul en enfer*, tradition rédigée en latin au xie siècle.

(9) L'ignorance des choses saintes était grande parmi ceux qui n'étaient pas *clercs.* On lit dans *Li Biestiaires*, manuscrit du xiiie siècle, gardé à la Bi-

les manuscrits latins, romans, anglo-normands, tudesques, gardés dans toutes les bibliothèques savantes de l'Europe, à Paris, à Londres, à Cambridge, à Oxford, à Amsterdam, à Berlin. La plupart sont dus à des *clercs*, comme celui de la Bibliothèque royale traduit en roman d'une œuvre latine du *clerc Guillaume*. Tous citent surtout la Genèse, *Salemons*, Isaïas, Jérémias, S. Pol, Bede, Ysidrus (S. Isidore de Séville), très souvent Aristote et Plinias (Pline), presque tous, et par dessus tout, un traité qu'ils désignent unanimement sous le titre de *Physiologus*, œuvre qu'on n'a point retrouvée, dont on ne connaît point l'auteur, et qui a inspiré bien des conjectures. Nos recherches personnelles à cet égard nous ont mise, il y a peu de jours, sur la trace d'un document qui, s'il n'est pas irréfragable, est du moins une présomption mieux appuyée que quelques autres touchant l'auteur problématique de ce précieux Physiologue. Ce document est une lettre écrite en latin, adressée de Zurich, en 1565, par Conrad Gesner (1), surnommé le *Pline de l'Allemagne*, au numismate Adolphe Occo (2), résidant alors à Augsbourg, et qu'il appelle doctissime. Dans cette

---

bliothèque Royale, à la suite du récit de l'Évangile des vignerons loués par le père de famille pour aller travailler à sa vigne :

« Or aves oi levvangile :	» Ice ke io entene et voi :
» Mes ne saves ke senefie	» Li preudon ki al point del iour
» Plusior de vos se clerc ne sont	» Mist les ouvrers en son labour
» Il se de clerc apris ne lont,	» Senefie le roi de glore
» Mes ic vos dirai en droit moi	» Ki done a ses ouvrers victore, etc. »

(Fol." 31, versò).

(1) Conrad Gesner, médecin de profession, savant philologue, helléniste passionné et naturaliste célèbre, né à Zurich en 1516, fut pour son temps un prodige d'application, de science et de sagacité. Ses principaux ouvrages sont : un *Catalogue des plantes* en quatre langues, la *Bibliothèque Universelle*, une *Histoire des animaux*, des traductions en langue latine de différents ouvrages grecs, des *Traités de philosophie* et d'autres œuvres scientifiques. Il mourut à quarante-neuf ans, à Zurich, en 1565.

(2) Adolphe Occo, célèbre numismate né en 1524 à Augsbourg, ami de C. Gesner et médecin comme lui, est l'auteur d'une *Pharmacopée*, devenue le modèle de tous les ouvrages de ce genre. Il mourut en 1606.

lettre, par laquelle l'auteur dédie à Occo son Corollaire de la traduction latine d'un opuscule grec de S. Épiphane sur *les douze gemmes du Rational*, Gesner exalte la profonde érudition de ce Père, non seulement dans les saintes lettres, mais dans les sciences naturelles, et confie à son ami qu'il possède une autre œuvre rare, inédite encore, et manuscrite d'Épiphane, intitulée *Physiologus*: nomenclature, ajoute-t-il, aussi savante qu'ingénieuse de trente-neuf animaux dont la nature y est décrite avec leurs allusions mystiques. Il annonce ensuite à Occo qu'il se propose d'en entreprendre et d'en publier la traduction, et le prie de faire d'actives recherches dans le catalogue manuscrit du patriarche Photius, que lui-même a vu jadis à Augsbourg dans la riche bibliothèque de Jacques Fugger (1) son protecteur et son ami : « afin, dit-il, de vous assurer, à l'article des écrits de S. Épiphane (2), si le traité *des Douze gemmes* et le *Physiologus* en question sont aussi attribués à S. Épiphane par l'auteur de ce catalogue; par là, je serais confirmé dans la certitude que j'ai déjà, que ces ouvrages sont de lui (3).»

La mort frappa Conrad Gesner cette même année au sein de ses savants travaux et parmi ses papiers épars,

---

(1) J. Jacques Fugger, célèbre bibliophile, avait rassemblé à grands frais, à Augsbourg où il faisait sa résidence, une riche bibliothèque dont Jérôme Wolfius a été après lui le conservateur. Auteur lui-même, il a laissé 2 gros vol. in-fol. intitulés : «Vraie description historique de la maison de Habsbourg et d'Autriche, 1555. » Le manuscrit de cet ouvrage est enrichi de plus de 30,000 figures d'armoiries, sceaux, portraits, etc.

(2) S. Épiphane, évêque de Constantia (Salamine) dans l'île de Chypre vers la fin du IVe siècle, composa un grand traité des hérésies intitulé *Panarion* : l'*Ancyrotos* ou *Ancorat*, ouvrage sur la Trinité ; un livre *des poids et des mesures*; un traité sur les *Douze gemmes de l'habit du grand pontife des Juifs*; le *Physiologue*; une lettre à Jean de Jérusalem, et une à S. Jérôme. (Dictionnaire historique des auteurs ecclésiastiques, tome 1er. Lyon, chez la veuve Bessiät, éditeur. 1768.)

(3) Cette lettre est imprimée dans l'édition grecque latine du *Traité des XII gemmes*, coté à la Bibliothèque royale sous le n° C. 243, et intitulé : « *Sancti Patris Epiphanii episcopi Cypri ad Diodorum episcopum, de XII gemmis quæ erant in veste Aaronis.... Jola Hierotarantino interprete*, corollario Conradi Gesneri. Tiguri, 1566. »

dans son cabinet où il s'était fait porter mourant pour
mettre en ordre ses ouvrages. Il paraît à peu près certain
qu'il n'eut pas le temps de traduire et de publier le *Physio-*
logue manuscrit, mais cette œuvre avait passé à travers bien
des générations et par bien des mains avant d'arriver dans les
siennes. Philip de Thaun, auteur d'un Bestiaire au xiie siècle et *Li livres des natures des Bestes*, manuscrit de l'Arsenal écrit au xiiie, semblent calqués directement sur l'ouvrage
grec de S. Épiphane, car ils signalent dans leurs articles,
avec la mention continuelle du *Physiologus* qui les guide, les
noms *en griu* ou *en griois* (en grec) de chaque animal mis
en scène : « ... *est son nom en griois ; ne saurois le dire en*
françois, dit souvent *Li livres* (1); et ces Bestiaires empruntent aussi explicitement à leur Physiologue, non seulement l'histoire, la description, la légende quelquefois fabuleuse des animaux, mais leur Symbolique chrétienne, moralité toujours écrite dans un style très ascétique, avec des
menaces de *male fin*, de *fu d'enfern*, *d'estre mes en la poesle*
au Deable, discours toujours accompagnés de pressantes
invitations à la conversion.

C'est donc pour nous une question suffisamment résolue
que celle du vrai nom de ce *Physiologue* qui a exercé depuis
dix ans tant de plumes laborieuses. Quant à l'emprunt fait
par tous les Bestiaires aux sources sacrées, c'était pour
nous un fait prouvé avant que nous eussions pu parcourir ces
curieux ouvrages, et que la lettre de Gesner fût tombée
entre nos mains. Notre *Zoologie mystique* était déjà toute
achevée d'après les Écritures seules, quand nous avons pu
obtenir et scruter plusieurs Bestiaires. Du reste, et nous
n'en doutions point, la concordance s'est trouvée parfaite

---

(1) *As* en *Griu* venim est, Dunt aspis nomen est...
Honocrotalia *En griu* itel nun ha, en latine sermun Ceo est lignum costrum.
En Francis lune-bec est...

Monosceros *Griu* est, En francis Uncorn est... etc. (Philip de Thaun, The
Bestiary, p. 81, 103, 113. Ce poëte cite encore les noms *grecs* des bêtes,
pag. 75, 84, 87, 94 etc.

entre les éléments de leur symbolique et tous nos travaux antérieurs. Les trois que nous avons choisis pour appuyer nos jugements sur les statues qui nous occupent, appartiennent, l'un à la première moitié du xiie siècle, l'autre au commencement du xiiie, et le troisième à son déclin. C'est à notre *Zoologie* inédite, justifiée par ces recueils et basée sur bien d'autres sources, que nous demandons le secret des mystérieuses leçons attachées aux tourelles de Saint-Denys. Nous n'emprunterons à son texte qu'un extrait de quelques articles spécialement applicables à ces personnages hybrides par l'explication qu'ils contiennent des animaux, dont trois, quatre, quelquefois cinq en même temps ont fourni à chaque statue des membres significatifs. On va donc voir sous leurs images un examen de conscience énumérant les plaies nombreuses cachées au fond du cœur humain. L'art hiératique fut moral autant que l'est le Décalogue, autant que le sont les canons pénitentiaux des conciles, quand il exposa aux regards, sous des emblèmes dégradants, les plus abrutissants des vices : ceux même qui, selon l'apôtre, ne devraient pas être nommés parmi les chrétiens (1), le sont pourtant dans ses écrits, justification suffisante de ces piloris en sculpture dressés plus tard sur chaque église pour signaler avec opprobre et flétrir ces honteux écarts. Sur vingt-deux bêtes diverses rassemblées autour des tourelles, treize représentent à Saint-Denys ces vices ignominieux pris à différents points de vue. Nulle imagination réglée, nous l'osons dire par avance, ne s'offensera à coup sûr de cette liberté brutale, mais pourtant chrétienne et sévère, des œuvres d'art de nos aïeux, et nulle oreille, si elle est chaste, ne se déclarera blessée par les mots franchement techniques qui ont à les préciser ici.

Dans l'impossibilité où nous sommes d'assigner une classification méthodique aux vingt-six paragraphes qui vont composer ce petit traité, nous les offrirons au lecteur par

---

(1) Ephes. V, 3.

simple rang alphabétique. On trouvera dans cet aperçu une espèce de Bestiaire auquel on pourra recourir pour y confronter ultérieurement nos solutions sur les *statues*, qui sont l'objet de ce Mémoire, et qui sera aussi pour elles une sorte de garantie et une justification.

Voici la nomenclature de ces articles :

1. Ailes.
2. Ane et Onocentaure.
3. Autruche.
4. Bélier.
   Bouc (*v.* Pourceau).
   Centaure (*v.* Cheval).
5. Chameau.
6. Chat.
7. Chauve-Souris.
8. Cheval, Hippocentaure et Centaure.
   Chèvre (*v.* Pourceau).
9. Chien.
   Cornes (*v.* Pieds).
10. Crapaud.
11. Grenouille.
12. Griffes.
    Hippocentaure (*v.* Cheval).
13. Hyène.
14. Lièvre.
15. Lion.

16. Loup.
17. Manicore.
    Onocentaure (*v.* âne).
18. Oreilles.
    Pattes (*v.* Pieds).
19. Pieds, Pattes, Griffes, Serres, Cornes, Faces et visages cornus.
20. Pourceau, Truie, Bouc, Chèvre.
21. Poules.
22. Queues.
23. Rat.
24. Renard.
25. Sangsue.
26. Sauterelle.
    Serres (*v.* Pieds).
27. Singe.
28. Syrène (ou Seraine).
29. Taureau.
    Truie (*v.* Pourceau).

DEUXIÈME PARTIE.

Zoologie symbolique des tourelles de Saint-Denys.

Les trente statues symboliques des tourelles de Saint-Denys (1) ne donnent pas dans l'analyse un nombre pareil de péchés, chacune ne devant pas être traduite par un seul vice. Trente espèces d'animaux de tout genre et répétés plus d'une fois dans cette galerie mystique, entrent par quelqu'un de leurs membres dans la facture de ces bêtes, qui par conséquent sont des monstres (2). C'est pourquoi ces trente statues ne peuvent figurer chacune un vice distinct et à part, ainsi qu'on aurait pu le croire, et qu'il semble plus naturel selon nos idées actuelles. Mais s'il en était de la sorte, cette collection de statues manquerait positivement de l'esprit et du sceau caractéristique du moyen âge. L'artiste a agi autrement, et parmi ces trente animaux dont il met les membres en scène, on en voit plusieurs répondre à un même vice, sauf quelque nuance marquée que lui prête chaque animal. Il s'ensuit que certains désordres reviennent sans cesse frapper les yeux dans cette série, tandis qu'un petit nombre d'autres y sont seulement indiqués : *l'hypocrisie* s'y montre en scène de vingt-cinq à trente fois, et la *luxure* presque autant; et cinq autres vices : *la détraction, la sensualité, la gourmandise, la cupidité, l'extorsion* y sont à leur tour fréquemment, quoique beaucoup moins, reproduites. C'est que parmi tous les péchés, ces excès, il faut bien le dire, sont précisément ceux qu'on voit le plus énergiquement reprochés aux clercs du vIII^e au xve siècle, par

---

(1) Nous ne comptons pas dans ce nombre deux statues humaines, et par conséquent non hybrides quoique symboliques aussi, qui complètent le nombre de 32 que nous avons énoncé dès le début de ce Mémoire.

(2) A l'exception de quatre statues représentant : la première un âne, l'autre un lion, l'autre un singe, la dernière un chien roquet colossal.

les membres du clergé même, dans les nombreux *Traités de vices* (1) si en honneur à cette époque, et dans les célèbres *visions* (2) qui étaient alors si populaires. Quel est, dans cette période, l'ordre ou même le monastère qui n'ait gardé dans ses archives quelque monument de ce genre, œuvre de l'un de ses enfants descendu vivant en esprit dans les entrailles de l'enfer, et spectateur épouvanté des scènes terrifiantes de ce domaine des tortures? Que si l'on parcourt ces *visions*, on voit ressortir dans chacune, à titre de crimes énormes punis des plus affreux supplices, ceux que nous venons de nommer et que montrent en si grand nombre les tourelles de Saint-Denys. C'est sur ce monument sculpté, comme dans quelques uns des monuments écrits de l'époque, à des clercs, à des religieux que sont adressées ces leçons. Il y a plus : dans les manuscrits, destinés à moins de regards que les murs des églises, c'est presque toujours à des moines, à des religieuses, à des évêques, à des prêtres, à des tonsurés de tout ordre (3) que sont attribués ces crimes : liberté de prédication ouvertement mise en pratique dans ces âges de vive foi, dont elle ne craignit jamais de déraciner les croyances. Alors, dit M. Ozanam, «le clergé avait le mérite » de ne pas se ménager dans les tableaux qu'il présentait aux » peuples. Les visionnaires font comme les peintres qui en- » tassent volontiers les papes, les évêques et les prêtres dans » leurs représentations de l'enfer. Jamais le sacerdoce ne » s'est épargné à lui-même cette redoutable leçon, *pavi- » menta infernorum, capita sacerdotum* (4). »

Cette poésie triste et sombre, mais pleine de magnifi-

(1) Rhabani Mauri, De vitiis et virtutibus. — Vinc. Bellov. Spec. mor. De peccatis in genere. — De septem vitiis capitalibus. — De simonia. — De avaritia claustralium, etc., etc.

(2) Voyez ci-après, in notis.

(3) Diversas personas religiosas monachorum, monialium, episcoporum, sacerdotum ac etiam clericorum. (Vinc. Bellov. Sper. mor. De revelationibus.)

(4) M. Ozanam, Études sur les sources poétiques de la Divine Comédie, p. 63.

cence et souvent de sublimité, est le cachet du moyen âge. Le siècle où l'œuvre des *tourelles* exposait aux regards des bénédictins sa fantasmagorie mystique avait reçu du précédent la grande vision de l'enfer appelée *le Purgatoire de saint Patrice*, expiation qui, pour quelques âmes élues, consistait, disait la légende, à traverser, vivant encore, le lieu *où l'espoir n'entre pas ;* là, parmi d'effrayants spectacles, s'offre encore un essaim de moines, de prélats, de religieuses, de prêtres, placés sous le fouet des démons qui leur dénudent la cervelle et leur font jaillir les yeux des orbites, les contraignant à représenter malgré eux dans ce lieu d'horribles tortures ; les excès ignominieux de la luxure et de la table auxquels ils s'étaient adonnés dans le cours de leur vie terrestre (1). Ce sont, dans une autre vision, celle du chevalier Tundal ou Tantale, des supplices inénarrables infligés, dans l'enfer encore, « aux moines et aux religieuses, aux » chanoines et autres clercs qui ont menti à Dieu sur la terre » par leur tonsure et leur habit : qui jadis, aiguisaient leur » langue comme le dard des serpents, et qui n'ont pas su » s'abstenir des œuvres impures (2) ». Ainsi sont reprochés aux clercs, dans les écrits de cette époque (3), la débauche, la sensualité et la détraction. La zoologie de Saint-Denys offre le même ordre d'idées, le même esprit, le même sceau ; elle montre par la sculpture les péchés commis dans la vie, sous le type des mêmes monstres qui punissent au même siècle, les mêmes péchés dans l'enfer.

Déroulons ici, cependant, sous la forme la moins com-

(1) Vinc. Bellov. Spec. mor. De revelationibus.
(2) Ibid. De visione quâdam Tundali.
(3) V. la vision d'Albéric, moine du Mont-Cassin, écrite sous sa dictée au xiie siècle et publiée à Rome en 1814, par l'abbé Cancellieri. — La vision d'Othlon, moine de Ratisbonne : Liber visionum tùm suarum, tùm aliorum, ap. Bernard. Pez, Thesaurus Anecdotar. novissim. t. III.—La vision de Wettin, moine de l'abbaye de Reichenau, Acta Sanctor. ordin. S. Benedicti, sect. IV, part. 2, pag. 263. — La vision de Gauchelin, Orderic Vital, Hist. Ecclesiastic., lib. VIII, — Et M. Ozanam, Études sur les sources poétiques, etc.

plexe, celle d'un simple dictionnaire contenant 26 articles, l'explication analytique des éléments de ces statues. Cet essai de mystagogie emprunté aux sources du moyen âge donne les rapports des trente animaux reconnus parmi les statués des tourelles, avec des péchés de tout ordre, et l'on peut nommer ce chapitre : *la Zoologie symbolique des tourelles de Saint-Denys.*

AILES.

1. Les ailes marquent la prière, la contemplation, et en même temps les vertus chrétiennes, car les vertus et la prière peuvent seules élever l'âme et porter la pensée de l'homme aux choses d'en haut et au ciel. Déployer ses ailes, c'est, selon Philippe de Thaun, s'élever par les élans de la prière, dans une région supérieure aux tempêtes de cette vie (1). Il ajoute que les mains de l'homme sont deux ailes qu'il doit lever souvent vers Dieu, et vers le ciel, d'où descend la vertu qui terrasse l'esprit de ténèbres.

> « E pur çeo, hom de Dé
> » . . . .
> » De sus mer deis voler
> » Çeo est le munt surmunter ;
> » . . . .
> » Hom ki volt surmunter
> » Ses eles deit lever.
> » Li hom dous mains unt
> » Ki pur eles lur sunt
> » Ses mains deit hum lever
> » Al cel Deu aurer,
> » Ke del cel vint vertud
> » Dunt Satan fud vencud (2). »

---

(1) Même opinion dans Rhaban Maur, au sujet des quatre animaux symboliques de la « Vision d'Ézéchiel. » « Facies, dit-il, itaque ad fidem pertinet : penna, ad contemplationem... Per contemplationem verò, quia super nosmetipsos tollimur, quasi in aere elevamur... » (Rhab. Maur. in Ezech.)

(2) *Li Biestiaires* de la Bibliothèque Royale donne le même raisonnement

Les ailes sont aussi la figure des vertus chrétiennes : l'humilité, la patience, la miséricorde, sont autant d'ailes pour le juste, ailes qui l'enlèvent au monde et qui le rapprochent de Dieu (1). C'est ce que dit le *Physiologue*, qui, au rapport des Bestiaires, nomme les vertus *les plumes de Dieu* : « De
» ce dist Physiologe cest li essamples de nos meime; qant
» Dex fist lhome il le fist et forma à sa samblance dont de-
» vons avoir de ses plumes, ou il ne nos conoistra nient plus,
» ne ne fera nient devant ce qil nos en vera vestu; cest à
» dire qe nos soions vestus daumosnes de humilite de pitie
» de pacience et de soffrance encontre nostre proisme, dont
» nos conoistra Dex por ses fils por ces plumes (2). »

dans son chapitre *De la nature al ybeus*, c'est-à-dire, de l'*ibis*, ou de la cigogne, oiseau figurant *le pécheur*, et auquel il reproche de ne vouloir point voler, ni *noer* (nager) sur la mer du monde :

« Por Dieu signor or aprendons,
» En quel guise noer devons :
» A Dieu ki est haus et humains
» Devons en haut lever nos mains...
» Se la nes (nef), ne dreçoit son voile
» Quant el nage au cors (cours) des estoiles,
» Elle ne poroit pas sigler (cingler),
» N'oisiaus ne poroit pas voler
» Se il ses eles n'estendoit
» Et sa plume ne descouvroit,
» Tout ensement sacies ensi
» Quant li fil Israïel jadis
» Contre Amalech se combatoient
» Et a toutes eures vainçoient
» Que Moyses ses mains levoient
» Et si tost come il les baiscoit
» Li luis (Juifs) ierent li piour, etc. »

Et Voy. aussi Rhab. Maur. Allegor. in Sac. univ. Script.
(Fol. XI.)

(1) Alæ itaque virtutes sunt, alæ bona opera intelliguntur, sine quibus volare non possumus. Ipsæ nos ferant, ipsæ ad cœlestia elevent; habes humilitatem, ala tibi est; habes misericordiam, ala tibi est; habes patientiam, ala tibi est, quot virtutes habes, tot alas habes. (Brun. Astens. De novo mundo.)

(2) Li Livres des Natures des Bestes, manuscrit de l'Arsenal, fol. 206, *Del Corbel*.

II. Le nombre des ailes peut quelquefois , en certains cas faciles à discerner , déterminer les vertus figurées par elles. *Deux* ailes marquent d'ordinaire l'accomplissement du double commandement de la charité, quelquefois aussi les deux Testaments, dont l'âme doit être nourrie pour atteindre à la perfection qui obtient les récompenses célestes (1). *Trois* ailes marquent quelquefois les trois vertus théologales , *quatre* , les quatre vertus cardinales , *cinq* , la mortification des cinq sens, *six*, les six œuvres de miséricorde (2) , *sept*, les sept vertus ou dons de l'Esprit divin.

III. Les ailes de grande envergure , celles de l'aigle , du héron , etc. , sont prêtées aux Esprits célestes, elles désignent des vertus solides et une grande promptitude à accomplir la loi de Dieu ; aussi n'est-ce pas par ces ailes , que les oiseaux carnassiers représentent communément dans la Symbolique, l'Esprit du mal et les pécheurs, mais par leurs serres seulement, leur bec et leur vie de rapine (3).

IV. Conséquemment à ce principe, les ailes petites et faibles marquent des vertus peu solides et d'une portée très restreinte.

---

(1) Si habes charitatem ut Deum et proximum diligas , duas alas habes quæ tibi ad volandum sufficere possunt (S. Brunon. Attens.). — Possumus etiam per duas alas Dei et proximi dilectionem significare, quibus quicumque caret non habet undè volet ad regnum cœlorum (Oddon. Astens. in Psalm.) — Dilectio Dei et proximi, et novum et vetus Testamentum , itemque justitia , charitas cæteræque virtutes, alæ Dei sunt, quia sine his nemo ad Deum volare potest (Oddon. Astens. in Psalm.). — V. Yvon. Carnot. Serm. in Ascension. Domin.

(2) Sex opera misericordiæ ... sunt : pascere esurientem, potare sitientem, collocare hospitem, vestire nudum , visitare infirmum, consolari vinculatum , et per hæc intelligitur septimum, quod est in Tobiâ, scilicet sepelire mortuos , undè versus : « Visito, poto , cibo , redimo , tego , colligo , condo. » (Ludolph. Saxon. in Vit. Christ.)

(3) Alas..... accipitri et herodii suscipiamus , non ut aliquod rapiamus , verò ut obedientiam nobis injunctam celerrimè faciamus. Talium enim avium alarumque omnium quæ de rapinâ vivunt , alæ quidem et bonam significationem habere possunt, ungues verò et rostra et actionem, significationem impiam habent. Per tales enim significantur maligni spiritus , quorum omnis operatio furtum et rapina est (S. Brunon. Astens.).

V. Les ailes vastes, mais débiles et impropres à l'essor, ou incapables de soutenir longtemps le personnage auquel elles sont attribuées, désignent l'absence de vertus réelles et le renoncement à la prière ; car quittant à peine la terre et seulement pour peu d'instants, ces ailes démentent par le fait leurs apparences spécieuses : telles sont diverses ailes fantastiques, celles d'insecte étendues à des proportions colossales, celles de poule, de dindon et des autres oiseaux de basse-cour, surtout les ailes de l'autruche dont la dimension remarquable a quelque chose de spécieux. Ces ailes trompeuses sont souvent figurées *déployées* ou *dressées*, circonstance qui dénote formellement (1) les manéges des hypocrites, cherchant à singer les vertus dont ils n'ont que les faux dehors (2).

VI. Les ailes des oiseaux palmipèdes, quand elles soulèvent ceux-ci à fleur d'eau, sont prises dans l'acception de vertus et dans celles de l'habitude de la prière. L'eau signifiant souvent le monde et la vie, et son fond bourbeux étant pris pour le gouffre impur des passions, ces ailes qui portent ses hôtes à sa surface sont les vertus et les mérites, par lesquels le juste surmonte le mal et vit dans une région aussi élevée qu'il est donné à l'homme de le faire. Cette acception est celle des ailes des canards (3) et des autres oiseaux palmipèdes que l'on voit sur les pierres tumulaires et les fresques des catacombes : mais dans les représentations de péchés, où ces animaux sont à sec, ces ailes, impropres au vol, ont le même sens que celles d'autruche.

---

(1) Cùm tempus fuerit, *in altum alas erigit* (Struthio)... Job, XXXIX.—Saint Brunon, avec tous les Pères, commente ainsi cette expression : Alas tunc hypocrita *erigit in altum*, quando suæ simulationis virtutes ostentat. Hoc autem facit cùm tempus fuerit, id est cùm à multis se videri et laudari senserit. (S. Brunon. astens. in Job.)

(2) Non respiciamus ad struthiónem cujus alæ infirmæ sunt, non attendamus ad hypocritas qui se fingunt esse quod non sunt, quibus tunc alæ deficient quandó eis maximè necessariæ erunt. (Ibid. De novo mundo.)—Vincent. Bellovac. Spec. Mor.. — Boëc., etc.

(3) V. Bosio, Roma sotterranea, pag. 263, 467, 506.

VII. Les ailes de chauve-souris, conformées pour raser la terre, et qui ne sont que des membranes débiles et non pennées, sont prêtées à l'esprit du mal et aux personnifications de vices, la terre signifiant les œuvres charnelles, le monde dans son acception de région du mal et de domaine du péché, et l'attachement exclusif aux avantages temporels : ce sont là effectivement le but et les fins des âmes perverses, dépourvues des *plumes de Dieu* parce qu'elles sont sans vertus, étrangères à la prière que figure l'aile empennée, et n'ayant en propre que l'hypocrisie et l'ostentation, comme ces ailes illusoires.

ANE.

Les commentateurs montrent l'âne, favori de son possesseur et prenant la part la plus forte de son labeur habituel : objet de ses soins assidus, engraissé même de son pain, devenant ingrat à la longue et méprisant son bienfaiteur, enfin le jetant dans la boue et se refusant au travail (1). L'âne, en vue de ces caractères, est l'emblème des sens révoltés contre l'esprit, celui de la chair prévalant sur l'âme soit par les désordres les plus grossiers, soit par la stupidité, l'ignorance et l'entêtement (2), générations de la paresse. Telle est l'allusion de l'Onocentaure, monstre moitié homme et moitié âne (3), et celui de l'âne vautré par terre, ou couché ou agenouillé, ou se refusant à marcher.

AUTRUCHE.

1° Les larges ailes de l'autruche semblent promettre un vol puissant, mais cette vigueur apparente n'est qu'insuffi-

---

(1) Vinc. Bellov., Spec. Mor., III, dist. 6, pars. 1, *et aliàs*.

(2) S. Brunon. astens. Sup. Exod. 18. — Boëc., etc. — Hraban Maur, Op. omnia, Colon. Agripp., t. III, 55, etc. « Asinorum quoque, vel asinarum nomine, aliquandò luxuriosorum petulantia, aliquandò... stultitia... designatur. — Asinus enim mysticè, quòd brutum et libidinósum est animal, ... aut stultum hominem, et luxuriam istius mundi tantummodò sectantem. »

(3) Vinc. Bellov., Spec. Mor., l. III, Dist. 19, pars 3, et distinct. 3, pars 9, col. 978 et 1379, édition *Duaci*. — Philip de Thaun, The Bestiary. — Li

sance et faiblesse; l'autruche à la course légère ne peut prendre le moindre essor, et sa conformation d'oiseau est comme usurpée et factice. Dans la statuaire chrétienne, on voit les ailes de l'autruche prêtées aux personnifications de péchés; elles représentent alors, soit les faux semblants de l'hypocrisie, soit l'absence de la prière dont l'essence est de tendre en haut, soit les goûts charnels et terrestres, qui ne laissent place dans l'âme à nulle sainte aspiration (1); tel est le sens des ailes courtes; ainsi, les affections abjectes et le dénûment de vertus sont dénotés dans l'*homme-autruche* par la structure de ses ailes et leur essor bâtard et mixte tenant de la course et du vol.

2° Les traditions du moyen âge, comme celles des temps antiques, prêtent à l'autruche la plus incroyable voracité. Si l'on en croit leurs témoignages, cet oiseau dévore, engloutit, non pour la volupté du goût, mais sans discernement aucun et par voracité gloutonne, les pierres, les mottes de terre, les métaux les moins digestibles, des charbons même incandescents (2). Dans les contrées orientales où les autruches du

Biestiaire, manuscrit rimé de la Bibliothèque royale, xiiie siècle. — Li Livre des Natures des Bestes, manuscrit de l'Arsenal. — V. ci-après, à l'article « Chameau, » *in notis*, note sur le *Gamal*.

(1) Struthio, ... in similitudine avis pennas habere videtur, tamen de terrà altiùs non elevatur... Per Struthionem mysticè hypocritæ significantur... hii, qui se bonos simulant,... qui sanctitatis vitam, quasi volatûs pennam, per speciem retinent et per operam non exercent... Potest etiam Struthio hæreticos vel philosophos significare, qui, cùm pennis sapientiæ se exaltare volunt,... tamen non evolant. (Hraban. Maur., De universo., lib. VIII, cap. 5.)

Alas tunc hypocrita erigit in altum, quandò suæ simulationis virtutes ostentat. Hoc autem facit cùm tempus fuerit, id est cùm à multis se videri, et laudari senserit... (S. Brunonis astensis. Expositio in Job, XXXIX.)

Sed quid per Struthionem, qui alas quidem habet, volare verò non potest, nisi hypocritas intelligimus, qui, quamvis boni similitudinem ferant, bonum tamen facere recusant? (Ibid., in Levitic. c. XI.)

Mêmes interprétations dans : Eucher. in Isaï, c. 34. — S. Brunon. astens, *De Novo mundo*. — Boëc. — Vinc. Bellov., Spec. Mor., l. III, Dist. 10, pars 3, etc.

(2) C'est précisément cette indifférence inouïe pour la saveur des aliments qui motive ce symbolisme. « La voracité, écrivait encore Ripa au xviie siècle, fait qu'espérant le nouveau goût des mets qu'on va dévorer, on se hâte d'ex-

désert sont parfois mêlées aux essaims des tribus arabes, on en a vu, assure-t-on, avaler les pendants d'oreilles placés à portée de leur bec (1). Aussi, la tête de l'autruche est-elle souvent dans les arts l'emblème des excès les plus brutaux de la gourmandise, de cette horrible avidité, qui, « sans délectation du goût », n'est qu'un empressement sans fin à combler le gouffre du ventre (2). C'est le péché de « glotonie », celui de « mengier à outrage », la « gastrimargie crapuleuse », « l'effroyable voracité » qui, sous tous ces noms à la fois, spécifie dans les livres du moyen âge le sixième et avant-dernier péché capital.

BÉLIER.

Le premier usage que le bélier fait de ses forces est pour la lutte et l'agression : c'est à quoi il essaie ses cornes aussitôt qu'il les sent pousser ; il les y exerce plus tard, il y provoque ses pareils, et dans son ardeur de combat il attaque même les hommes. Aussi, et surtout par ses cornes, représente-t-il les rivalités acharnées, les querelles, les rixes, la contention (3).

---

pédier ceux qu'on a déjà dans la bouche, sans chercher à les savourer. Aussi peint-on l'avidité sous la figure d'une femme qui d'une main caresse un loup et pose l'autre sur une autruche, cet oiseau avalant le fer et les aliments les moins digestibles, et le loup, massacrant les troupeaux en masse, sans rien réserver de sa proie ni prévoir la faim à venir. » (*Iconologia di Cesare Ripa.*)

Bochart cite nombre d'auteurs à l'appui de ce qu'il dit lui-même sur la voracité de l'autruche : OElian., De naturà animalium, XIV, 7. — Alexandre d'Aphrodisie, in Præfat. apud Aristotel. Emblemata. — Albert-le-Grand. — Ulysse Aldrovande. — Conrad. Gesner Tigurin., Histor. animal. — Les savants écrivains arabes Averrhoës, — Alkasuinius et Damir, dont il cite les textes dans leur langage original avec leur traduction latine. (Bochart, Hierozoïcon, l. II, 17.)

(1) Lapides, terræ glebas, carbones, candentes prunas, gemmas ex adstantium auribus pendentes sine ullo delectu vorat. (Ælian., XIV, 7.) — ..... Et vorat ossa dura, et lapides, et glebas, et ferrum,... et cùm videt in aure parvam margaritam, rapit eam. (Damir.)

(2) « La segonde branche est de mengier et de boire à outrage sans mesure. Cist sont proprement gloutons, qui tout engloutent come fait li goffre de Satanie. » (Manuscrit du XIII° siècle, Bibliothèque royale.)

(3) *Passim* dans les Commentateurs.—V. pour l'application des cornes aux

Le bélier, comme la brebis, a l'instinct moins développé
et montre moins d'intelligence que la plupart des animaux
domestiques. Il personnifie par là l'ignorance la plus épaisse,
la stupidité, l'ineptie, l'indifférence religieuse qui en est souvent le résultat (1).

CHAMEAU.

1° Le chameau porte le front haut, le cou renversé en
arrière, et son encolure prend dans la marche un mouvement dominateur; son corps est grêle et élancé, et la bosse
qui le surmonte rappelait aux yeux de nos pères ces sols
âpres et montueux assimilés dans l'Évangile à l'exaltation de
l'orgueil (2). Sous ce point de vue, le chameau, quoique doté,
ce nonobstant, d'acceptions très avantageuses, était l'image
des superbes (3), en même temps que par sa stupidité il figurait les esprits lourds et les goûts abjects et terrestres (4).
Son nom est souvent employé dans cette acception dans les
livres saints.

2° Une tortuosité remarquable distingue l'ossature entière

---

personnifications de péchés, Vincent. Bellov., Spec. Moral., l. III, d. 3,
pars 9.

(1) Aries autem ignorantiam vel ducatum pravæ intelligentiæ designat.
(S. Brun. astens. Op. t. I, p. 368. — Ibid. In Joh.— Yvon. Carnot., Serm.
De convenientiâ. S. Hieron. epist.

(2) Omnis mons et collis humiliabitur. (Luc, III, 5. — Et *passim* dans les
livres saints.)

(3) Cameli... nomine aliquandò in sacro eloquio gentilium superbia expri-
mitur, quasi excrescente desuper tumore tortuosâ. (Hraban. Maur., *De universo*, VII, 8.)

Camelus, est Judæus tumens per superbiam. Scribarum et Pharisæorum
personam gestat, qui per superbiam stultitiæque vitio notabiles sunt... Stultorum quippe est proprium superbire. (Hrab. Maur., Enarrat. in Levitic.,
III, 1. — Ibid., in Deuteronom., II, 6.)

(4) Camelus, amor seculi... — Cameli, peccatores moribus distorti. (Hrab.
Maur., De universo, VII, 8.)

Sed quid per camelum, cujus unicum et singulare officium est onera portare,
nisi eos intelligamus qui peccatorum pondere prægravantur? (S. Brunon.
astens., homil. in Natal. Apostolor.)—Origen., in Matth., XIX.—S. Eucher.,
in Matth., XXIII, 24.— S. Brunon. astens., Sententiar., lib. VI. De confessor.,
cap. 2. — Ludolph. Saxon., Vit. Christ., pars II, 13.

et la charpente du chameau (1); cet animal, vu de profil, offre
par sa ligne dorsale un festonnement continu : ses genoux sont
comme une bosse au milieu de ses jambes grêles, et son museau plein de finesse forme un contraste remarquable avec la
saillie de son front. Quand on regarde le chameau en silhouette et comme ensemble, on ne voit qu'une lourde bête
et une masse irrégulière dont tous les détails choquent l'œil.
C'est en vue de ces caractères et jugé d'après ses dehors, que
le chameau a figuré ce qu'il y a dans l'ordre moral de plus
contraire à la droiture, c'est-à-dire la fourberie qui sous les
dehors les plus saints cache les plus honteux désordres, les
affections les moins réglées et les vices les plus grossiers.

3° Le chameau, dont le cou est mince et dont le gosier
semble étroit, passait pourtant au moyen âge pour dévorer
facilement les objets les moins digestibles, les pierres et
même le fer : par cette circonstance encore il figurait les
pécheurs hypocrites et sacrilèges, gens timorés en apparence, et auxquels les docteurs appliquent cette hyperbole
sortie de la bouche de J.-C. au sujet des Princes des prêtres : « *Docteurs aveugles*, disait-il, *ils dissèquent le mou-
cheron* (pour n'en avaler que les parties molles), *et ils
avalent le chameau!* » c'est-à-dire, ce qui non seulement par
son énormité, mais par sa tortuosité surtout, paraîtrait le
moins susceptible de descendre dans le gosier (2).

4° Selon la coutume du moyen âge, de personnifier les
vices par les types de leur excès, le chameau fut pris fré-

---

(1) Particularité signalée par son nom en grec. « Gamal (camelum).....
Verbo græco *curvum* significat. (Hrab. Maur., De universo, VII, 8.)

(2) Duces cæci, excolantes culicem, camelum autem glutientes (Matth.,
XXIII, 24). Le chameau, nommé dans ce texte pour marquer de graves désordres, était pris par métonymie pour celui qui se les permet.

Culicem enim liquant, hoc est, minutissimè mandunt illi, qui minima
tantùm in lege pervestigant; quibus studiosiùs insistant ubi omnis ingenii vires
intendant. Camelum verò, hoc est perversorum actuum tortuositatem... parvi-
pendunt, nullo quippe mansu ruminationeve devorant; quasi nihil ad rem
pertineat, sacra habere ludibrio, et sceleratissimis quibusque facinoribus
inquinari. (Pier., XII, 32.)

quemment pour l'emblème de la colère. *Gamal*, qui est son nom en hébreu, se traduit par *rétribution*, et le chameau, bien que traitable, débonnaire et reconnaissant, est en effet parmi les bêtes l'animal le plus rancunier. Le souvenir du mal reçu ne sort jamais de sa mémoire, et il est fidèle à le rendre, même après un temps prolongé ; nul aussi ne paie cette dette avec plus de ressentiment et d'inexorable colère. Une homélie de saint Basile qualifie ce courroux sans terme du nom de « colère de tous les jours, » parce que rien ne l'affaiblit et que les mois et les années ne peuvent rien sur cette haine (1). Après lui, saint Jean Chrysostôme, saint Grégoire de Nazianze, saint Isidore, Eustathe, le savant Oléarius, et un grand nombre d'autres auteurs comparent le vindicatif au chameau *sans miséricorde* (2), et Bochart cite le proverbe : « Une colère de chameau : » cette expression spécifiait les irritations les plus implacables, et le même auteur admire, à l'égard du nom hébreu du chameau, la sagacité que son choix prouve dans notre premier père : « Ce que nous savons, dit-il, par l'expérience, des ressentiments du chameau, il le vit du premier coup d'œil : il comprit que cet animal garde d'implacables colères (3), et lui imposa,

---

(1) Olearius (Itiner. Persic., lib. V.) narrat de camelo non ità pridem à servo quodam plagis excepto, qui post aliquot menses eumdem inter multos alios in diversorio jacentem elegit, et pedibus obtrivit. (Bochart. Hierozoicon, II, 1. *De cameli nomine*).

(2) Les mêmes auteurs qui signalent ces irritations du chameau rendent nonobstant justice à sa grande docilité, et ajoutent qu'il symbolisait quelquefois cette qualité parmi les païens; on le représentait alors tenu au licou par un faible enfant. (V. aussi Pier., l. XIII, *Tractabilitas*.) De plus, sa patience est si grande, qu'elle lui a valu parmi les Arabes le nom d'*Abu-Job*, ou *père de Job* (Damir).

(3) Hebraicè *Gamal* quandoque est bonum, quandoque est « malum rependere... » Indè camelus meritò למל *Gamal* dictus est; quia nullum est animal, quod vel acceptæ injuriæ, memoriam conservet tenaciùs, vel ultionem persequatur acriùs. Unde Basilius, homil. 8, in Hexaëmeron, quo loco animalia terrestria marinis confert et præfert, « Camelorum autem animum injuriarum memorem, et gravem, et diuturnam iram quis marinorum imitari queat... » Olim verberibus cæsus camelus, irâ longo post tempore reconditâ, cùm commodum tempus nactus fuerit, malum rependit... Chrysostomus in

dans son nom, la désignation la plus juste qui pût exprimer cet instinct. »

CHAT.

La flatterie intéressée, la mollesse, l'ingratitude et la malice astucieuse renforcée de l'hypocrisie, mais surtout cet amour de l'indépendance qui porte dans les moralistes le nom de *désobéissance*, celui d'*inquiétude du corps* (1), tels sont les sens prêtés au chat dans la Symbolique chrétienne. La mollesse y est souvent spécifiée par la queue de cet animal revenant passer sous son ventre et formant comme un trône de fourrure sur lequel on le voit assis : et ses pattes, toujours rôdeuses et toujours disposées à égratigner, marquent cette haine de la contrainte, ces goûts indépendants et libres qui caractérisent le chat. Tels, mais dans un ordre plus noble et marquant l'amour légitime et le culte saint d'une licite liberté, les chats passants, effarouchés, et ceux courant à toutes pattes, qui ont figuré sur des enseignes et qui ornent encore des blasons (2).

---

sermone περὶ ἄυχων, edit. Savil., tom. VII, p. 353; « Facti sunt injuriarum memores sicut cameli. » Isidorus Pelusiota, lib. II, Epist. 135, « Cùm quis ut taurus subsultat, ut asinus calcitrat, ut salax equus in fœminas hinnit, ut ursus ventri indulget, ut mulus corpus saginat, et ut camelus memor est injuriarum. » — Eustathius in Hexaëm., p. 39 : « Equus in fœminam libidine ardet, tardus est asinus et acris auditûs..., et camelus acceptæ injuriæ meminit. » — ... Doctissimus Olearius (Itiner. Persic., lib. V) : « Cameli in ultionem valde proni sunt, et acceptæ injuriæ memoriam diutissimè servant. » — Ità ut in Perside ira cameli in proverbium abierit, cùm de odio implacabili res est... — (Ibid. in Nazianzeno, iambico 21...). — Hæc de cameli hebræo nomine; in eo vel maximè elucet primi patris sapientia, qui, quod nos non nisi experti simus, viso camelo statim advertit hoc illius esse genium, ut iram diu servet et malum pro malo tandem rependat : ac proindè *Gamal* vocavit, appellatione ad animalis naturam ità accommodatà, ut nulla potuerit esse aptior. (Sam. Bochart. Hierozoicon, l. II, c. 4.)

(1) Vincent. Bellov., Spec. moral. De superbià et filiabus ejus. Dist. 22, *De inobedientiâ.* — Ibid., De acedià et filiabus ejus. Dist. IV.*De inquietudine corporis.*

(2) L'enseigne guerrière des Bourguignons, blasonnée par les maîtres les plus anciens de la science héraldique, porte d'or à un chat de sable tenant une souris de même, et on lit que leur roi « Gundicarus portait d'azur à un

CHAUVE-SOURIS.

L'hypocrisie et l'amour désordonné des biens de la terre
se combinent dans cet emblème avec l'aveuglement spirituel
et l'opiniâtreté dans son propre sens. La chauve-souris représente l'homme, chrétien de nom, païen de fait, ennemi
des saines doctrines qui sont la divine lumière, et se com-
plaisant dans sa cécité. Appelé à des fins célestes et à prendre
un sublime essor, il préfère raser la terre et voltige dans les
ténèbres sans jamais s'éloigner du sol, ce qui marque son
aveugle ténacité à conserver ses idées propres et son sens
abject et faussé (1) : espèce indécise, ambiguë, semblable à
l'impur animal qui s'écarte peu de son trou et qui tient de
l'oiseau et des mammifères.

Vincent de Beauvais prête à la chauve-souris les ruses de
l'homme ; il la montre étendant ses ailes et retirant ses quatre
pattes quand elle est parmi les oiseaux, et plus tard, faisant
son entrée au grand conseil des quadrupèdes en repliant ces
mêmes ailes et mettant au grand jour ces pattes et son corps
velu et fourré. Ceux que cet animal figure prennent, dit le
Miroir moral, les dehors de la sainteté aux yeux de ceux
qui la possèdent ; mais ils sont les plus dissolus et les plus
effrénés des hommes : oiseaux de nuit, ajoute-t-il, dont l'œil
ne pourra supporter les splendeurs de la vraie lumière, et
qui seront privés de la vue de Dieu (2).

---

chat effarouché d'argent armé de gueules. » Dans le même esprit symbolique,
la famille Della Gatta, au royaume de Naples, portait d'azur à une chatte
d'argent au lambeau de gueules en chef : celle de la Chétardie, en Limousin,
d'azur à deux chats passants d'argent : celle de Katzebis, en Allemagne, d'azur
à un chat d'argent contourné et courant en bas ; celle de Katzein, un chat tout
de même, et emportant une souris. (De Vulson de la Colombière, *La Science
héroïque.*)

(1) Vespertiliones circa terram volant : itâ ut pennis pro pedibus utantur,
quandò ambulant : quod indignum est in eis, qui contemplationi dant operam. Non ergo incredulus sis, nec dubites, quod etiam hæc, quæ nunc denu-
merata sunt, animalia ad ostensionem figuramque eorum, à quibus abstinere
debent contemplationi vacantes, posuit legislator. (Hraban. Maur., De universo, l. VIII, c. 5.)

(2) Vincent. Bellov., Spec. moral., l. III, d. 10, p. 3. — S. Eucher. in

CHEVAL.

Le cheval, qui souvent, et lorsqu'il est ailé, a de très nobles allusions, en a de fort déshonorantes quand il figure des péchés. Ses correspondants sont l'orgueil et ses générations premières (1), l'insolence, la ruade et l'entêtement. Mais surtout, en vertu d'un passage de Jérémie (2) et alors qu'il est combiné avec la nature de l'homme, le cheval lancé au galop marque la luxure effrénée, au point de vue de l'adultère. Telle est l'allusion du centaure, commenté par tous les moralistes du moyen âge et reproduit dans l'art chrétien sur un très grand nombre d'églises. C'est ainsi, qu'appelé par Vincent de Beauvais et par Rhaban-Maur « le coursier du diable (3), » ce péché se voit au galop sur l'un des cordons de voussure du grand portail de Notre-Dame. L'adultère spirituel de l'âme qui a délaissé Dieu pour s'abandonner au désordre se voit aussi à Saint-Denys au portail ouest (baie centrale) dans la personne d'un centaure, qui, avec

Commentar. — Brunon. Astens, in Levitic. — Pier., l. XXV, c. 17. — Li livres des natures des bestes, manuscrit de l'Arsenal, article Li cauve soruis.

(1) Une charmante miniature de l'*Apocalypse* représente l'orgueil sous la figure d'un cheval blanc tout harnaché, qui rue, se cabre, et précipite par terre son cavalier, vêtu d'une tunique verte, d'un manteau écarlate doré, et chaussé de bottines courtes et d'éperons. (Le Mariage de Notre-Dame, manuscrit de la Bibliothèque royale, reg. manusc. 7018, fol. 33, versò.)

(2) Equi amatores et emissarii facti sunt : unusquisque ad uxorem proximi sui hinniebant (Jerem, V, 8). Equinam (disent les commentateurs) vates ille dedit homini vocem, ut equinam in eo petulantiam argueret (Pier., IV, 24). — Jumenta, in stercore putrescere, est carnales homines in fœtore luxuriæ vitam finire (S. Gregor.). Jumenta, libidinosos... et carnis voluptatibus deditos (S. Brun. Astens. in Psalm.). — Per equum,... superbos homines et luxuriosos intelligamus (ibid.). — Et V. Oddon. Astens., Expos. in Psalm. 30. — Joël. 1. — Vincent. Bellov., l. III, d. 3, p. 9. — Bochart, Hierozoicon. De cameli nomine, etc. — Philip de Thaun, The Bestiary. — Li livres des natures des bestes, manuscrit de l'Arsenal.— Li Biestiaires, manuscrit de la Bibliothèque royale, xiiiᵉ siècle, etc.

(3) Porcum, et diaboli jumentum. (Spec. mor. De luxuriâ et filiabus ejus.) — Equi, peccatores intelliguntur et luxuriosi homines,... equi, qui ascensorem habent diabolum et angelos ejus. (Hrab. Maur., De universo, VII, 8.

un ricanement infernal, balance au-dessus de sa tête et emporte brutalement l'une d'entre les vierges folles. Au portail du transsept nord de la même église, le centaure sculpté sous la console qui supporte le roi David semble caractériser l'adultère de ce prince et rappeler sa pénitence par le psaltérion (1) placé entre les jambes antérieures du cheval, qu'il fallait faire galoper pour préciser son allusion (2).

CHIEN.

Au point de vue de ses qualités et jugé comme serviteur, compagnon et ami de l'homme, le chien a dans la Symbolique un rôle noble et élevé; au xiiie siècle et dans les suivants, les chiens danois, les chiens lévriers et tous ceux de races élues, marquaient sur les pierres tombales aux pieds des dames de haut rang la fidélité conjugale et d'autres vertus du manoir. Mais déjà, avant cette époque (3), on avait rattaché à l'idée de différents vices les chiens errants, les chiens vulgaires, les chiens mal-appris ou hargneux, ceux des races dégénérées qui multiplient à l'infini, mènent une vie vagabonde et sont poussés par leur nature et leurs extrêmes privations à des excès de toute sorte. Les Hébreux, les Grecs, les Romains, les Orientaux, avaient fait aussi du nom de ces chiens l'injure la plus flétrissante que pussent exhaler jamais la colère et l'indignation. Quant au chien que le moyen âge chargea du rôle de *péché*, il représenta cet état de dégradation non seulement par sa figure, mais par quelques uns des actes ignobles qui lui sont le plus familiers. Ainsi, par divers caractères, par sa langue ou ses dents souillées, par ses pattes et par sa queue, par ses hurlements ou son silence intempestifs, par les extrémités repoussantes auxquelles le porte

---

(1) On sait que David déplora son crime dans la plupart de ses chants ou psaumes.

(2) Le galop caractérise l'emportement et la fougue désordonnée des vices.

(3) Ce qui se voit dans tous les Pères de l'Église et dans les commentateurs de la Bible.

sa faim ou sa voracité, le chien réunit en lui-même des allusions aux *sept péchés* ou à des vices qui en dérivent, et qui
les remplacent souvent dans la Symbolique chrétienne. C'est
donc dans ses espèces les plus communes, et comme vaga-
bond, errant et représentant la misère spirituelle et beaucoup
de vices abjects, que le chien fournit par son nom, à tous les
peuples de la terre, l'expression la plus insultante d'un brutal et profond mépris. Aussi sa race spécifique, ceux de ses
membres mis en scène dans les compositions hybrides, et ses
diverses attitudes, ne sont pas chose indifférente dans les
bas-reliefs symboliques où il marque et personnifie quelque
flétrissante acception.

1.º Le Démon, quand il est représenté sous la forme d'un
animal, a presque toujours quelque membre, quelque caractère du chien. C'est par ses instincts faméliques et par ses
appétits gloutons que le chien figure ce prince du mal et
l'enfer lui-même, avides de perdre les âmes, et, selon le
style figuratif, impatients de les dévorer. C'est ainsi qu'on
lit dans un psaume : « Seigneur, délivrez mon âme de l'épée,
et *de la main* du chien. (1) » Mais c'est surtout par la réunion des sept péchés capitaux dont il personnifie l'ensemble,
que le chien figure l'Esprit de ténèbres, l'auteur du mal par
excellence, l'instigateur de tout péché (2).

2. Le chien aboyant avec rage et se jetant sur une proie,
figure souvent les pervers et les persécuteurs des justes, les
profanateurs incapables de discerner les choses sacrées et
qui en doivent être écartés. Ces chiens font allusion aux
persécuteurs dans ce passage du psalmiste : « Seigneur,
une multitude de *chiens* (dévorants) m'ont environné ; » et
ils signifient les profanateurs dans celui-ci de l'Évangile :

---

(1) De manu canis. (Ps. xxi, 21). — Cane, infernus intelligitur, qui more
canino cuncta avidè vorat. (Oddon. Astens. in Psalm. 21.)

(2) Canis autem, ipse diabolus est, qui cum omni exercitu suo contra
sanctos latrare non cessat. (Brun. Ast. in Psalm.) — Nam et diabolus canis
est, secundùm illud... « Eripe... de manu canis unicam meam. » (Ib. in Job.)

« Ne donnez pas les choses saintes aux *chiens*, de peur qu'ils
ne se retournent et ne se précipitent sur vous pour vous dé-
pécer (1). » De là aussi l'usage de cette formule : « Sancta,
sanctis : *foris canes*, » prononcée tout haut par le diacre dans
les premiers âges chrétiens au moment où l'action du saint
sacrifice allant commencer, les excommuniés, les énergu-
mènes, les pénitents publics, etc., étaient expulsés de l'é-
glise (2).

3° Le chien hurlant contre la lune était l'emblème des
envieux.

Le dogue préposé souvent à la garde des boucheries, et
dont les dents et la langue sont fréquemment souillées de
sang, représentait la détraction, l'une des filles de l'Envie :
ainsi, dit Vincent de Beauvais, les dents et la langue des
détracteurs sont-elles imprégnées de sang, celui des âmes
malheureuses frappées de mort spirituelle par les blessures
du péché (3). Ces détracteurs, ajoute-t-il, sont de vrais « bé-
nitiers du diable, pleins de l'eau maudite du diable ! leur
langue,... goupillon du diable (4) ! »

4° Le chien hargneux, le chien jappant, le chien s'apla-
tissant à terre, ou qui gronde et montre les dents, figure

---

(1) Matth., VII, 6.

(2) Même idée dans ces paroles de l'Apocalypse, au sujet de la nouvelle
Jérusalem : « Foris canes, et venefici, et impudici, et homicidæ, et idolis ser-
vientes, et omnis qui facit et amat mendacium. » (Apoc. XXII, 15.)

(3) Pensée analogue à la sentence que saint Augustin avait fait tracer, à
Hippone, en face de la table où il prenait ses repas : « Si quis amat dictis
absentum rodere vitam, hanc mensam indignam noverit esse sibi. »

Ce dépécement du prochain par les dents de la Détraction est la *tierce* et la
quarte fueille de la branche de *Detraccion* qui naît du *pechie de la langue :*
« La tierce est quant il (le détracteur) estaint et met a neant touz les biens
que li hons fait... Cil menjue lome tout entier. La quarte ne le menjue pas
tout, mais il le mort et en prent une piece. Et c'est la quarte foille de ceste
branche... » (*L'apocalipse, Manuscrit du* XIIIᵉ *siècle*, Bibliothèque royale.)

Canes, homines rixosi vel detractores alterutros se lacerantes, ut in Apostolo : « Quod si invicem mordetis et comeditis, videte ne ab invicem consu-
mamini. » (Hraban. Mauri., De universo, lib. VIII, c. 1.)

(4) ... Orcelli diabolici, pleni aquâ maledictâ diaboli... Lingua eorum,...
diaboli aspersorium. (Vinc. Bellovac., Spec. mor., De invidiâ et filiabus ejus.)

l'esprit de litige et de contention, génération de la colère (1).
Ce péché répond à la *noise* et à la *tenczon*, qui, dans la
hiérarchie des vices au moyen âge, suivent l'*estrif* et le *con-
tens*, et qui sont suivis des *ledenges* (2). «Tiex hons resenble
le porc espi,... et quant il est irez.. resemblil le mastin fel
(félon) qui mort et abat toz ceulx quil peut. »

Il figure aussi le *murmure*, ou le péché de celui qui veut
être « mestre sus Dieu : et de quanque se fait en terre si il
ne le fait à sa volenté, tantost murmure contre Dieu et
chante la patenostre au singe, certes mes la chanczon au
deable. Car aussi come li sains Esperiz... fait les esliz chanter en leurs cuers le doulz chant du ciel; cest Deo gracias
de quanque il fait, aussi li mauves Esperiz fait chanter ses
deciples le chant denfer. Cest murmure... (3). ».

5° Les pattes du chien qui s'enfuit, sa queue ramenée
sous son ventre, sa gueule fermée et muette, spécifient la
lâcheté; elles marquent le chien poltron qui n'ose point
donner l'alarme, qui bat en retraite au plus vite et sans
avertir du danger, qui, loin de tenter la défense, laisse dévorer le troupeau. Isaïe (4) et tous les docteurs comparent à
ces chiens muets, fuyants ou blottis dans leur niche, les pasteurs sans force et sans zèle qui briguent la faveur humaine,
ou qui, pour se la conserver, n'ont garde d'élever leur voix
en faveur de la vérité et de la justice (5).

---

(1) Boëc. — Vinc. Bellov., Spec. mor., De irâ et filiabus ejus. — *Hieroglyphic. Collectan.* verb. *Convicia.*

(2) *Estrif* et *contenz* est quant l'un dit à l'autre : Si est, non est : Si fust, non
fust... Apres vienent les ledenges. Cest quant il poignent lun lautre et dient
les grans felonies. (*Lapocalipse, Manuscrit du* xiii⁰ *siècle*, Bibliothèque royale.)

(3) Même manuscrit.

(4) Canes, intelligitur muti sacerdotes vel improbi, ut in Isaïâ, canes muti,
non valentes latrare. (Hraban. Maur., *De univ..*, VIII, 1.)— Isaï., LVI, 10.
— S. Gregor., in Pastor., LVI, 10.

(5) Péché qui est la « septisme branche d'orgueil : « fole paor », fole vergoigne, quant len laisse a bien feire par le monde que len ne soit tenu a ypocrite ou a papelart. Et doutent (ils redoutent) plus le monde que Dieu. Cette
vergoigne vient de mauvese plaisance que len veut plaire aus mauves et por ce
ele est folle et fille d'orgueil et la septisme branche principaus, et fait mout

6° Par sa gueule nauséabonde qui reprend son vomissement (1), le chien figurait les relaps, c'est-à-dire les pécheurs qui, ayant détesté leurs crimes et désavoué leurs égarements, retournent avec ardeur dans les voies du vice. « Et ce que (dit le *Bestiaire*) li chiens repaire à ce que il a rendu ; senefie cels qi repairent folement à lor pecies dont ils erent devant confes (2). » Le chien occupé de cet acte représentait aussi les moines qui, ayant renoncé au siècle par leurs engagements votifs, nourrissent au fond de leur cœur une cupidité sordide et recherchent les biens temporels. Vincent de Beauvais flétrit ce péché du nom exprès de sacrilège, dans un chapitre spécial sur *la cupidité des moines* (3).

7° Le chien barbet, le chien roquet, le chien gredin, le chien caniche, et tous ceux d'espèces errantes, représentent, par ces espèces ou par leur ventre insatiable, d'abord le cynisme effronté, ensuite la voracité, la gloutonnerie (4), et tous les excès de la table dont la honte était consacrée par

---

de fois lessier le bien et faire le mal por plaire mauvaisement au monde. (Même *msc.* du xiiie siècle, Bibliothèque royale.)

(1) Facta sunt eis posteriora deteriora prioribus. Melius enim erat illis non cognoscere viam justitiæ, quàm post agnitionem retrorsùm converti ab eo quod illis traditum est sacro mandato. Contingit enim eis illud veri Proverbii : « Canis reversus ad suum vomitum » (II. Epist. Petr. 2. v. 23). — Sicut canis qui revertitur ad vomitum ; sic imprudens qui iterat stultitiam suam. (Prov. XXVI, 11.) Canis.. cùm vomit, profectò cibum, qui pectus deprimebat, projicit ; sed cùm ad vomitum revertitur, unde levigatus fuerat, rursus oneratur, sic qui amissa plangunt, profectò mentis nequitiam, de quà malè saturati fuerant, quæ eos intus deprimebat, projiciunt confitendo : quam post confessionem, dum repetunt, resumunt. (Hrab. Maur. *De univ.* VII, 8. — Et ibid. *Allegor.*)

(2) *Li livres des Natures des Bestes*, msc. du xiiie siècle, Bibl. de l'Arsenal.

(3) Est enim proprietarius sacrilegus... retrogradus, ut canis reversus ad vomitum, ad ea quæ dimiserat, ut dicitur 2. Petr. 22. item Lucæ 9 ; Nemo mittens manum suam ad aratrum aptus est regno Dei... Lambunt animalia cutem, id est animales monachi delectantur imitari eam. (Vinc. Bellov. De avaritiâ claustralium. Spec. mor.)

(4) Hraban. Maur., De universo, VIII. 1.

. les noms de *gastrimargia*, de *ventris ingluvies*, de *horrenda voracitas* (1).

8° Enfin, la queue du barbet, parce qu'elle est courte, représente l'oubli de Dieu, et le mépris le plus complet du souvenir des fins dernières (2). Ainsi, l'espèce la plus humble et la plus abjecte du genre *chien*, figure l'effet et la suite de l'habitude des *sept vices* répartis aux autres espèces; le mépris de Dieu est la fin et le plus extrême degré du mal. «Impius, cùm in profundum venerit peccatorum, contemnit (3). »

En récapitulant ces diverses acceptions prêtées au chien, on trouve en lui, outre l'emblème du démon, celui des *sept péchés capitaux*.

1° Quand il figure le démon , cette intention ressort de ses accessoires. Il marque dans ce mauvais ange la soif de la perte des âmes et *la réunion des sept vices*.

2° Féroce , agresseur ou furieux, il désigne la persécution, l'oppression inique et perverse, ou la profanation et le sacrilége, effets ou générations de l'*orgueil*.

3° Soit aboyant contre la lune , soit par sa gueule et par ses dents, souillées du sang des viandes crues, ce qui peut se supposer du dogue ou chien de boucher, il marque l'*envie* ou la détraction.

4° Hargneux, jappant, grondant, inquiet, il représente la *colère* ou deux de ses générations, la contention et le litige.

5° Cachant sa queue entre ses pattes , fuyant , muet ou cherchant à se blottir, c'est la pusillanimité, le lâche silence du prêtre , péché classé parmi les générations de la *paresse*.

6° Ouvrant la gueule pour lapper , ce qui peut vouloir

---

(1) Les hideux excès de ce vice sont traités avec un grand détail dans les moralistes du moyen-âge. Le *vomitus* même y a place , et compte parmi les péchés. — V. Hraban. Maur. , De Instit. clericor. , III , 38. — Albin. Flacc. , De Divin. offic., in capit. Jejun. — Hug. de S. Victor, Vinc. de Beauvais, le manuscrit *Lapocalipse* , etc., etc.

(2) V. ci-après, à l'article *Queues*.

(3) III. Reg. VIII , 21.

indiquer qu'il reprend son vomissement, c'est ou la rechute dans le péché, ou la cupidité du moine, génération de
l'*avarice*.

7° Par sa physionomie ignoble ou le caractère grossier
particulier à son espèce, il peut indiquer le cynisme et la
gloutonnerie brutale, c'est-à-dire la *luxure* et la *gourmandise*.

8° Par sa queue, absente ou très courte, il spécifie l'oubli
de Dieu.

CRAPAUD.

1° L'Orgueil, le premier des sept péchés capitaux, est appelé par tous les Pères, *tumeur* ou *enflure du cœur*. Ainsi
défini, il a pour représentant le crapaud (1), qui est le plus
enflé des reptiles (2). Quand on pique cet animal, le venin qui
sort de sa plaie augmente encore sa bouffissure, et il roule
des yeux monstrueux et allumés par la colère jusqu'au moment où cette enflure les rapetisse et les éteint. Ainsi en
est-il du superbe : l'orgueil trouble l'œil de son âme, c'est-
à-dire son jugement, en lui faisant voir toute chose au point
de vue de sa passion (3).

2° Par ses pattes et par son ventre qui pétrissent la vase
infecte des marais, le crapaud représente aussi la luxure,
rapport justifié du reste par ce qu'on sait de ses instincts ;

---

(1) Vincent. Bellov. Spec. moral., l. 3, De superbià et filiabus ejus.

(2) C'est comme père de l'orgueil qui est la source de tous les vices, que
le Démon a été quelquefois représenté au moyen âge sous la figure du crapaud. V. Vincent. Bellov. Spec. moral., *De Purgatorio*.

(3) Ce rapprochement, accepté par les moralistes du moyen âge, détermi-
nait aussi l'allusion prêtée à l'*hydropisie*; car les maladies corporelles pei-
gnaient dans la langue mystique les maux spirituels de l'âme. En vue de
l'enflure, qui est son essence, l'hydropisie figurait spécialement l'orgueil :
et même, considérée au point de vue de l'enflure qui lui est propre, et qui
suffoque l'hydropique, cette maladie représentait très souvent la *réunion des
sept péchés capitaux*, dont l'orgueil est d'ailleurs le père. Les théologiens ont
subtilisé avec un grand raffinement sur ces allusions de l'hydropisie. Nous
dirons plus tard dans notre *zoologie* complète, les *sept* caractères signalés par
eux dans ce mal, et dont ils appliquent chacun à l'un des *sept* péchés mortels.

mais, bien qu'il figure deux vices, rarement on peut se méprendre sur celle de ses acceptions qui lui est prêtée sur les monuments, et il les réunit sans doute, là où l'une ou l'autre acception n'est pas nettement caractérisée.

Quand le crapaud représente l'*orgueil*, il est toujours très remarquable par son gonflement excessif, ou bien il s'attache à la tête, et quelquefois même aux oreilles sur les corps humains qu'il dévore : à la tête, parce qu'elle est le siége de l'orgueil et que ce vice se décèle dans son port et son expression ; aux oreilles, parce que celles du superbe ne souffrent jamais patiemment les paroles de contradiction ou de réprimande (1).

Quand le crapaud marque le vice que l'art catholique et les pères montrent sous des formes brutales jamais voilées ni attrayantes, et auquel, plus moraux que nous, ils ne donnent jamais le nom de plaisir, le crapaud flétrit et dévore le corps humain de manière à ne laisser aucune incertitude sur le genre de péché qu'il caractérise : tels sont, parmi les bas-reliefs du porche de l'abbaye de Moissac, la femme rongée par un crapaud et l'homme qui lui saisit le poignet ; celui-ci n'est pas comme sa compagne la proie de l'impur animal, il l'envoie en le vomissant à l'oreille de cette femme : expression claire et explicite des paroles licencieuses qui amènent souvent le désordre précisé dans l'autre statue (2).

L'art chrétien a consacré cette allusion de l'hydropisie dans ses nombreuses représentations de diables ventrus, dont le type, bien loin d'être envisagé par nos pères dans un sens bouffon et grotesque, était pour eux une leçon montrant le vice, misérable plus encore que ridicule. Plusieurs de ces diables ventrus décorent les chapiteaux karliens, et par conséquent très antiques, du caveau appelé *royal* dans la crypte de Saint-Denis.

(1) Cette susceptibilité de l'orgueil est souvent, au moyen âge, la signification de la blessure *des oreilles* par divers reptiles sculptés. — V. Vinc. Belloy. Spec. moral., 1. III, dist. 19, pars 2, *De peccatis in generali, De peccati diversis effectibus.*

(2) Le crapaud est sculpté dans cette acception, à Sainte-Croix de Bordeaux, Saint-Jouin de Marnes, Saint-Hilaire de Melle, Saint-Sauveur de Dinan, Montmorillon, etc.

GRENOUILLE.

La grenouille qui pétrit la fange des marécages et qui habite les eaux stagnantes, fut assimilée aux luxurieux. C'est ce que désignent son ventre, sa pose et ses pattes ; tandis qu'ouverte et coassante, sa gueule marque la colère (iræ tumidæ) (1), et l'intarissable loquacité (2).

Fatigués dès les premiers siècles des ravages des hérésies, et témoins des maux de l'Église, les pères et les docteurs flétrirent les hérésiarques de cet emblème dégradant (3). Ils remarquaient dans l'hérésie trois caractères distinctifs, et ils croyaient les retrouver dans l'emblème de la grenouille : 1° l'immoralité qui accompagne presque toujours l'hérésie et qui en fut souvent le principe : ce sont le ventre et les pattes de ce reptile ; 2° l'esprit disputeur et controversiste des hérétiques : ils le comparaient au coassement odieux de cet animal ; 3° leur adresse à interpoler les textes sacrés et à en détourner le sens par des interprétations fausses : c'était le piétinement de la grenouille dans les eaux mortes, qu'elle contribue à troubler (4).

(1) Rana, iracundia et garrulitas... (S. Anselm. Cantuar., De Similitudinibus, c. 99.)

(2) S. Brun. Astens., in Psalm. 107.

(3) Ranæ... hæretici,... qui et loquacitate omnia inquietant, et suâ im munditiâ cuncta commaculant... (S. Brun., Ast., in Exod., VII.) — Ranas, id est hæreticorum loquacitatem, etc. (Odd., Ast. in Psalm. 107). — Ranæ, hæretici, qui in cœno vilissimorum sensuum commorantes, vanâ garrulitate latrare non desinunt. (Hraban. Maur., De universo, l. VIII, c. 2.) — S. Épiphan. Physiologus XXVI.

(4) Les eaux fangeuses et les eaux pures ont des acceptions différentes dans la Symbolique chrétienne. Les eaux stagnantes ou bourbeuses, séjour favori des grenouilles, ont elles-mêmes plusieurs sens ; là où il s'agit de poissons, emblème des créatures humaines, et de la grenouille, figure de l'homme licencieux, elles représentent le monde, et leur vase est prise pour les passions et les habitudes coupables, principalement la luxure. — En rapport avec les grenouilles représentant les hérétiques, les eaux mortes sont les Écritures sacrées, soit obscurcies ou mal rendues, soit interpolées et altérées par les dissidents (S. Brun. Astens., Sententiar. lib., serm. 4. — Ibid., in Psalm. 17. — Ibid., in Genes. — Oddon., astens., in Psalm. 17) ; tandis que l'eau cou-

HYÈNE.

1° La hyène était appelée une bieste *mauves et orde*; car, au rapport des Bestiaires, « en quel lieu qe mort home est » enfoïs, ele le grate hors de la tombe et le mangue : et laime » plus et convoite por le amangier, qe nule autre cose qe ele » puisse trover (1). » Cette nature de la hyène symbolisait la détraction, car en publiant les péchés des autres, marqués par la corruption des cadavres, on exhume et dévore dans l'ordre spirituel ceux dont l'âme, aux yeux de la foi, est considérée commemorte (2). Le traité manuscrit intitulé *Lapocalipse* (xiii e siècle) donne une variante à ce commentaire, mais il maintient à la hyène l'emblème de la *détraction* : « Ce sont, dit-il, li medisant dont Salemons dit « que il mor— » dent come serpens en traison... » Cest la tres plus cruele beste que len apelle hyene, qui desterre les corps des gens mors et les menjue. Ce sont cil qui mordent et deuorent les prodesomes de religion qui sont mors au seicle. Il sont plus cruel que enfer qui ne deuore fors les mauves. Mes cil corent surs aus bons. (Manuscrit de la Bibliothèque Royale.) »

2° Par cette exhumation des corps montrant dans une immonde proie ce qui plaît le plus à la hyène, cette bête marquait encore la cupidité dégradante qu'entraîne la dissipation née de la luxure ; « Hyena, (dit Philippe de Thaun,) cupidum hominem significat; » il indique en anglo-saxon quelle est la source de ce vice :

» Hyene signefie
» Ne lerrai ne'l vus die
» Hume aver cuveitus (cupidité, convoitise)
» Ky est luxurius . . . »

3° C'était une croyance répandue au moyen âge, que la

---

rante et pure, frappée des rayons du soleil, correspond à ces mêmes livres, élucidés par J.-C., dont le soleil est le symbole.
(1) Li livres des natures des Bestes, msc. de l'Arsenal.
(2) Vincent. bellov. Spec. moral., l. III, dist. 3, p. 1.

hyène change de sexe annuellement ; par cette métamorphose, elle figurait alors, comme elle l'avait fait dans l'antiquité, même sous l'empire du paganisme (1), l'instabilité des mœurs, et les hommes que la débauche, la dissipation, la cupidité, amènent à l'inconsistance et à la versatilité de la femme : androgynes spirituels désignés dans les Bestiaires :

« Et Physiologus
» De la beste dit plus,
» Que male et femele est,
» Pur çeo orde beste.
» . . . .
» Hume . . . deit estre estable
» Et en ben permainable
» . . . .
» Et quant est cuveitus (convoiteux, cupide).
» A femme trait des murs (2);
» Hume est de ferme curage
» Et femme de volage,
» Et içeo signefie
» Beste de tel baillie (3). »

LION (4).

Le lion exprime la force (5) et l'impétuosité des passions violentes, tantôt celle de la superbe (6), tantôt celle de la

---

(1) Horapollinis hieroglyphica, § 70.

(2) He imitates the manners of woman.

(3) Philip. de Thaun, The Bestiary. — Ceste bieste nen doutes mie... est Li hom doubles, faus et fagnans En nule eure n'est parmanans (Li Biestiaires, msc. de la Bibliothèque royale). — Homes dobles de corage, qi nest estables en oevres ne en ses voies. (Li livres, etc., msc. de l'Arsenal.) Au sujet de cette tradition V. Tertullian, *De Pallio* c. 3. — Clem. Alex. *in Pædagog.* c. 10. — Eustath. in Hexaemer. pag. 39. — Et les Anciens : Ælian. histor. I. 5. — Oppian. Cynegetic. L. III. — Plin. VIII, 30, etc.

(4) Par suite d'une erreur, l'article *Lièvre* qui devrait précéder l'article *Lion*, a été transporté à la page 108.

(5) Diabolus... corpus habet leonis, quia detinet fortiter (Vinc., bellov. Sp. mor., l. 3, De præservantib. a peccato). — Ibid., Hrab. Maur., De universo, 11, 2.

(6) Peccatores... habent corpora leonina per superbiam. Ibid., De peccato in generali.)

colère, tantôt celle de la luxure (1). Le lion sur lequel on voit Samson affourché dans l'ornementation romane (2) figure la force et la résistance du paganisme soumises au joug de Jésus-Christ, dont Samson est l'un des emblèmes (3).

LOUP.

1° Le loup signifie la rapine, cauteleuse dans les moyens, violente dans l'exécution, péché que les théologiens classent parmi les générations de l'avarice. On connaît les loups revêtus de peaux de brebis, spécifiés dans l'Evangile ; la marche tacite du loup a donné lieu à un proverbe, et si la *foi carthaginoise* sonnait mal parmi les Romains, les allures des loups d'Afrique ne sont pas mieux venus des Pères ; si l'on en croit leur témoignage, ces loups, blottis au fond de leurs tanières, imitant à s'y méprendre le cri de rappel des bergers, ralliaient les brebis trompées, et malheur ensuite au troupeau (4) !

2° Le loup avait double allusion : jamais cette bête perverse ne proportionne le carnage à la mesure de sa faim, mais elle égorge, tue, étrangle, ne quittant le champ de bataille que lorsqu'elle y est en péril. C'est par ce second caractère que le loup marqua la dissolution, comme ardente et désordonnée, comme insatiable d'excès (5). Ainsi, dit le Miroir moral, la grande joie du dissolu est-elle bien plus dans le nombre que dans l'espèce de ses crimes. Cette insatiabilité s'entendait aussi de celle de la dissipation et de la ra-

---

(1) Pier., l. I, cap. 33.

(2) Façade de l'église de Vouvant (Vendée); chapiteau de Saint-Sauveur, Nevers, etc.

(3) *Passim*, dans les commentateurs.

(4) Matth., VII. — Vinc. bellov. Spec. mor., l. III, pars 3, dist. 10, 19, et *aliàs.* — Rupert. Tuit., De divin. offic., l. XII, c. 8. — Bocc., etc.

(5) Comedent et non saturabuntur; fornicati sunt, et non cessaverunt. (Oseæ, 4). — Luxuriosus... in hoc lupo est similis, qui veniens in ovili omnes oves jugulat, non putans aliter famem suam posse extinguere, cùm tamen una ovicula sufficeret ei. (Vinc. bellov. Spec. mor., l. III, De luxur. et filiab. ejus.)

pine. « Por ce, disent les Bestiaires, sont apelées les foles femes *louves*, qeles degastent les biens de lor amans (1).

MANICORE.

La Manicore, Manticore ou Martichore, animal fantastique très renommé au moyen âge, était, de l'avis de nos pères, l'un des plus terrifiants carnivores. Il a, dit le *Trésor* de Brunetto Latini, « face de home et color de sang, œil jaune, coue de scorpion, et court si fort, que nule beste ne peut escaper devant lui ; mais sur toutes viandes aime char d'home. » Vincent de Beauvais lui prête en outre le sifflement du serpent, le corps du lion et trois rangs de dents, et montre que la manicore figure l'Esprit de ténèbres. On trouve dans le *Speculum*, que la tête humaine et le sifflement du serpent assignés à la manicore marquent les insinuations rusées de Satan, parce qu'elles s'adressent à la raison et semblent inspirées par elle : que les trois rangs de dents acérées sont les trois concupiscences qui dévorent l'homme en ce monde et qui en feront dans l'autre vie la proie de cet être pervers : triple source de tout péché bien connue des théologiens et des moralistes, et désignée dans les Épîtres de saint Jean sous les noms de concupiscence de la chair, concupiscence des yeux et orgueil de la vie (2) : ce sont, en termes plus vulgaires, la soif des plaisirs, celle des richesses, et l'avidité des honneurs. Les membres antérieurs du lion, qui sont la partie de cet animal spécifiquement prêtée à la manicore, signifient l'extrême violence avec laquelle le démon domine ses faibles esclaves. On voit dans la queue de scorpion le dard pénétrant des supplices qu'il leur réserve après la vie ; dans le vol d'oiseau, sa vélocité ; dans son goût

---

(1) Légendes en vers, li livres des natures des bestes, msc. de l'Arsenal.
(2) Concupiscentia carnis, concupiscentia oculorum, superbia vitæ, 1, Joan., 2, 16.

effréné pour la chair humaine, le signe de son ardeur à perdre les hommes (1).

Placéc sur la dernière ligne de la riche et brillante page ajoutée à l'histoire de l'art chrétien par les tourelles de Saint-Denys, la manicore y occupe une belle place ; c'est un rare et dernier reflet de cette Zoologie fabuleuse du xiie et du xiiie siècle, si féerique et si mensongère, dont l'empire était l'idéal, et toute fleurie de légendes, de descriptions imaginaires et de spectacles merveilleux : traditions toutes poétiques, qui ont jeté là en expirant l'image de la manicore, comme un souvenir attachant de ce règne de la fiction.

OREILLES.

Les *oreilles un peu dressées* (2), sensiblement écartées de la tête, larges de pourtour et bien ouvertes, sont dans les statues humaines emblématiques, l'indice de l'attention et de la docilité à la voix de Dieu. Dans les représentations d'animaux, elles marquent également l'attention, soit à la voix, soit à la proie.

La convergence des oreilles vers le sommet du front et le peu d'espace laissé entre elles à leur extrémité supérieure ont la signification opposée : ce sont des caractères d'endurcissement et de résistance à la voix de Dieu. Le « Béhémot », ou Léviathan symbolique des catacombes, est toujours ainsi figuré.

Couchées ou *renversées en arrière*, les oreilles des animaux sont le signe de la frayeur, ainsi qu'on le voit chez le

---

(1) Vincent. bellov. Spec. mor., III. D. 6, p. 1, De quadruplici genere tentationis.

La queue de scorpion signifie quelquefois la détraction empoisonnée, et souvent aussi les suggestions insidieuses et funestes du mauvais Esprit. « La quarte... (branche de la détraction) c'est li escorpions qui blandist de la face et envenime de la coue. » (Msc. du xiie siècle, Bibliothèque royale.)

2) « Arrectis auribus, » disent les classiques latins pour spécifier l'attention.

lièvre poursuivi ou effarouché : elles sont celui de l'entêtement et de l'irritation, comme chez l'âne ; de l'impétuosité
et de la fureur, comme chez les bêtes féroces.

L'*oreille bouchée ou voilée*, soit naturellement, c'est-à-
dire par sa structure, soit accidentellement, c'est-à-dire par
la volonté de l'individu, spécifie l'endurcissement et la résistance à la voix divine. Elle est voilée de sa nature, par
exemple chez le pourceau (1), dont les oreilles sont pendantes et balaient presque le sol en retombant sur leur ori-
fice. L'oreille est bouchée accidentellement dans l'aspic,
que les Bestiaires représentent, d'après les Psaumes (2), se
prémunissant par cette industrie contre les conjurations des
enchanteurs qui s'efforcent de l'assoupir. « Li veneor (disent-
» ils) portent estrumens avoec els por lui en dormir : et tan-
» tos qil ot le son, se il ne lui plaist bien, il a tant de sens de sa
» nature meisme qe il estoupe lune de ses oreilles del bout de
» sa keue : et lautre frote tant a la tere qe il la emplie tote de
» boe. Et qant il est ensi asordi, si na garde qe on len dorme
» car il ne puet oir la vois de lencanteor qi le velt endormir. »
Les Bestiaires ajoutent que par cette queue de l'aspic il faut
entendre les « péchiés, » et par ce limon de la terre dont il
travaille à « s'enboer », « les teriens convoitises » et les rapines de « li riche ome (3) : si », ajoutent-ils, « qils nont
oreille dont ils voelent oir les comandemens de Dieu : mie
œil dont il puisent regarder vers le ciel, et penser a celui qi
tos nos done bontes et justice (4). »

_____

(1) Il est à remarquer que cet animal spécifie déjà par lui-même l'ingratitude envers Dieu et le matérialisme.

(2) Sicut aspidis surdæ et obturantis aures suas, quæ non exaudiet vocem
incantantium et venefici incantantis sapienter. Ps. LVIII, 5. — En place de
la miniature absente, on lit dans Philip. de Thaun : « Hic aspis pingitur, et
quomodò obturat aures.»

(3) « De itel manere sunt — La riche gent del mund : -- Lune oraille unt
en terre — Pur richeise conquere, -- Laltre estupe (bouche) pechet, — Dunt
il sont enginnet : — Par cue de serpent — Entent pechez de gent... » (Philip de Thaun, The Bestiary, p. 102.)

(4) Legendes en vers, manuscrit de l'Arsenal. Li livres, etc., fol. 283. —

PIEDS, PATTES, GRIFFES, SERRES, CORNES.

Les *pieds* et les jambes tortus figurent dans les saintes lettres et dans toutes les œuvres d'art le retour fréquent au péché et les habitudes perverses (1).

Les pieds et les jambes du cheval, du taureau et des autres animaux indomptés ou capables de rébellion, marquent l'impétuosité du mal, l'ardeur effrénée des passions, l'indépendance et l'insolence.

Les *pattes* de la bête fauve, parce qu'elles courent et fuient alors qu'elle ravit sa proie, sont le signe de la rapine réunie à la lâcheté.

Dans les représentations des péchés et dans celles de démons, on prend toujours en mauvaise part les pattes d'oiseau palmipède, celle de crapaud, de grenouille et des reptiles de marais, parce que ces animaux pétrissent et fouillent la fange des eaux croupissantes où ils cherchent leur aliment. Ces pattes sont prêtées dans l'art aux statues d'hommes transformés figurant les âmes abjectes plongées dans le bourbier du vice, et au démon, faisant sa proie de quiconque vit dans la fange, c'est-à-dire dans le gouffre impur des passions. Ces vices ignominieux, qui sont la luxure et ses suites, sont également figurés par les pattes de la poule (2), piétinant et portant partout un mastic immonde et fétide, et la plus repoussante odeur.

Les *griffes* tranchantes et acérées caractérisent, selon qu'elles appartiennent au lion, au chat ou à tels autres animaux, la cruauté, ou la malignité et la ruse du démon qui déchire l'âme, et des passions qui la maîtrisent.

Les *serres* des oiseaux de proie, tels que le milan, l'éper-

---

Même explication dans *Hrabani mauri, De universo,* VIII, 3, et dans tous les commentateurs bibliques.

(1) Pier. XXXV, 49. — « Quid claudicatis ab utràque parte? » Proverb. XVIII, 3.

(2) Voyez ce mot à son article.

vier, etc., sont le signe de l'avarice et de ses filles, l'extorsion, la rapacité, la rapine (1). Ces serres des oiseaux pil-
lards marquent aussi dans l'art chrétien les tristes effets du
péché et l'acte final de Satan, qui sont de saisir et de précipiter les âmes dans l'abîme de perdition ; c'est dans ce sens
que l'on voit des serres de toute sorte prêtées au démon, et
des serres de faucon à la syrène, emblème des richesses qui
fascinent l'homme et qui plus tard perdent son âme comme
ces serres des syrènes qui le saisissaient endormi et l'étouf-
faient au sein des flots (2). Les serres du vautour ont le même
sens : « Cil oiseaux est example de Diable... quant il (li vice
» home) sont de cest mortel siècle trespassé.., que Deable
» enporte lame en enfer, et la est devorée et mangiée par le
» fait que li cors prennoit et roiboit, contre la raison et droi-
» ture (3). »

Les *cornes*, armes naturelles et souvent très pernicieuses
des animaux qui fuient le joug ou qui essaient de le secouer,
signifient toujours, en fait de péchés, l'insolence, la rébellion, l'agression violente, la force, la ténacité obstinée, et
souvent la triste puissance du mal (4) et des Démons qui le

(1) Brun. astens, Index allegor., t. II. — Ibid. in Levitic. XI. — Hesych.
hierosolymit. — Vinc. bellov. Spec. moral. III, D. 2, p. 7, et D. 38, p. 10. —
S. Eucher, in Psalm., etc.

(2) E de femme ad faiture — Entresque la ceinture — E les pez de falcun
— E cue de peissun —.. Les richeses del munt... Par pez prennent e noent,
— *par ço del falcun Les Sereines peignum...*, etc. (Philip. de Thaun, *The
Bestiary.*)

(3) Légendes en vers, manuscrit de l'Arsenal, Li livres des natures des bestes, etc., fol. 205. — Aquilam et Grifen et alietum et milvum ac vulturem...
rapaces et alienum cibum malè sectantes quæstibusque injustis gaudentes
per prædicta significat... Quædam autem ex his alias aves invadunt et ex
venationibus earum nutriuntur. Alia verò in domos ingredientia diripiunt quæ
repererint, ne quidem gerentium se obsoniis parcentia... (Hraban. Maur. *De
universo*, l. VIII, c. 5.)

(4) Cornua... solent eminentiam designare fidei et virtutum... Sicut è contrà nonnunquàm bella vitiorum quæ nos expugnare moliuntur, cornuum nomine solent indicari. Quod utrumque breviter complexus, per Prophetam Dominus dicebat : « Et omnia cornua peccatorum confringam, et exaltabuntur
cornua justi. » (Hrab. Maur. *in Exod.* IV, 9.)

suggèrent. C'est pourquoi, et non dans une intention de bouffonnerie, les démons sont presque toujours cornus (1.) dans les œuvres d'art hiératique : tels sont ceux que l'on voit dans la voussure du portail central de l'église de Notre-Dame (Paris), à Saint-Gilles en Dauphiné, sur les bas-reliefs de l'abbaye de Moissac, etc.

POISSONS EN GÉNÉRAL.

POISSONS A NAGEOIRES. — POISSONS A ÉCAILLES. — POISSONS A PEAU ET SANS NAGEOIRES. — POISSONS A COQUILLAGES OU CARAPACES. — POISSONS-VOLANTS DE RHABAN-MAUR.

On sait que la loi mosaïque, en déterminant aux Hébreux les animaux dont il leur était permis de manger, ne leur accordait, parmi les poissons, que ceux à nageoires et à écailles : ils vivent à la surface des flots et dans leur région supérieure, on les voit sauter sur les ondes ; la loi les distinguait des autres et elle les appelait « purs » ; elle interdisait au contraire toutes les sortes de poissons sans écailles et sans nageoires, qui ne sautent point sur les flots et qui se plaisent dans la vase, et elle les nommait « impurs » (2).

Les flots, selon tous les docteurs (3), étant de nature à purifier, symbolisent le sacrement de baptême ; en même temps, par leurs ténèbres, leurs tempêtes, leur pesanteur et la vase qui en est le fond, ils figurent mystiquement la mer périlleuse du monde. Les poissons, vivant dans les flots, représentent la race humaine, et leurs caractères divers marquent les différents états des âmes. Dans la mystagogie chrétienne ainsi que dans les œuvres d'art on voit quatre ordres de poissons :

(1) Facies... cornuta, mentis est pertinacia et inobedientia. (Vinc. bellov. Spec. moral. De luxuriâ, etc.)
(2) Levitic. XI, 9, 10, 11, 12.
(3) Origen. Homil. 7, in Levitic. XI. — Bed. in Job, lib. I, 12. — Ibid. in Luc., c. 11, lib. III. — S. Ambros. De Sacrament. III, 1. S. Eucher. Formul. spirit., c. IV, etc.

1° Les poissons à nageoires ;

2° les poissons à écailles (1) ;

3° les poissons revêtus de peau, sans écailles et sans nageoires ;

4° les poissons à coquillages adhérents ou à carapaces.

1° Les poissons à nageoires sont les élus ; leurs nageoires sont la connaissance et la méditation de la loi divine, des Prophètes, des Écritures ; nageoires, qui parmi la nuit et les piéges de cette vie, élèvent l'homme à la surface, c'est-à-dire au-dessus de l'attrait des sens, des fascinations enivrantes, et des amorces des passions. Le Sauveur, marque l'Écriture, trouve ces poissons aux rets de la foi, et les place dans ses réserves (2).

2° Les poissons «revêtus d'écailles » sont ceux qui, encore charnels ou du moins conservant encore quelque affection aux choses vaines, sont pourtant disposés à se convertir et à suivre l'appel de Dieu, ce qui, dans les Écritures, s'appelle «se dépouiller du vieil homme pour se revêtir de l'homme nouveau (3). » C'est ce que marquent ces écailles, emblème des choses terrestres et de l'ignorance spirituelle, mais qui tombent facilement et qui cèdent sans résistance à ce que les livres sacrés nomment le «couteau de l'Esprit de Dieu », le «glaive de la pénitence et de la parole », *cultrum Spiritûs, gladius pœnitentiæ, gladius verbi* (4).

---

(1) On en voit aussi à nageoires et à écailles, et réunissant par conséquent les deux allusions.

(2) L'Évangile a continué, plus explicitement encore, l'allégorie contenue dans le Lévitique au sujet des poissons qui y sont dits « purs » et de ceux qu'il appelle « impurs ». C'est dans le Lévitique et dans l'Évangile que les commentateurs d'abord, ensuite les artistes du moyen âge, ont puisé les allusions prêtées aux poissons. Voici le texte évangélique : « Simile est regnum cœlorum sagenæ missæ in mari, et ex omni genere piscium congreganti. Quam cum impleta esset, educentes et secus littus sedentes, elegerunt bonos in vasa sua : malos autem foras miserunt. » (Matth. XIII.) — Piscium autem (dit Rhaban Maur), aliquando boni homines, aliquando verò mali in scripturis designantur, ut est illud in Evangelio, quo Salvator in parabola de sagena missa in mari narrat, dicens etc. (Hrab. Maur. *De universo*, VIII.)

(3) Ephes. IV, 24. — Coloss. III, 9 et 10.

(4) Gladium Spiritûs assumite (Ephes. VI, 17), id est spiritualem prædica-

Les commentateurs font remarquer que les poissons dé-
clarés «purs» c'est-à-dire à écailles et à nageoires peuvent
seuls sauter au-dessus des flots et habiter à leur surface (1).
Ce sont, selon Origène, saint Brunon d'Asti, Rhaban-Maur et
tous les autres mystagogues, ceux qui tendent par leurs désirs et par les ailes de la prière, de la doctrine et de la contemplation, vers la liberté véritable et les espérances d'en
haut (2) : ceux qui, bien que battus des flots (3), des ouragans et des tempêtes, luttent contre les tentations, et disent ainsi que l'Apôtre : « Notre conversation est au
ciel (4). »

Les écailles brillantes et nuancées qui revêtent certains
poissons ont paru à quelques docteurs l'emblème du vête-

---

tionem exercete. Gladius Spiritûs est verbum, de quo dicitur :.. «Omnes te-
nentes gladium, et ad bella fortissimi (Cant. III, 7, 8), prædicatio super
humanitatem suam ut ejus superentur motibus : castigant enim corpus suum,
prout.. ne reprobi fiant. » (Hraban. Maur. *Allegor.*— Ibid. *in Levitic.* I. —
Et *passim* dans les glossateurs.)

(1) Soli illi pisces (mundi) super aquas saltus dare perhibentur, qui pin-
nulas et squamas habent, per quos intelligimus, qui semper superiora appe-
tunt et cœlestia desiderant, et quamvis adversitatum procellis feriantur, cum
Apostolo tamen dicunt : « Nostra conversatio in cœlis est. » (S. Brunon. ast.
Exposit. super Pentateuc.)

(2) Quid ego per pisces, qui ex eis (aquis) oriuntur, nisi fidelium po-
pulos, qui aquis baptismatis regenerantur? Quorum quidem alii sapientiæ et
scientiæ atque cæterarum virtutum alis adsumptis, usque ad cœlestia contem-
planda volare nituntur ? (S. Brunon. astens. *Expos. sup.* Pentateuc. I. — Et
v. Bed. *in Job*, 1, 12. — Ibid. *in Luc.*, III, cap. 11.— S. Eucher. *Formul.
spirit.* IV.)

(3) Piscis in mari est, et super undas est. In mari est, et super fluctus
natat. In mari tempestas furit, strident procellæ : sed piscis natat, non de-
mergitur, quia natare consuevit. Ergo tibi sæculum hoc, mare est. Habet
diversos fluctus, undas graves, sævasque tempestates. Et tu esto piscis, ut
sæculi te unda non mergat. (S. Ambros. *De Sacrament.* III, 1.)

Illi verò pisces qui pinnulis juvantur et squamis muniuntur, ascendunt
magis ad superiora, et aeri huic viciniores sunt, velut qui libertatem spiritûs quærunt. Talis est ergo sanctus quisque, qui intra retia fidei conclusus,
bonus piscis à Salvatore nominatur : qui etiam mittitur in vas, veluti pinnas
habens et squamas. Si enim non habuisset pinnas, non resurrexisset de cœno
incredulitatis, nec ad rete fidei pervenisset, nisi pinnis adjutus ad superiora
pervenisset. (Origen., *Homil.* 7, *in Levitic.*, c. X).

(4) Philipp., III, 20.

ment de justice et la cuirasse défensive et spirituelle des bons. L'interprétation des écailles dans le sens des imperfections est pourtant la plus générale : quant à celle des poissons à écailles, elle est sans aucune exception.

Bède a enrichi le poisson d'une autre allusion accessoire. Par l'indifférence qu'il montre aux chocs nombreux des ouragans, le poisson figure la foi (1), énergique et inébranlable. Le poisson ne redoute point la puissante pression des vagues ni leurs combats tumultueux : ainsi la foi demeure ferme parmi les chocs et les épreuves, s'avivant dans les tentations, appuyée sur celui qui a dit : « Ayez confiance et ne craignez point, j'ai vaincu le monde (2). »

On rencontre très fréquemment, sur les plus anciens bas-reliefs de la période romane, un motif offrant un poisson couvert d'écailles, mais sans nageoires, élevé en l'air par une femme à demi poisson, qui élève de son autre main un couteau, quelquefois un glaive. On voit aussi de ces syrènes élever de chaque main un poisson, en glissant sur des flots ondés et peuplés d'animaux semblables. Ces poissons, ce sont les pêcheurs, plus ou moins plongés dans le mal ou dégagés de ses entraves selon ce qu'on leur voit d'écailles et de nageoires, et selon leur place à fleur d'eau ou au plan inférieur des ondes. La syrène est la religion, ou l'attrait de la parole divine. En les tirant du sein des flots pour les élever vers le ciel, elle leur fait perdre la vie ancienne, cette vie sous les eaux profondes qui sont le domaine du mal, cette vie qui était « une mort, » et leur donne une vie nouvelle, avec une âme transformée et vivant de la vie de Dieu (3). Au nombre de ces bas-reliefs est le poisson couvert d'écailles du

---

(1) Bed. *in Job.* I, cap. 12. — Ibid. *in Luc.* lib. III, cap. 2.

(2) S. Eucher. *Formul. spirit.* IV. — S. Ambros. *De Sacrament.* III, 1. — Hug. Cardin. *in Luc.*, XI.

(3) Per mare, sicut jam diximus, multitudo peccatorum designatur. Pisces verò, cùm ab aquis subtrahuntur, animas amittunt. Electi ergo quandiù in aquis vitiorum suorum versantur, animas marinas habent, peccatorum videlicet tenebris involutas; cùm verò aut per baptismum, aut pœnitentiam ab

cloître de S. Aubin d'Angers (1), qui a préoccupé les savants sans avoir reçu jusqu'ici de solution satisfaisante : ce
poisson n'a point de nageoires, et la syrène qui l'élève en
l'air de sa main gauche élève en même temps la droite, dans
laquelle on voit un couteau, ces inspirations de la grâce
(*cultrum spiritûs*) qui dépouillent l'âme de l'homme de ses
sentiments trop terrestres et de l'affection au péché. Telles
sont encore les figures de poissons pris ou montrés par des
syrènes sur les bas-reliefs de Cunault, sur le tympan de la
porte d'entrée de la chapelle de S. Michel du Puy, et ceux
d'un chapiteau antique observé par nous à Paris, dans
l'église de Saint-Germain des Prés (collatéral nord, avant-
nef).

3° Les poissons à coquille ou à carapace, c'est-à-dire à
loge adhérente, sont dans la Mystique chrétienne les aveugles volontaires et obstinés : hommes matérialisés, qui ne
veulent ni s'élever par la prière, la science et la contemplation, ni déposer leur vêtement d'ignorance et d'ignominie,
ni ouvrir les yeux de leur âme à la vraie lumière, qui est
Dieu.

4° Les poissons dont le corps est mou, sans nageoires et
sans écailles, vivant dans un limon impur et au plus profond
des abîmes, sont les hommes, absorbés par la multitude des
soins temporels et des intérêts de la vie; ceux qui ne prennent nul souci d'observer les divins préceptes (2), et qui sont
appesantis par de vils penchants. Plongés dans l'immonde
bourbier de leurs habitudes mauvaises, il semble qu'ils ne
puissent point en sortir; ils sont dépourvus d'écailles brillantes

---

aquis vitiorum pertrahuntur, animas pristinas quasi amittunt, cùm ex malis
boni efficiuntur : moriunturque diabolo, ut vivant Deo. (Sanct. Ambros. *in
Apoc.* VIII.)

(1) Cette syrène marine est gravée dans le *Cours d'Antiquités monumentales*
de M. de Caumont, 4ᵉ partie, Moyen âge, Architecture religieuse, pag. XIV,
Additions.

(2) Per pisces maris, divites, negotiisque sæcularibus implicitos intelligimus. (Oddon. astens. *in Psalm.* 8.) — Per pisces, homines curiosi, ... vitæ
hujus profundis immersi (Hraban. Maur. *Allegor.*), etc.

(soit des œuvres de la justice, soit des imperfections légères dont on se corrige aisément), et ne peuvent plus se déprendre des œuvres de dépravation qui leur sont comme incorporées. Origène nomme et précise ces rangs trop nombreux de pécheurs (1) : ce sont, dit-il, les orateurs savants à bien dire, mais vivant et agissant mal : les poëtes aux chants sublimes, mais désordonnés dans leurs mœurs ; les jurisconsultes cupides pleins de convoitise et d'avidité ; les doctes, scrutant la nature mais auxquels son auteur demeure inconnu (2) : ce sont les turbots, les anguilles, les lamproies, etc., dépourvus d'écailles, que la statuaire chrétienne stigmatisait (3) ; on les voit dans les miniatures des Bestiaires et des manuscrits religieux se précipiter *trestot ensanle en la gueule de la cetus*, monstre aquatique et gigantesque qui

> Les transglot a une alaine
> En sa pance ki est si lée
> Come seroit une valée.

Ce monstre qui, dans l'angle des rétables et de beaucoup de

---

(1) Origen., *Homil.* 7, *in Luc.*, cap. X. —V., pour le même détail et pour celui de toutes les allusions du « poisson, » Rhabán. Maur. *Enarration. in Levitic.*, lib. III, cap. 1 (texte cité à la fin de cet article).

(2) Il est dit de cet auteur inconnu, c'est-à-dire de Dieu, dans les Ecritures, qu'il était porté « sur les eaux. » (*Genes.* I.)

(3) Les poissons chasseurs et voraces désignaient de plus la voracité ; ils étaient aussi l'hiéroglyphe des démons, errants à travers les flots de la vie de l'homme pour tâcher d'en faire leur proie, et faisant leur demeure dans leurs eaux amères et corrosives qui figurent l'iniquité. (Jonath. Chald.;

Hésychius entend , par « les écailles » des poissons , le voile de l'ignorance spirituelle qui peut être déchiré et enlevé. C'est ainsi qu'il interprète les écailles mystérieuses que la parole d'Ananie fit tomber des yeux de S. Paul. (*in Act. Apost.* IX.)

« Si quis est in aquis istis, et in mare vitæ hujus, atque in fluctibus sæculi positus, tamen debet satis agere, ut non in profundis jaceat aquarum, sicut sunt isti pisces, qui dicuntur non habere pinnas, neque squamas. Hæc namque eorum natura perhibetur, ut in imis semper et circa ipsum cœnum demorentur, sicut sunt anguillæ, et huic similia, quæ non possunt ascendere ad aquæ summitatem , nec ad ejus superiora pervenire. (Origen., *Homil.* 7, *in Levitic.* X.)

chapiteaux, engouffre ou revomit les hommes sous l'allégorie de poissons, c'est , comme on le pense , le diable

> Qui la gueule bée durement
> Viers la gent de petite foi,
> Tant qu'il les a atrais a soi (1).

Ces diverses allusions des poissons, et leur distinction par « nageoires , écailles, carapaces, séjour fangeux, » se voient partout au moyen âge ; passées dans la langue de l'art comme dans celle de la science , ce sont des figures connues et semées jusque dans les homélies et dans les sermons. Un passage de Rhaban Maur les résume presque au complet : fragment remarquable et curieux , par lequel nous terminerons cet article :

« Dieu , dit ce savant mystagogue, veut que les hommes » (de la loi nouvelle) aient des nageoires , ce qui signifie une » vie sublime et céleste, avec la méditation de la loi ; mais » cette loi doit être la sienne, c'est pourquoi il leur veut *des* » *nageoires* (2), et non *une seule nageoire* : car l'ignorance » de la divine Écriture avait tenu tous les Gentils ; ils n'a- » vaient reçu en effet ni la loi ni les prophéties, et n'avaient » en eux nulle connaissance de Dieu véritable et surnaturelle. » Afin donc qu'ils ne soient pas à jamais rongés de ce mal, il » veut qu'ils aient des écailles qui puissent facilement s'enle- » ver : écailles signifiant l'ignorance temporelle qu'on peut » dissiper aisément, ce qui est prouvé par le récit des Actes » (des Apôtres) touchant S. Paul,....... dont il est dit que

---

(1) *Li Biestiaires*, manuscrit de la Bibliothèque royale. —Philip. de Thaun, *The Bestiary*.

(2) Les nageoires, ailerons ou petites ailes qui soulèvent les poissons à fleur d'eau , et qui permettent à quelques uns des sauts semblables à un vol , sont l'emblème des saints désirs, parce qu'elles font passer le poisson, des flots , symbole de la vie, des tentations et du péché, dans la région aérienne figurant la vie de la grâce, le ciel et la sainte liberté des enfants de Dieu. « Pinnulæ sunt sancta desideria : quod illi in corpus electorum transeunt , qui per sancta desideria ad superna se transferunt. (Hrab. Maur. *Allegoria*.

7

» les écailles qui couvraient ses yeux tombèrent lorsqu'il eut
» reçu l'Évangile par Ananie......

» Ainsi qu'il est certaines espèces de poissons qui ont pour
» peau une carapace (*testam*) et non des écailles qu'on
» puisse ôter ; ainsi sont, parmi les chrétiens, ceux qu'il est
» impossible de dépouiller de leur écaille, c'est-à-dire de
» l'ignorance de la parole divine, et dont on ne peut appro-
» cher *le couteau de l'Esprit* (*sacré*). Ceux-là, bien que
» trouvés dans la mer du baptême et dans celle de la péni-
» tence (1), sont néanmoins abominables parmi tout ce qui
» se meut et vit dans les eaux. Quoiqu'ils aient reçu la vie
» (spirituelle) par le baptême, ils ont corrompu leur vocation
» comme leur régénération : aussi n'ont-ils ni nageoires ni
» écailles, c'est-à-dire, ni connaissances sublimes ni vie cé-
» leste, et leur cœur est plongé dans l'aveuglement et dans
» l'ignorance ; c'est pourquoi ils ne comptent point parmi les
» poissons à écailles. *Remarque du moins* (ô lecteur !) *de quelle*
» *subtilité de discours le législateur s'est servi, pour enseigner*
» *par ces poissons d'admirables allégories !* Car, de même que
» les poissons à écailles ont invariablement des nageoires, ainsi
» ceux qui ont une ignorance temporelle et (par conséquent)
» susceptible de cesser sont admis à la connaissance de la vie
» sublime et céleste. Quant aux autres (ils sont odieux), on
» ne doit ni manger leur chair, ni toucher leurs corps morts,
» ni communiquer avec eux en nulle manière, ce que con-
» firme S. Paul en disant : « Si l'un de ceux que vous nom-
» mez vos frères est fornicateur ou avare, ou idolâtre, ou
» médisant, ou adonné à la boisson, ou ravisseur du bien des
» autres, vous ne mangerez pas même avec lui. » (I. Corinth.
» 5, v. 11.) Les adultères, les avares, les buveurs et les
» détracteurs sont tous destitués d'écailles, car ils mènent
» une vie honteuse et immonde. Celui qui adore les idoles ne
» peut être compté non plus parmi les poissons à écailles,

---

(1) On sait que la pénitence et même la componction sont, dans la langue de l'Église, comparées à une piscine.

» étant frappé d'une ignorance dure comme une carapace et
» réellement incurable; autrement, après avoir été uni à
» Dieu, eût-il pu retourner jamais au service de ses idoles ?
» De plus, il est à remarquer que les poissons à écailles et à
» nageoires sont seuls à sauter sur les flots. Quel est donc
» leur sens symbolique, si ce n'est qu'ils représentent les
» élus ? Car ceux-là seulement passent (du corps de l'Église
» terrestre) au corps de l'Église céleste, qui, revêtus de leurs
» mérites comme le poisson l'est d'écailles, savent sauter (en
» quelque sorte) par l'élan d'un désir céleste et tendre à la
» contemplation, bien qu'ils retombent sur eux-mêmes à
» cause de la mortalité de leur chair. Ceux-là seuls, donc,
» passent dans le corps de l'Église élue comme une nourri-
» ture élue, qui, quoique retenus encore aux choses célestes
» et humbles, savent s'élever néanmoins jusqu'à la région su-
» périeure par leurs élans spirituels, secouer le poids acca-
» blant des sollicitudes mondaines, et aller aspirer en haut
» les haleines vivifiantes de l'amour du souverain bien. Occu-
» pés des soins extérieurs, ceux-là savent les disposer : ainsi
» ils reviennent en hâte à leur solitude intérieure, vivent dé-
» tachés par le cœur des agitations du dehors et des bruits
» mondains et terrestres, et sont recueillis en eux-mêmes au
» sein d'une immuable paix (1). »

POULE.

L'*homme-poule* et la *femme-poule* figurent non seulement
sur les tourelles de Saint-Denys, mais sur les chapiteaux
romans restés dans cette basilique, sur ceux de Saint-Germain des Prés et de beaucoup d'autres églises. Leurs ailes
courtes et pesantes dénotent l'absence de la prière et le dénûment de vertus, et ils ont une tête humaine contournée
sens devant derrière et entée sur un corps d'oiseau du genre
des gallinacés; ainsi adossés l'un à l'autre, ils se regardent
néanmoins. Le christianisme, sans doute, fut, à l'égard de

---

(1) Hraban. Maur. *in Levitic.*, lib. III, c. 1.

l'*homme-poule*, d'accord avec l'antiquité, qui faisait de cette espèce de syrène l'emblème de la dissolution. La dégradation qui suit le désordre et l'empire tyrannique des penchants mauvais sur les sens, s'assimilaient, dans cette image, au fumier visqueux et fétide qui s'agglutine aux doigts des poules, et qu'elles pétrissent sans cesse, sans pouvoir s'en débarrasser. On trouvait encore un emblème de la dilapidation et des habitudes dissipatrices qui suivent les mœurs dépravées, dans ces pattes de la poule accoutumée à éparpiller le grain et tout ce qui sert à sa nourriture. Les harpies dont parle Virgile (1) n'avaient pas seulement les pieds de la poule, elles en avaient le corps comme celles-ci, et le grand poëte les représente souillant et infectant tout ce qu'elles touchent. L'homme sans honneur souille tout, même ce qui est saint, et ces têtes uniformément retournées pouvaient ajouter à ces énergiques enseignements l'emblème d'un troisième effet des passions brutales, qui est de pervertir la raison (2) : leçon éloquente et sévère, jetée sur les basiliques romanes parmi des semés de coquilles, des enroulements et des fleurs.

POURCEAU, BOUC, CHÈVRE, TRUIE, SATYRES, FACES ou VISAGES CORNUS.

Le *pourceau* (3) et le *bouc* fétide (4) répondent encore au septième parmi les péchés capitaux : représentants de la

---

(1) Æn., l. III, v. 227.

(2) Qui fabulas... commenti sunt, syrenas confixère, quæ blanditiis amatoriis et voluptuosâ nequitiâ homines ad se traherent, illecebrisque irretirent, apud quas mollitudinis omnifariæ luto inhæsitantes fœdè computrescerent. Harum pedes gallinaceos fuisse tradunt, intellectu à superiore non dissimili. Scribunt etiam hujusmodi fabularum interpretes, significari ex hoc hominem libidinibus deditum, fortunas suas perseveranti studio dispergere, inutiliterque prodigere, cujusmodi esse gallinarum morem, cùm pleno acervo pascuntur, aspicimus. — Pier. XXIV, 13.

(3) Peccatores, licet habeant corpora humana, cor habent ferinum, ut habeant corda... porcina per luxuriam. (Vinc. bell. Spec. mor. *De peccatis in generali*). - - Meritò luxuria dicitur hominem facere bestialem, sicut porcum... et. (Ibid., De luxuriâ). — Porcina, vitia. (S. Brun., astens. in Psalm). — Homo... fœdis immundisque libidinibus immergitur? Sordidâ suis voluptate detinetur. Ita homo, probitate desertâ, vertitur in belluam. (Boëc.).

(4) Hircos immolare, est carnis maceratione libidinosum sensum occidere

luxure, ils marquent dans ses caractères la dégradation pous-
sée à l'excès. L'auteur du livre des Proverbes et celui du
Miroir moral comparent la femme livrée à ce vice, l'un à un
brillant anneau d'or passé au groin d'un pourceau, et l'autre à ce pourceau lui-même plongeant dans un fumier immonde et son groin et cet anneau (1). « Ainsi est la femme
insensée, lit-on dans Vincent de Beauvais : le lit de fleurs
qu'elle préfère, les parfums qu'elle aime entre tous, ce sont,
comme le vil pourceau, les plus ignobles immondices et le
bourbier le plus infect. »

Le pourceau, dont la voracité est impétueuse et qui reçoit sa nourriture sans manifester nul instinct reconnaissant,
représente par cette action l'abrutissement de l'ingratitude
spirituelle (2).

La *truie*, emblème de fécondité, est représentée sur nombre d'églises tenant la quenouille et filant. Peut-être la mission de cette figure était-elle de rappeler la consolation que
saint Paul adresse aux femmes chrétiennes, appelées, pour le
plus grand nombre, à pratiquer la vie active, commune, et
toute séquestrée qui leur est tracée ici-bas (3). Mais d'autres
fois, la truie prend place, dans les œuvres de l'art mystique,

---

et superare. (S. Brunon astens. in Num. VII). — Per hircum, mortificatio
fornicariæ voluptatis (intelligitur). (S. Hieron, Op. edit. Veron., t. I, col.
1107, à propos des sacrifices d'animaux). — Jam verò sacræ litteræ, dùm
hircos hædosque immolandos monent, nequitiam omnemque libidinem jugu-
landam indicant, ut interpretatur Adamantius. (Pier. X, 10). — V. aussi
Yvon. Carnot. De rebus eccl. serm. De Convenientià. — Hraban. Maur. *De
univ.* VIII, 8.

(1) Circulus aureus in naribus suis, mulier pulchra et fatua. (Prov. 1). —
Sus, propter aurei circuli speciositatem et pretiositatem, non dimittit quin
nares suas immergat in stercus. Sic... mulier fatua... Libentiùs dormit ut sus
in luto, quàm in floribus. (Vincent, bellov. Spec. mor. De luxurià). — Luxuriosi... sunt sicut sus, qui libentiùs habet nares in stercoribus, quàm in floribus. (Ibid., ibid.).

(2) Multi... porci sub ilice, non levant oculos ad eum qui sibi glandes ex-
cutit, nec eum agnoscunt, nec gratias ei reddunt ; ideo, impinguati et ingrati
ut porci, subitò comedendo sæpè percutiuntur et occiduntur. (Vinc. bellov.
De pænitentià).

(3) Mulier... salvabitur autem per filiorum generationem, si permanserit
in fide, et dilectione, et sanctificatione cum sobrietate. (I, ad Timoth., II, 15).

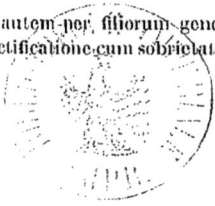

parmi les péchés capitaux ; alors , ainsi que le pourceau, elle marque le plus abject et le plus flétrissant des vices, indiquant, par les marcassins dont on la voit accompagnée , la foule de dérèglements que produit ce genre d'excès.

Les *satyres* aux pieds de chèvre, ceux qui ont quelque chose du bouc, comme ses cornes ou sa barbe, monstres que le *Miroir moral* appelle des « faces cornues, » figurent les voluptueux, ceux qui ont, sous les dehors de l'homme, l'insolence, la pétulance, les instincts dégradants du bouc (1).

QUEUE.

La *queue*, qui est la partie postérieure , la dernière de l'animal , symbolise toujours la fin, le terme des œuvres de l'homme, ce qui est à la fois le mobile, et le point de mire de ses actions (2).

La *queue longue* est un caractère positif de persévérance, quand elle manque des vertus (3) : mais dans les personnifications des vices et dans celles des esprits mauvais, la queue longue désigne l'instinct dominant et le genre de perversité propre de l'animal auquel elle est empruntée. D'après ce principe, la *queue du lion* marque la violence et l'impétuosité; celle *du singe*, la malice; celle *du chat*, la mollesse et l'indépendance. La *queue très longue*, fantastique , et souvent hérissée de piquants, fréquemment prêtée au démon, marque sa nature perverse, sa dévorante soif de nuire, sa puissance pour torturer (4). Les *queues longues, serrées contre le*

---

(1) Luxuriosi... similes illi sunt capricornio illi monstro de quo ibidem , qui homunculus cornutam habebat faciem, et inferiorem partem capri : quia sub formâ humanâ est vita luxuriosa et hircina. (Vinc. bellov. Spec. mor. De luxuriâ et filiabus ejus).

(2) Cauda pro fine ponitur, quoniam finis corporis, cauda. (S. Brunon, ast. sup. Exod. XXVII).

(3) Au sujet de ces paroles de l'Exode : « ... Tolle... caudam, » on lit dans S. Brunon d'Asti : « Tolle et caudam martyrum..., ut sunt illi de quibus loquimur, ita et tu usque in finem in bono opere persevera : qui enim perseveraverit usque in finem salvus erit. » (S. Brun. ast., in Exod. XXIX, 21).

(4) De Visione cujusdam Tundali. (Vinc., bellov. Spec. mor., l. II, *De inferno*, etc., etc.).

flanc, marquent l'attaque insidieuse, la violence et la spontanéité d'un assaut traître et imprévu (1).

Par un motif de même genre, puisé dans l'observation du caractère des animaux, leur queue, *cachée entre leurs jambes et serrée le long de leur ventre*, comme on le voit alors qu'ils fuient ou qu'ils sont frappés de terreur, dénote la ruse perverse et la lâcheté ou la fraude.

La *queue de dauphin* représentait dans l'antiquité les passions libidineuses (2).

La *queue de serpent* signifie la ruse, la perfidie, la séduction, quelquefois la malice du péché (3), et est l'attribut ordinaire de toute passion qui perd l'âme.

La *queue de dragon*, identique à celle du serpent, est plus grosse et plus vigoureuse : sa pernicieuse vertu était la force irrésistible de cet animal fantastique ; car il n'était point réputé venimeux, mais il passait pour étouffer infailliblement ses victimes dans les nœuds puissants de sa queue (4). Cette queue, toujours sinueuse, figurait dans la Symbolique la tortuosité des actes, la fourberie astucieuse, les voies détournées des passions et de l'esprit qui les fomente. Elle indiquait en même temps, par son volume et par sa vigueur, la violence des concupiscences charnelles qui entraîne ou précipite l'âme des hauteurs du ciel sur la terre, c'est-à-dire, de la vie chrétienne et angélique aux passions des sens et au mal (5).

La *queue du renard* spécifie la fraude, l'astuce, la trompe-

---

(1) V. tous les commentaires du chap. XII de l'Apocalypse.

(2) Pier. V, 30.

(3) Hrabani Mauri, De universo, VIII, 3. De serpentibus, au sujet de la queue de l'aspic. — Philip. de Thaun, The Bestiary, p. 102. — Légendes en vers, msc. de l'Arsenal. Li livres des natures, fol. 283. D'une beste qi est apelée aspis.

(4) Vim autem non in dentibus, sed in caudâ habet, et verbere potius quàm rictu nocet. Innoxius est à venenis..., sed ideò huic ad mortem faciendam venena non esse necessaria, quia si quem ligârit occidit. (Hrabani Maur., De univ., VIII, 3).

(5) Cauda ejus (Draconis), id est ipsius calliditatis et hereticæ privitatis

rie et la malice , souvent la fourberie des flatteurs, *li Losen-*
giers. « Dont il sunt bien comparez a coue de goupil , por
lour barat et por leur tricherie de traison (1). »

La *queue du loup* représente le pouvoir fatal du démon
et la violence qu'il exerce sur les pécheurs pour les détourner de la pénitence , et surtout du recours à Dieu. Ce symbolisme avait pour principe une tradition légendaire. On
croyait au moyen âge que les loups ravissaient quelquefois
de petits enfants, qu'ils nourrissaient dans des cavernes , et
qu'ils contraignaient à marcher sur les pieds et sur les mains
à la façon des quadrupèdes. Quand ces enfants, croissant en
âge, se dressaient parfois sur leurs pieds, ces loups les frap-
paient, disait-on , à la tête et sur le visage, et les contraignaient à grands coups de queue à reprendre l'attitude des
animaux (2). Triste image de l'âme humaine asservie à ses
passions et ayant perdu tout recours à la prière , qui est ce
regard levé au ciel, et tout appel à la raison, qui est cette
attitude dressée odieuse au loup infernal.

La *queue absente* ou *écourtée*, celle du barbet, par exemple, est un indice incontestable de l'oubli coupable et profond
des fins dernières et de Dieu, c'est-à-dire celui d'un complet
matérialisme (3).

RAT.

Sur une fresque allégorique des catacombes de Calixte ,
où l'on voit Jésus en Orphée attirant à lui les pécheurs sous

---

deceptio, tertiam partem stellarum cœli, multos videlicet qui in Ecclesiâ ful-
gere videbantur, trahebat, et misit eos in terram ut non jam cœlestia sed sola
terrena et transitoria diligerent. (S. Brunon astens. Homil. in Dominic., etc.,
post Pasch.— Ibid., in Apoc., XII). — Cauda Draconis, Fraudulentia. (Corn.
à Lapide super. Apoc. XII, 4). — Pier. IV, 30, Ceres.

(1) Msc. de la Bibliothèque royale, xiiie siècle.

(2) Vinc., bellov. *Spec. mor.* III, 10, *et aliàs*. Sic diabolus, (ajoute-t-il)
facit, ut isti (peccatores) ad terrena semper intendant.

(3) Cauda... curta, in divinis litteris ostentat eos, quibus nulla de futuris
cura, qui diem novissimum futurumque Dei judicium aspernantur, qui sub-
indè dicunt : — « Edamus et bibamus , pereat qui crastina curat; cras enim
fortè moriemur, quia mors aurem vellens, Vivite, ait, venio. » (Pier.
XXXIX, 19).

la figure de divers animaux , le rat placé aux pieds du Christ
et très à portée de l'entendre , mais seul parmi son auditoire
à prendre deux soins à la fois ; grignotte avec activité, tête
basse et oreilles droites. Sous le règne du paganisme , qui
a laissé dans les catacombes des réminiscences éparses , le
rat figurait le gourmet et ceux qui , plaçant leur bonheur
dans la bonne chère, trouvent leur ruine inévitable et leur
perte dans leurs excès. Le rat devait ce symbolisme à sa
prédilection pour l'huître et à la mort qu'elle lui donne en
se refermant tout à coup lorsqu'il croit en faire sa proie. Il
avait le renom très juste de choisir entre tous les pains ceux
dont la pâte est la plus fine , et méritait la confiance pour
son goût sûr et infaillible à l'endroit du choix des melons.
Connaisseur fin et délicat, il ne faisait point de méprise, selon les écrivains du temps. On y lit que les gourmets faisaient d'importantes études d'après ces décisions du rat , et
aimaient à voir sur leur table le melon marqué de sa dent (1).

On retrouve cette allusion dans la Symbolique chrétienne,
mais sous des formes plus sévères ; la morale de Jésus-Christ
ne se borne pas à montrer le vice pour appeler sur lui le rire,
elle le dénude en entier, elle en fait voir la turpitude , elle
le frappe et le flétrit. Le rat, parasite et larron, représente,
dans son langage, la sensualité cupide , la soif déréglée des
délices mondaines et des raffinements du bien-être , la ruse
et l'indélicatesse qui les font conquérir frauduleusement aux
dépens d'autrui (2).

RENARD.

Il n'est, dans tout le moyen âge , commentateur ni mo-
raliste, qui ne conte les *trescheries* , les mille finesses mau-

(1) Hieroglyphic. collectan. , verbo *Parasiti* , *Gulosi*. — Pier., hier. XIII,
32. — Horapollin. hieroglyph., § 50.
(2) Mysticè... mures significant homines cupiditate terrenâ inhiantes et
prædam de alienâ substantiâ surripientes. (Hrabani Mauri, *De universo* ,
l. VIII, 2).

dites , et les malins tours du renard , surtout sa ressource
d'hiver quand il est pressé par la faim et que la terre est dé-
pouillée, et les bergeries si bien closes qu'il ne reste plus
nulle part de matière à ses pilleries. Il n'est pas un seul *Bes-*
tiaire où l'on ne voie *maître Goupils* (1) , dans une belle
enluminure , gisant piteusement à terre tout roide et tout
ébouriffé, laissant pendre une longue langue et barbouillé
« de rouge tierre.. si qil paërt estre sanglens; » là , en le
voyant sur le dos sans mouvement et sans haleine et les deux
pattes antérieures repliées contre sa poitrine à la façon d'un
chien dansant, quiconque ne remarquerait son œil tout étin-
celant de malice le croirait payé de ses œuvres et passé de
vie à trépas. Mais cette allure scélérate est « pour prendre
» as dens et as pies (pieds) , et puis; « estrangler et man-
guer li oisel , » qui le voyant « issi gesir estendu a la tere si
» laidement enboe (emboué) et enflé, quident qe il soit
» mors, » et descendent « por lui becquier (2). » Cette bête,
qui « porte la figure al deable, » méritait d'exprimer la ruse,
l'astucieuse fourberie, toutes les petites rapines , tous les
genres d'escroquerie, d'extorsions et de vols adroits (3). Le
renard répond en effet dans le langage hiératique à toutes
ces fines malices et à tous ceux qui les exercent, et *Ballivis*
præpositis ; ajoute Vincent de Beauvais.

---

(1) Le renard, appelé aussi, dans la même langue romane, *li Volpiz*, ou
Woupills, ou *Volpis reinhart*.

(2) Nam dùm non habuerit escam , fingit mortem, sicque descendentes
quasi ad cadaver aves rapit et devorat. Vulpis enim mysticè diabolum dolo-
sum... sive peccatorem hominem significat. (Hraban. Maur., De universo,
VIII, 1). Vulpes , cùm esurit et cibo caret, aprica loca adit, et humi strata
animamque continens, ac simulans se mortuam , supina jacet, oculis et pedibus sursum erectis. Aves itaque dilabuntur ut ipsà vescantur : illa verò
arripit eas subitò , ac pro libitu devorat. Nec aliter diabolus, cùm illaqueare
hominem vult, tentat ipsum ut quàm negligenter se... gerat. Sicque facillimè
irretitur (S. Epiphan. , *Physiolog.* XIX).

(3) Vinc., bellov. Spec. mor. III , D. 3, 10 et 21 , part. 3. -- S. Bernard ,
in Cantic.— Boët. — S. Brunon. astens. in cantic. et aliàs. — Rupert. Tuit.
De divin. offic. VIII, 4.— Philip. de Thaun , The Bestiary. — Li Biestiaires,
msc. de la Bibliothèque royale. — Légendes en vers, msc. de l'Arsenal, Li
Livres des natures, etc.

SANGSUE.

La sangsue , animal aquatique de la classe des «Annélides» et qu'on trouve dans les eaux vives, se complaît spécialement dans les eaux dormantes. Cette habitation dans les mares et son avidité extrême à se gorger outre mesure du sang dont elle se nourrit, lui a mérité dans le livre des « Proverbes » l'expression des deux vices les plus brutaux , la gourmandise et la luxure (1). Impures comme la sangsue qui habite un immonde séjour , l'une et l'autre sont signalées dans l'antiquité chrétienne et dans les âges postérieurs comme les plus insatiables et les plus avides passions. Ainsi les avait montrées aussi le prophète Osée , et l'on sait combien les textes de l'Écriture ont fait loi dans le moyen âge. La comparaison des «Proverbes» consacrée par les moralistes , le fut aussi dans l'art chrétien : on la trouve dans Rhaban-Maur, Vincent de Beauvais , les docteurs ecclésiastiques ; et l'Iconologie de Ripa marque qu'au xviie siècle cette allégorie subsistait (2).

SAUTERELLE.

La sauterelle, classée parmi les animaux rongeurs, compte dans l'histoire de quelques peuples parmi les fléaux les plus désastreux ; quand elle s'abat par essaims, elle flétrit, dévore , affame et dépouille en entier les champs.

Cet insecte dévastateur a représenté plusieurs vices, principalement la luxure ennemie de la chasteté (3), et l'esprit d'hérésie (4), non moins dangereux pour la foi. La foi, la

---

(1) « *Sanguisugæ duæ sunt filiæ*, silicet gula et luxuria, sunt duæ filiæ carnalis voluptatis, dicentes affer, affer. Vincent. bellov. *Spec. mor.* III. Dist. 3. pars 9. *De Luxuria.* — V. aussi Hraban Maur. Commentar. in Proverb. XXX. 15. et tous les commentateurs du livre des « Proverbes ».

(2) Posta a sorbire il sangue altrui, non si stacca mai per sua natura, finchè non crepa. Cosi gl'ingordi non cessano mai, finche l'ingordigia istessa non gli affoghi. (Iconolog. di Cesare Ripa.)

(3) Vinc., bellov. spec. mor.

(4) S. Hieron. in Oseæ XIII et in Ezech. XIII. — Gloss., in Proverb. XXX, 27, et in Apoc. S. Brunon, astens.

chasteté craintive ne pouvant subsister qu'intactes, répondaient à la couleur verte, celle du manteau de la terre toujours jeune et toujours brillant (1); les deux vices qui les combattent devaient donc avoir pour emblème celui entre tous les insectes qui ronge le plus promptement les blés tendres, les verts gazons et l'émail riant des campagnes.

Les pattes de la sauterelle, par leurs bonds saccadés et brusques, figuraient l'orgueil des voluptueux et des hérétiques et en même temps leur légèreté et leur facilité extrême à courir d'excès en excès ; elles les montraient franchissant et comptant pour rien les obstacles, incapables d'hésitation, inaccessibles à la honte, et emportés par une fougue sans nom, sans mesure et sans frein (2).

SINGE.

Le singe, en vue de ses passions, personnifiait plusieurs vices : 1° la *Dérision*, l'une des générations de l'envie, 2° la *Colère*, et 3° la *Luxure*.

1.° Le vice nommé *dérision* n'est pas jugé à la légère par la morale d'autrefois ; on savait la triste portée et l'effet trop sûr de cette arme contre ceux que la calomnie n'ose pas attaquer de front ; aussi, l'homme qui en fait usage n'a-t-il point dans les moralistes d'autre titre que *Derisor*, mot qui spécifie le plus lâche et le plus cruel des envieux (3). En lui

---

(1) B. Anselm. cantuar. in Apoc. XXII. — Ludolph. saxon. vit. Christ. Corn. à Lapide — Tyrin. — Francis. Ribeira.

La couleur verte ne figurait pas seulement la chasteté, mais surtout la virginité, et c'est principalement pour cette raison que l'apôtre S. Jean a, parmi les douze pierreries désignées dans l'Apocalypse, l'émeraude pour attribut.

(2) Locustæ pro mobilitate levitatis accipiendæ sunt, tanquàm vagæ et salientes animæ in seculi voluptates, etc. (Hraban. Maur. De univers. VIII, 6).

(3) Dans les Traités de morale et de théologie du moyen âge, on voit toujours la dérision occuper l'un des premiers rangs parmi les filiations de l'orgueil ou de l'envie : elle n'en est pas une *fueille*, mais bien l'un des plus gros *getons*. « Le quint geton de cet escot si est Dérision. Car cest coustume dorguillous sorquide. Car il ne soufist pas despire (mépriser) en son cuer les autres qui nont pas ses graces que il cuide avoir, ains en fait ses gas et ses derisions. Et que pis est se moque et trufle des prodeshomes et de ceus que il voit

donnant pour attribut l'animal le plus ridicule, la Symbolique montre au doigt tout ce que ce vil caractère recèle et
voile d'autres vices. Ainsi elle fait voir le singe trônant aux
fenêtres du riche ou sur l'étal du bateleur, et là, contrefai-
sant chacun avec hardiesse et impudence, tandis que sa
croupe pelée fait rire à meilleur droit encore tous ceux parmi
les survenants à qui elle échoit en spectacle (1). Cette croupe,
qu'oublie le singe, lui est reprochée sans pitié dans tous les
traités de l'époque : vraies et trop justes représailles qui recherchent dans l'envieux ses travers et ses démérites, afin de
les mettre au grand jour. On lit au-dessous de la miniature
dou singe, dans un Bestiaire manuscrit du XIIIe siècle :

      « Une autre beste est moult-vilaine
      » De laidure et d'ordure plaine
      » C'est li singe ke vous vees,
      » Dont li haut home sont cieves (2) :
      » Singes est les et malostrus
      » Soventesfois laves veu.
      » Jasoit ce quil soit les devant
      » Derriere est trop mésavenant... (3). »

    Vincent de Beauvais donne le coup de grâce à l'envie, en
en faisant le *Singe du diable* (4), et la met par cette épithète
au même rang que la luxure, qu'il en a nommée *le cheval* (5). Vincent de Beauvais fit école : chacun peut voir à
Notre-Dame ces deux bêtes dans leurs fonctions ; l'une, ardente et le mors aux dents, bondit sous monseigneur *li deable*,
l'autre égaye sa majesté par les façons les plus grotesques.

    2° et 3° Quant à ce qui est de la colère et des déporte-

---

a bien torner, qui est mout grand péchie et mout perillous. Quar par leurs
mauveses langues il destornent mout de gens de bien faire. » (Manuscrit du
XIIIe siècle. Bibliothèque royale.)

(1) Vinc. bellov. Spec. moral. III, D. 4, p. 4.

(2) De *cies* ou *cief*, tête : coiffés.

(3) *Li Biestiaire* manuscrit de la Bibl. royale. *De la Nature dou Singe.*

(4) Vinc. bellov. Spec. moral III, D. 4, p. 4.

(5) Ibid. Spec. mor. III, D. 3, p. 9, De luxuriâ et filiabus ejus.

ments brutaux, les fureurs du cynocéphale, le plus iras-
cible du genre, et l'odieux cynisme du singe (1), motivent
assez par eux-mêmes leurs rapports avec ces passions dans la
symbolique chrétienne.

SYRÈNE.

L'esprit poétique du moyen âge a maintenu dans l'art
chrétien ces magiciennes renommées qu'ont illustrées les
chants d'Homère et les antiques traditions. Classées en trois
différents ordres, elles représentaient en elles, chacune selon son espèce, les caractères attrayants des trois piéges fas-
cinateurs tendus à la faiblesse humaine et qui étaient peints
en même temps dans l'idéale *manicore* par trois rangs de
dents acérées : ce sont l'amorce des richesses, le vain prestige de la gloire, l'appât trompeur des voluptés, représentés
par ces syrènes qui ont le visage de la femme, et à partir de
la ceinture un corps d'oiseau ou de dauphin (2). Ces tentations insidieuses se traduisaient par l'harmonie et le charme
de leurs concerts : « Chantent totes, dit le *Livre des natures
des bestes* : les unes en bussines et les autres en harpes, et
les tierches en droite vois. » Ainsi les voit-on figurées dans
la miniature correspondante : celle qui chante *en bussine* a
le corps et les serres du faucon : ce sont les trésors mal acquis et arrachés par la violence (3); la seconde, qui chante

(1) Quadrupes voluptarii... quæ enim animalia super manus ambulant,
manus, et oculos et totam faciem ad terram deprimunt, significant illos homines, qui bona superna atque æterna despicientes, omni studio et opera-
tione, omni mentis intuitu, et totâ cordis intentione, sola terrena et transitoria diligunt. (S. Brunon astens., in Levitic., XI.

(2) Les Syrènes sont nommées dans Isaïe (XIII, 22). « Respondebunt ibi ulu-
læ in ædibus ejus, et Syrenes in delubris voluptatis. » Elles ont de l'analogie
avec le monstre imaginaire nommé *Lamia* dans les Écritures, qui lui prêtent
les traits de la femme avec des jambes de chevaux : image, disent les commentateurs, de ceux qui paraissent à l'extérieur mous et efféminés, et qui au
dedans sont brutaux et luxurieux. « Lamiæ habent faciem fœmineam, pedes
equinos, quia multi in aperto sunt molles et dissoluti, sed inferiùs brutales et
luxuriosi apparent. » (Vinc. bellov. Spec. moral III. D. 7, p. 3.

(3) Voyez ci-dessus, article *Serres*.

en harpe, doit être la gloire mondaine, car c'est du luth ou
de la harpe que s'accompagnaient les ballades qui disaient
les hautes prouesses et les largesses des puissants; celle
qui chante *en droite vois*, se termine en corps de dauphin,
marque des passions sensuelles (1), et on la voit très souvent au moyen âge représentée, se dressant sur la pointe
d'un écueil au milieu des flots agités, tenant un peigne et
un miroir. Telle est celle de Saint-Denys (2). Le miroir
ainsi que le peigne étaient consacrés à Vénus, dans l'antiquité (3); ils figuraient le soin de plaire et les artifices dé-
cevants de la séduction.

Mais les Bestiaires nous disent tout ce que ces semblants
perfides cachaient de noires trahisons :

Cette « Seraine a si dous chant qele dechoit cels qil nagent
» en mer. Et est lor melodie tant plaisant a oir que nul ne
» les ot tant soit loing qil ne li conviegne venir. Et la Seraine
» les faisit oblier qant ele les i a atrait qe il sen dorment. Et
» qant il sont en dormi eles les asaillent et ocient en traison
» qe il ne sen puevent garder. Ensi est de cels qi sont es ri-
» choises de cest siecle et es delis en dormis qui lor aversaire
» ocient. Ce sont li diable : les Seraines senefient les femes
» qi atirent les home par lor blandissemens par lor decheve-
» mens a els de lor paroles que eles les mainent a pouerte et
» a mort. Les eles de la Seraine ce est lamor de la feme qi
» tost va et vient (4).»

TAUREAU.

Le taureau répond à *l'orgueil* considéré dans la jeunesse,
et l'immolation de ce vice, c'est-à-dire sa répression, est mar-

(1) Voyez ci-dessus, article *Queues.*

(2) Il ne reste plus de vestige de miroir dans les mains de cette statue, ni
sur le roc représenté; mais il est probable que le miroir était sculpté posé près
d'elle. Du reste, cette gracieuse statue s'explique très bien sans cet accessoire.

(3) Pier. XLI, *De Pectine. — De Speculo.*

(4) Légendes en vers. Li livres des Natures des Bestes, manuscrit de la Bibliothèque de l'Arsenal, fol. 207, 208. «Seraines... (dit un autre manu-

quée aux livres bibliques dans le sacrifice des sept taureaux offerts par les amis de Job, figure des hérétiques revenant à résipiscence (1).

Le taureau a aussi rapport aux générations de l'orgueil relatives à la jeunesse; il en marque l'*indépendance*, la *fougue* et les *emportements* (2), quelquefois aussi la *luxure* autre résultat de l'orgueil (3). Les pieds du taureau par lesquels il fuit, ses cornes qui frappent et qui résistent, figurent souvent à eux seuls ces genres divers de désordres dans les œuvres de l'art chrétien (4).

La vache piquée par le taon, s'échappant comme saisie de vertige et ne reconnaissant plus la voix des pasteurs, figurait la *désobéissance* aux lois de l'Église, l'une des générations de l'orgueil (5).

LIÈVRE (6).

Parmi les quadrupèdes faibles, le lièvre est l'un des plus débiles et le plus craintif entre tous. Interdit aux Juifs par le Deutéronome et le Lévitique (7), il fut déclaré impur, parce

---

scrit), sont uns monstres de mer qui ont cors de fame et coue de poison e ongles daigles et si doucement chantent queles endorment les mariniers et puis les devorent. » (Manuscrit de la Bibliothèque royale, xiiie siècle.)

(1) Job, XLII. — S. Brunon. astens. in Job. — Yvon. Carnot, De rebus ecclesiasticis, Serm. De convenientiâ. — S. Brunon. et S. Oddon. astens. in Psalm. 13, 21, 31, 67, etc. — Deuteron. XXXII et Ecclesiastic. VI, 2, in Gloss.

(2) Ludolph. Saxon. Vit. Christ. I, 79. — Vincent. bellov. III, d. 3, p. 9, De Luxuriâ.

(3) In bobus ergò, aliquando luxuriosorum dementia ;.. Quod enim bovis nomine per comparationem luxuriosorum dementia designatur, Salomon indicat.. (Hrab. Maur. De universo VII, 8.)

(4) Facies cornutæ, mentis pertinacia et inobedientia. (Vinc. bell. Spec. moral. III, D. 3, p. 9.

(5) Oseæ IV. — Vinc. bellov. Spec. moral., III, D. 23, p. 3.

(6) Selon l'ordre alphabétique, l'article *Lièvre* aurait dû occuper la place entre *Hyène* et *Lion*, comme dans le tableau qui résume toute la Zoologie mystique des tourelles, et qui termine cette deuxième partie du travail de madame Félicie d'Ayzac. Nous réclamons l'indulgence des lecteurs de la *Revue* pour cette petite irrégularité typographique. (Note du D.).

(7) Levitic. XI. 6. — Deuteronom. XIV, 7.

que bien que ruminant, ce qui marque l'audition et la méditation de la parole divine, il n'a pas les pattes bisulques,
figure des deux Testaments, de l'esprit, et de la lettre des
Écritures, et de la double charité. Il montrait par ce caractère, versés dans la science sacrée, mais pourtant rejetés
de Dieu, soit les Juifs charnels et aveugles qui admettent
l'ancien Testament, mais qui repoussent le nouveau : soit
ceux des Juifs et des chrétiens qui suivent la lettre de l'Écriture mais qui n'en suivent pas l'esprit au mépris de cette
parole : « Mes discours sont esprit et vie (1) »; soit enfin les
chrétiens qui n'ont pas la charité double, celle de Dieu et
du prochain (2).

En dehors de ces distinctions appliquées au lièvre, ses instincts craintifs et timides, ses yeux ouverts dans le sommeil,
son oreille toujours aux écoutes, sa vie cachée et fugitive en
ont fait principalement de tout temps, et chez tous les peuples,
l'hiéroglyphe de la frayeur. Dans la symbolique chrétienne,
il est presque toujours l'emblème de la pusillanimité et de
ce que les moralistes nomment *inordinatus timor*, « sixième
branche de l'Accide (3), selon les traités « de clergie ». « En
cest vice, ajoutent-ils, sont cil qui ont paor de neant, qui
nosent comencer a faire bien quar ils ont paor que Diex leur
faille. C'est la paor de songeus qui ont paor de lors songes.

---

(1) *Joan.* VI. 64.

(2) Lepus est quilibet iniquus, et tamen doctus in lege. « Lepus, nam et
ille ruminat », quòd nonnulli iniqui, et tamen docti sunt. (Hraban-Maur.
Allegor.).

Cyrogrillus et lepus immundus est quoniam etsi ruminat, ungulam tamen
non dividit..... hæc autem ungula, in litteram et spiritum, sive etiam in vetus et novum dividitur Testamentum. (S. Brunon, astens., *in Levitic.* XI.)

Lepus et cyrogrillus... ruminant... et ipsa sed ungulam non dividunt : in
populari autem multitudine Judæorum utrumque accipitur, debilia quippe
esse animalia hæc dicuntur, testante David et Salomone utrorumque animalium debilitates (Psalm. 103), quorum unum est velox et timidum cum in-
firmitate, id est, lepus... quod omni plebeio, maximè autem judæorum inest
populo : de quibus dixit David : « Veloces sunt pedes corum ad effundendum
sanguinem. (Hraban Maur., *in Levitic.*, l. III. c. 1. — Ibid., *in Deuteronom.*
l. II. c. 6).

(3) « Acedia », la paresse.

Cist resemble cil qui nose entrer au sentier por le limaz qui monstre ses cornes, et lenfant qui nosent aler a la voie por les oies qui suflent (1) ».

Le taureau est, selon l'ordre alphabétique que nous avons adopté pour cet aperçu, le dernier des animaux exposés sur les tourelles de Saint-Denys. Cette *Zoologie mystique*, un peu longue, mais nécessaire, pouvant laisser une certaine confusion dans les souvenirs des lecteurs, nous croyons devoir leur donner le tableau suivant, courte récapitulation des noms et des allégories de cette série d'animaux.

RÉSUMÉ.

DE LA ZOOLOGIE SYMBOLIQUE DES TOURELLES DE SAINT-DENYS.

AILES	En vue de leur essor en haut. — Prière et vertus chrétiennes.
	De grande envergure. — Vertus solides et célestes.
	Impuissantes au vol, et surtout quand elles sont déployées et dressées. — Ostentation et hypocrisie.
	Petites et débiles. — Insuffisance des vertus : langueur ou absence de la prière.
	De chauve-souris. — Hypocrisie : affection charnelle aux choses terrestres.
ANE et ONOCENTAURE.	Abattu, vautré, ou ruant et se débattant. — Victoire des sens sur l'esprit : paresse, entêtement, ignorance, stupidité et orgueil des sots.
AUTRUCHE......	Par ses ailes. — Hypocrisie et ostentation.
	Par sa voracité. — Insatiable gourmandise.
BÉLIER..........	Rivalités : querelles : imbécillité opiniâtre.
BOUC..........	Insolence, pétulance de la luxure. (V. à l'article *Pourceau*).
CENTAURE......	Surtout figuré au galop. — Emportement de la luxure, et principalement adultère. (V. à l'article *Cheval*).

---

(1) *Lapocalipse*, mse. du XIIIᵉ siècle. Bibliothèque Royale.

CHAMEAU........
- Par le port altier de sa tête. — Orgueil.
- Par la lourdeur de son instinct. Stupidité : affection aux choses abjectes.
- Par sa tortuosité. Fourberie.
- Par la facilité avec laquelle il avale les objets les moins digestibles. — Hypocrisie et sacrilège.
- Par ses implacables ressentiments. — Colère, haines invétérées.

CHAT............
- — Flatterie : malice insidieuse et perfide.
- Accroupi. — Mollesse : paresse : vices qui en sont le résultat.
- Courant ou effarouché. — Indépendance incoërcible.

CHAUVE-SOURIS.
- Par sa conformation équivoque. — Hypocrisie.
- Par son amour pour les ténèbres. — Ignorance spirituelle, volontaire et opiniâtre : aveuglement spirituel.
- Par son vol qui rase la terre. — Affections terrestres, charnelles, incapables de s'épurer et de s'élever vers le ciel.

CHEVAL, CENTAURE, Hippocentaure.
- — Insolence, ruade, entêtement.
- *Id.* au galop. — Luxure, emportée jusqu'à l'adultère.

CHÈVRE.........
- — Quelquefois orgueil et luxure. (V. à l'art. *Pourceau*).

CHIEN...........
- Sauvage, féroce, dévorant. — Démon et esprits infernaux.
- Agresseur ou acharné sur une proie. — Persécution et haine des méchants contre le juste, (l'une des générations de l'*orgueil*).
- Aboyant contre la lune. — *Envie.*
- Dogue de boucherie, et pouvant avoir, à ce titre, les dents et la langue souillées de sang. — Calomnie et détraction, effets de l'*envie.*
- Hargneux, jappant, grondant, inquiet. — *Colère*, contention : litige.
- Cachant sa queue en ses pattes, fuyant, cherchant à se blottir. — Pusillanimité : lâcheté : silence coupable du prêtre : (générations de la *paresse*).
- Reprenant son vomissement. — Rechute : ignoble et coupable cupidité : violation des vœux monastiques, œuvres sordides de l'*avarice.*
- D'espèce ignoble et vagabonde. — Grossièreté et impudence dans les mœurs : débordements de la *gourmandise* et cynisme de la *luxure.*
- Barbet, avec queue écourtée. — Oubli de Dieu et des fins dernières : matérialisme qui suit la dépravation et les sept péchés capitaux.

CORNES.......... (V. article *Pieds*).

CRAPAUD........ { Par sa bouffissure, — orgueil.
Par son ventre et ses pattes pétrissant une vase infecte. — Ignominie de la luxure.

GRENOUILLE.... { Par ses pattes et par son ventre en contact avec le bourbier. — Ignominie de la luxure.
Par sa gueule. — Loquacité.
Par ses yeux allumés. — Colère.
Quelquefois, par tout son ensemble. — Hérésie, péché qui réunit ces trois caractères.

GRIFFES......... (V. article *Pieds*).

HYÈNE,......... { Parce qu'elle déterre les corps morts. — Détraction. sordide cupidité des avares.
Parce qu'elle était réputée changer de sexe tous les ans. — Instabilité dans les mœurs.

LIÈVRE......... { A raison de ce qu'il rumine. — Étude de la science sacrée.
Par sa patte non bisulque. — Acceptation des livres du vieux Testament à l'exclusion de ceux du nouveau. — Mise en pratique de la lettre des écritures, à l'exclusion de leur esprit. — Absence de la charité évangélique, c'est-à-dire de l'amour de Dieu et de celui du prochain.

LION............ — Force dominante du mal : impétuosité des passions.

LOUP........... — Rapine cauteleuse et violente : empêchement que met le diable à toute prière vers Dieu et au retour de la raison : insatiabilité de la luxure.

MANICORE, (animal fantastique et hybride). {
Par sa tête humaine et son sifflement.—Insinuations frauduleuses. ....
Par ses trois rangs de dents tranchantes. — { concupiscence de la chair.
concupiscence des yeux..
orgueil de la vie.....
Par son corps de lion.—Agression violente de la tentation. ....
Par sa queue de scorpion. — Perdition des âmes perverses et leur torture dans l'enfer. ....
Par ses instincts anthropophages. — Soif de perdre le genre humain. ......
Par ses ailes au vol rapide. — Ardeur pour fondre sur sa proie. ....
} Caractères du démon.

ONOCENTAURE.. (V. article *Ane*).

— 113 —

OREILLES.

Dressées, divergentes (1). — Attention à la voix ou à la proie.

Convergentes (2). — Endurcissement et résistance opiniâtre à la voix divine.

Couchées ou renversées. — Frayeur : lâcheté : entêtement et irritation : impétuosité et fureur.

Bouchées, ou voilées et traînantes (3). — Résistance à la voix divine : endurcissement aux inspirations et aux avertissements de Dieu : amour déréglé des choses terrestres.

PIEDS, PATTES, GRIFFES, SERRES, CORNES, faces et visages cornus.

Pieds et jambes tortus. — Retour dans les voies du péché.

Pieds du cheval et du taureau. — Insolence : indépendance criminelle : résistance contre Dieu : ruade : orgueil : fougue des mauvaises passions.

Pattes de bête fauve. — Fuite sournoise des voleurs, des escrocs, des spoliateurs : retraite des ravisseurs d'âmes et des hérétiques hors du sein de l'Église et loin des pasteurs.

Griffes tranchantes. — Malignité : férocité : désir du mal : soif de nuire.

Serres. — Extorsion : rapine violente : rapacité : ténacité de l'avarice.

Cornes. — Opiniâtreté : résistance : force et fatal pouvoir du mal et du démon qui le suggère.

POISSONS.

A nageoires. — Justes : élus : chrétiens aspirant vers le ciel.

A écailles. — Pécheurs, en tant que disposés à la pénitence et à la conversion.

Sans écailles bien apparentes et sans nageoires très sensibles. — Pécheurs absorbés par les sollicitudes de la vie et l'amour désordonné des biens temporels.

A carapaces ou à coquilles. — Aveugles dans l'ordre spirituel, volontaires et obstinés.

Volants. — Ames élevées et contemplatives.

POULE.

Par la pesanteur de son vol et l'impuissance de ses ailes. — Indigence de vertus et désuétude de la prière.

Par ses pattes souillées de fiente. — Ignominie, empire et ascendant invétéré des habitudes dissolues.

---

(1) Comme dans le loup ravisseur, le *Béhémoth* des Catacombes, les statues du démon et des mauvais anges.

(2) Exemples : le Béhémoth des Catacombes et les statues des mauvais anges.

(3) Comme dans le Pourceau, et dans les représentations de l'Aspic au moyen âge.

POURCEAU..... — Abjection de la luxure : abrutissement caractéristique de l'ingratitude spirituelle.

— Fins de l'homme : but et motif de ses actions.

Longue. — (En fait de vertus) Persévérance.

Id. de lion. — Violence et impétuosité.

Id. de singe. — Malice.

Id. de chat. — Mollesse et générations de ce vice : flatterie : quelquefois, tous les caractères du chat simultanément, indépendance, indocilité, intolérance de tout frein, etc.

Fantastique, hérissée de piquants. — Nature perverse : férocité et soif de nuire : puissance pour torturer.

Serrée contre le flanc. — Attaque insidieuse : violence et spontanéité d'un perfide assaut.

QUEUE........... Cachée entre les jambes. — Terreur : ruse perverse : fraude : lâcheté et contumace.

Tortueuse, de dauphin. — Passions libidineuses.

Id. de serpent. — Ruse : perfidie : séduction : malice.

Id. de dragon. { Par son volume — puissance violente et forces entraînantes du mal.
Par sa tortuosité — astuce : insinuations détournées.

De loup. — Malice et pouvoir violent du démon, empêchant tout retour vers Dieu.

Absente ou écourtée. — Oubli et mépris de Dieu et des fins dernières : matérialisme complet.

RAT............ — Sensualité des gourmets, menant au matérialisme.

RENARD........... — Fourberie; ruse : astuce : larcin : tricheries (tres-cheries) et pilleries fines des exacteurs, baillis, gens de loi, etc.

SANGSUE........ { Par son habitation dans les eaux dormantes, — habitude de l'intempérance et des autres passions des sens.
Par son insatiabilité de succion, avidité désordonnée des mêmes passions sensuelles.

SAUTERELLE.... { Par ses ravages, la luxure et l'hérésie.
Par ses bonds, l'orgueil des luxurieux et des hérétiques.

SERRES...... ... — (V. article *Pieds*).

SINGE........... — Dérision : colère : luxure.

SYRÈNE (Seraine). — Amorce et attrait des trois concupiscences. { Soif des plaisirs.
Soif des richesses.
Soif des grandeurs.

TAUREAU........ Par ses cornes et par ses pieds, — impétuosité de l'orgueil : fougue; instincts indépendants, et luxure dans la jeunesse.

TRUIE............ — Fécondité du mal, jointe aux acceptions du pourceau (V. article *Pourceau*).

TROISIÈME PARTIE.

Sommaire. Discussion sur le caractère *hybride* attribué dans ce Mémoire aux statues des tourelles de Saint-Denys. — De leur facture, de leur style, de leur type physionomique. — Circonspection apportée dans la spécification de leurs membres. — Quelques unes de ces statues, ouvertement allégoriques. — Retour sur les *deux Physiologues*. — Description et explication raisonnée des statues qui sont l'objet de ce mémoire. — Le moyen âge fournit-il dans ses monuments des statues mystiques hybrides, et des collections de *Péchés* identiques à celle de Saint-Denys? — En est-il resté dans les livres, les manuscrits, les enluminures des mêmes siècles? — Exemples. — L'esprit du thème des *Péchés* sur les basiliques chrétiennes donne l'explication directe de sa popularisation. — Conclusion.

Comme nous l'avons annoncé, la zoologie sculptée sur les tourelles de Saint-Denys tient simultanément de la fantasmagorie et de la réalité. Quelques unes de ces statues sont la reproduction bien franche d'un genre d'animal connu, tel que l'âne, le chien, le singe, et le caractère de vérité qui se fait remarquer en elles ne permet pas de supposer que les étrangetés des autres aient pour motif une ignorance de dessin qu'on ne peut d'aucune manière attribuer à leurs sculpteurs. En vain nous objecterait-on qu'au XIIIᵉ siècle et au début du XIVᵉ ceux-ci étaient bien en retard pour la zoologie sculptée; l'analyse des monuments appartenant à ces époques restreint beaucoup cette opinion, et tout porte à croire, du reste, que les statues de Saint-Denys sont dues au ciseau italien et à des mains très exercées à l'étude de l'art antique, mais trempées aux sources divines de l'art religieux et chrétien. Tel est le jugement des connaisseurs sur deux groupes très remarquables placés aux angles inférieurs du pignon ouest de la basilique, et le même coup de ciseau semble avoir taillé dans le bloc la décoration des tourelles. Ceux-là avaient étudié et savaient rendre la nature, qui ont pu exécuter ces têtes d'une expression si énergique et d'un tel ordre de beauté. Pour peu qu'on soit sans prévention et qu'on étudie cet ensemble, on y reconnaît aisément une page du plus grand style, telle qu'en a semé dans l'art le déclin des temps hiératiques. Qu'on nous permette de le dire, il a fallu à leur auteur de la science et quelque génie pour que ces créations hybrides n'aient pas tourné au ridicule et n'aient rien de choquant pour l'œil. Ces sujets fantasmagoriques réunissent non sans harmonie des éléments divers sans doute, mais qui n'ont rien d'hétérogène, bien qu'il soit contre l'habitude qu'on les voie ainsi assemblés. La beauté, si on peut le dire, farouche et vraiment effrayante qui domine dans ces figures saisit l'attention, l'intéresse, et y ressort de plus en plus par l'étude et par l'examen ; beauté grandiose et sublime qui a marqué de son sceau puissant, comme nous l'avons dit ailleurs, l'œuvre inimitable du Dante et tant de sombres traditions surgies en foule au moyen âge : beauté d'ailleurs si idéale dans son ordre tout d'exception, qu'on croit voir dans chaque sujet la dernière et la plus extrême expression de ce qu'il veut peindre, et presque le génie fatal du vice qu'il personnifie. Il semble que Satan lui-même ait comme allumé sa violence dans chacune de ces statues, images des instincts pervers, comme on voit, dans la Symbolique, le Christ, source de toute grâce, imprimer un saint caractère, une ineffable pureté à des pierreries, à des plantes, parfois à des animaux même consacrés dans la Symbolique à figurer soit sa personne, soit ses admirables vertus (1). Ainsi, tout respire la

---

(1) Les douze pierreries nommées dans l'Exode ont été assimilées aux douze principales vertus du Christ jusque dans le cours du xviie siècle. (V. Cornel. à Lapid. *in Exod.*, c. XXVIII). — Le lis, la rose et d'autres plantes figuraient aussi le Sauveur, le premier à titre de gloire des humbles, d'exemple et modèle des humbles, de rémunérateur de l'humilité ; la seconde comme le prince et le modèle des martyrs. (V. S. Brunon, *astens. in Cantic.* — S. Anselm., *Cantuar.* — Ludolph. Saxon., *in Vit. Christi.* — Hraban Maur.,

fougue, la puissance d'action du mal dans ces images expres-
sives, triste personnification de tous les excès de la brute et
de tous les instincts de crime que peut nourrir le cœur humain. Ces appétits de l'animal sont la masse et le corps du
monstre, son espèce, et les habitudes dont il est capable ou
doué; pour ce qui est des passions humaines, elles ressortent
fortement dans l'animation hors nature qui éclaire sa physionomie et qui a là un style plus noble qu'on ne le peut
voir chez la bête. Infernale, mais grandiose et très juste combinaison qui a su poétiser la brute par tout ce que l'ardeur
du mal peut donner à la créature d'inspiré et de surhumain,
afin de faire bien entendre que cette brute en apparence
c'est l'âme déchue et tombée, mais toujours immatérielle et
toujours image de Dieu, quoique maintenant asservie et
comme étouffée par les sens. Ce caractère d'énergie et de
haute idéalité ressort non moins évidemment même sur ceux
parmi ces monstres qu'on voit à peine dégrossis ou que le
temps a rendus frustes; et il domine avec puissance dans
leur attitude emportée, dans la crispation de leurs griffes et
dans l'érection toujours brusque et presque irritée de leurs
ailes; cachet saisissant et marqué qui nous frappa profondé-
ment le premier jour où nous les vîmes, et que plus d'un
habile artiste y a reconnu à son tour. Ce sceau suffirait à lui
seul, indépendamment des détails, des attributs, des différences, pour révéler dans ces images tout ce qu'y découvre
la science, tout ce que l'art chrétien y mit.

Frappée de ces observations, nous avons été convaincue
que ceux qui ont combiné cet œuvre avaient eu, en l'élaborant,
l'intention qui, aux mêmes siècles (1), meublait en France
les verrières, les archivoltes des portails, et jusqu'aux murs
des basiliques de monstres qu'on a crus grotesques, mais

De universo, l. XIX, c. 8. — Ibid. *in Allegor.* — Pierius, l. LV, etc. Enfin
parmi les animaux, le lion, l'agneau, le veau, la panthère, l'aigle, le péli-
can, la colombe, la calandre, le dauphin, et bon nombre d'autres étaient sous
différents rapports des emblèmes de J.-C.

(1) Le 12e, le 13e, le 14e.

qu'alors et avec raison on savait seulement *hybrides*. Pour
discerner leurs éléments, nous avons souhaité le concours et
l'avis d'un naturaliste qui pût prononcer à coup sûr et fixer
nos incertitudes sur les solutions de détail, et un professeur
distingué, M. Covilbeaux (1), a bien voulu nous assister, ju-
geant avec circonspection et mêlant à ses théories les quelques modifications indiquées par l'état de l'art et de l'esprit
au moyen âge, et résultant des harmonies et des rapproche-
ments logiques qui relient tous ces caractères. Il est ressorti
de l'étude de ces animaux composés, qu'un bon nombre
d'entre leurs membres ont un caractère idéal, mais qu'il n'en
est presque pas un qui n'ait des analogies évidentes avec des
caractères vrais et parfaitement distinctifs. Ceux qui sont de
pure invention sont à leur tour des traditions consacrées dans
le moyen âge et acceptées dans l'art chrétien ; tels la queue
tordue de serpent (2), le corps marin de la syrène, la queue
appelée « de dragon. » S'il fallait ajouter un mot pour per-
suader mieux encore les esprits circonspects à croire et lents
à admettre les nouveautés, nous leur répéterions ici que
l'*Ane abattu dans la mare*, que la *Syrène à sa toilette*, que
l'*Homme-lion* et gourmand, que le *Buveur*, l'*Hippocentaure*, que la *Femme à queue de sangsue*, l'*Onocentaure*,
le *Lion*, le *Lièvre* à allure effarée, la *Truie* avec ses cinq
petits, sont, ou des motifs explicites qui se font entendre
d'eux-mêmes, ou des allégories connues même au sein de
l'idolâtrie, des images semées partout dans les pages des
livres saints et dans celles des moralistes, et des proverbes
répandus et très bien compris de nos pères. Le peu qui reste
d'animaux à sens un peu moins explicite sont du même style
et du même esprit.

Nos explications de ces thèmes supposent et exigent même
leur confrontation attentive avec leurs figures gravées. Ces

---

(1) Membre de la Société de pharmacie de Paris, professeur d'histoire naturelle dans l'institution de madame Descauriet.

(2) V. statue n° 10.

gravures, nous avons la satisfaction de pouvoir le dire, offrent
la reproduction parfaite de l'œuvre complet des tourelles
jusque dans ses moindres détails; les physionomies elles-
mêmes y sont on ne peut mieux rendues, autant que le peuvent permettre des proportions aussi restreintes. Elles ont
été exécutées sous les yeux et sous la direction de M. Daly.
M. Dainville, jeune artiste plein de talent et d'avenir, a
voulu, avant de graver les planches, assurer aux dessins eux-
mêmes, levés à de grandes distances, la plus extrême exactitude. C'est du haut des échafaudages et des degrés aériens
disposés au flanc des pignons, c'est même du faîte et des
combles des anciens bâtiments claustraux qu'il a complété ces
dessins et reproduit plusieurs détails qui ne peuvent être
saisis d'aucun point de la basilique, et nous devons à ses
crayons la revue consciencieuse de la collection tout entière et quelques uns de ses dessins. Les imperfections des
figures, jugées au point de vue de l'art, appartiennent à
leurs modèles, par exemple, le sujet 16, l'Ane ventru et
fourvoyé, dont l'embonpoint abdominal est un caractère mystique placé là avec intention par le génie du moyen âge (1),
peu occupé, comme on le voit, de mieux modeler la statue par
laquelle le principal, c'est-à-dire l'idée chrétienne, est rendu
admirablement.

Dans cette troisième partie, nous compléterons par des
notes les explications et les preuves auxquelles notre court
glossaire n'a pu suffisamment fournir. Nous continuerons de
citer les autorités qui motivent ou qui peuvent fortifier nos
applications : parmi elles ce *Physiologue*, l'un des plus anciens Bestiaires écrits depuis l'ère chrétienne, puisé de plus
près que les autres et sans doute directement dans le Bestiaire
sacré que donnent les livres bibliques. Et puisque nous avons
nommé cet écrit de saint Épiphane, qu'on nous permette
encore un mot pour éclaircir et compléter ce qu'on a lu à
son sujet dans notre première partie; c'est le fruit de nos re-

---

(1) Vincent de Beauvais le spécifie expressément : il montre cet âne *engraissé*, avant de le montrer ingrat.

cherches récentes et postérieures à la publication des premières feuilles de ce mémoire. Un fragment de ce court traité, œuvre toute mystagogique, est parvenu à notre époque (1). Gesner n'avait pas eu le temps de le traduire, mais peu d'années après sa mort, un religieux bénédictin, Gonsalve Ponce de Léon (2), accomplit cette noble tâche. Malheureusement sur les trente-neuf animaux traités dans le manuscrit grec, trois se trouvaient presque effacés et tout à fait indéchiffrables, et des altérations impies, glissées à dessein dans le texte, le dénaturaient à tel point qu'il en dut retrancher onze autres, ce qui réduit à plus d'un tiers l'élégante version de Ponce. Quelque chose de remarquable, c'est que dans cet écrit lui-même saint Épiphane cite un autre traité ou un autre auteur portant aussi le même titre, celui de *Physiologus*. Dans le cours du IIIe siècle, c'est-à-dire plus d'un siècle après saint Épiphane, Origène aussi avait cité ce *Physiologus*. Il y a donc eu deux Physiologues, celui d'un auteur anonyme et celui de saint Épiphane (3). Celui de l'auteur anonyme a été attribué à Salomon, à Aristote, au glossateur inconnu des Psaumes, et à bien d'autres écrivains; mais son nom étant cité par saint Épiphane à côté et à la suite des témoignages d'Aristote et de Salomon, et cela dans la même phrase, on en peut induire, ce semble, que ce Physiologue ne doit être l'ouvrage ni de l'un ni de l'autre. Quoi qu'il en soit, ce qui importe, c'est qu'il nous paraît démontré que ce n'est pas l'œuvre anonyme, mais celle de saint Épiphane, que les Bestiaires désignent quand ils citent le *Physiologue*, car ce docteur n'invoque de l'ancien que des traditions d'histoire naturelle, des détails d'instincts ou de mœurs, jamais nulle allusion chrétienne ni aucune allégorie doctrinale; tandis que l'on voit ressortir parmi les citations em-

---

(1) Il est répandu en entier dans les notes de notre *Zoologie* inédite.

(2) Né en Espagne, à Valladolid.

(3) Indépendamment d'un troisième *Physiologue* écrit en latin, attribué à saint Ambroise, et déclaré apocryphe par le pape Gélase Ier, en 494. (*Concil.* t. IV, p. 1260. — Fleury, *Hist. ecclésiastique*).

pruntées à leur *Physiologue* par la plupart des Bestiaires, des
allusions mystagogiques et des explications chrétiennes qui
ne peuvent laisser de doute sur l'orthodoxie de l'auteur : ce
ne peut être qu'un docteur ou un théologien catholique
nourri des saintes Écritures, sur lesquelles son œuvre est
calquée.

Mais revenons à nos statues. Disposées, ainsi qu'on l'a vu,
sur la partie aérienne des tourelles de Saint-Denys, à l'extrémité du transsept, elles forment une couronne au sommet
de leur haute base, étant disposées circulairement au point
d'où s'élève l'aiguille, c'est-à-dire à trente-huit mètres un
tiers au-dessus du sol. Comme nous l'avons annoncé, chacune des quatre tourelles est décorée de huit statues.

En nous plaçant par la pensée sur la grande place de
Saint-Denys, en face de la basilique, et procédant de gauche
à droite, selon l'ordre adopté dans les grandes compositions
monumentales du moyen âge, nous commençons notre analyse par la tourelle nord-ouest ; nous expliquerons après elle,
d'abord la tourelle nord-est, ensuite celle du sud-est, enfin
celle du sud-ouest.

TOURELLE NORD-OUEST.

Sur cette première tourelle, avec sept statues fantastiques
d'animaux tout à fait hybrides, on en remarque une au
nord-est, simple et entièrement humaine ; elle renferme, ce
nous semble, une pensée d'introduction, et nous la plaçons à
ce titre à la tête de la série.

N° 1. Statue humaine (Bénédictin).

La Prévision.

Le costume de ce sujet est celui de l'ordre de saint Benoît,
c'est-à-dire la tunique, et la coulle ou le capuchon (1). Son
âge, qui est l'adolescence, semble caractériser un novice, ou

(1) Regul. S. Benedict., c. 55.

plutôt un de ces *enfants-moynes* (1) qui étaient élevés dans les monastères, et qui, formés par les abbés et au milieu des cénobites à la sainteté de la vie et à l'observance de la règle, prenaient de bonne heure l'habit. Sous les traits de cet aspirant à la perfection monastique, est figurée probablement par une double allégorie conforme au goût du moyen âge (2), l'âme chrétienne et commençante ; ce sujet est donc montré jeune, soit pour rendre explicitement l'enfance prolongée de l'âme au début de sa conversion, soit pour consacrer ce principe, que c'est au matin de la vie qu'il faut commencer le combat. La tâche imposée au novice est de résister sans relâche aux ennemis spirituels qui vont se disputer son âme, savoir : les dangers du dehors menaçant surtout les cinq sens ; et les assauts de l'intérieur, plus subtils et plus redoutables. Le religieux, selon la règle, n'est autre chose qu'un soldat enrôlé contre ces attaques sous la discipline des statuts et de son abbé (3). De même, selon

(1) « *Puer monachus.* » — Hraban Maur. *passim.* — Legend. aur. *passim*, etc.

(2) Ces allusions simultanées sont nombreuses et admirables dans l'art chrétien du moyen âge. Nous donnerons dans notre ouvrage une idée de celles des fresques et des bas-reliefs des catacombes romaines.

(3) « (Genus) primum cœnobitarum (est) militans sub regulâ, vel abbate.» (*Reg. S. Benedict.*, c. 1). Pendant l'année de probation on lisait trois fois cette règle au postulant, retenu dans le quartier des novices : « Voilà, lui disait-on chaque fois, la règle sous laquelle vous demandez *à combattre*..... » « Et si promiserit de stabilitate suâ perseverantiam, post duorum mensium circulum legatur ei hæc regula per ordinem, et dicatur ei : Ecce lex sub quâ militare vis; si potes observare, ingredere : si verò non potes, liber discede. » (*Reg. S. Benedict.*, cap. 58). — Dans le Prologue de sa règle, saint Benoît s'adresse ainsi à celui qui aspire à la vie du cloître : « Quisquis abrenuncians (*sic*) propriis voluntatibus Domino Christo vero Regi militaturus obedientiæ fortissima, atque præclara arma sumis, etc. » (*Prolog. Regul. S. Benedict.*).

On lit dans les œuvres de Rhaban Maur un traité intitulé : « *De Agone christiani, agens de Virtutibus et Vitiis.* »

« Fili, accedens ad servitutem Dei,... præpara animam tuam ad tentationem. » (*Eccli.*, 1, 2, 1).

« Militia est vita hominis super terram... (*Job.* VII). Hinc autem beatus Job qualiter in hâc vitâ militare debeamus insinuat, quâ in re seipsum qualiter militaverit exemplum ponit. Militia enim est vita hominis super terram,

l'Écriture, la vie du juste est une arène où ni triomphe, ni succès n'obtiennent de trève à la lutte qu'après d'âpres et longs combats.

Le novice est, à ce qu'il semble, la seule parmi ces statues qui soit investie d'un rôle passif en dehors de ce grand tableau figurant la lice chrétienne. Si nos présomptions ne nous trompent, disposé là pour la bataille entre le nord et l'occident qui ont leur attribution mystique, il y voit passer en esprit devant le regard de son âme, dans les trente statues voisines, les périls qu'il doit surmonter. Du reste, ce n'est point de front que ces agresseurs innombrables attaqueront l'âme chrétienne ou qu'ils fondront sur le novice, mais par la *droite* et par la *gauche*, marquant les deux genres de tentation, la prospérité et l'épreuve, les délices et les souffrances (1), la présomption inconséquente et la pusillanimité. Symbolisées par tous ces monstres marqués d'une expression terrible, sombre et presque surnaturelle comme le pouvoir de l'esprit pervers, ces tentations sont détaillées dans la règle de saint Benoît, investies pour le plus grand nombre d'une allusion spirituelle exposée dans le commentaire en surplus

quia quanto tempore in hâc vitâ sumus, per arma justitiæ à dextris et à sinistris contra vitia et malignos spiritus pugnare debemus, quatenùs finitâ militiâ, pro victoriâ coronemur. (*S. Brunon. astens. in Job*, cap. VII).

En rapport direct et fréquent avec cet ordre de pensées, le chrétien est souvent représenté sur les monuments du moyen âge armé de pied en cap pour guerroyer contre les vices. On le voit figuré ainsi sur une jolie miniature au folio 145 du msc. intitulé : *Des peticions du Saint-Esprit.* (Bibliothèque royale).

(1) Sinistra, adversitas, ut in Parabolis : « Non declines ad dextram neque ad sinistram, » id est, nec prospera te elevent, nec adversa te frangant. (*Hraban Maur. Allegor.*).

A dextris.. læta, à sinistris... tristitiam habemus. (*Hraban Maur in Hiezechiel*, lib. I, c. 1).— *Ibid.* in *S. Brunon. astens. Op.* — *S. Anselm. cantuar. Op.* — *Ludolph. Saxon* in *Vit. Christi*, etc., etc.

Exhibeamus nosmetipsos sicut Dei ministros *in tribulationibus*, *in suavitate*, per arma justitiæ, *à dextris et à sinistris*. (II Cor. VI, 7).

Cadent à *latere tuo* mille, et à *sinistris* tuis decem millia. (*Psalm.* XC, v. 7, et *Commentar. S. Brunon. astens.* et *S. Oddon. astens. in ibid.*).

Inter hostes versâris, et à *dextris* et à *sinistris* impugnâris. (*De Imit. Christ.* XXXV, 2).

du sens littéral, et toutes, tenant une place parmi les légions
des péchés ; cette armée y passe en revue sous l'œil attristé
du lecteur, et le novice y est instruit sur chaque athlète
séparé de cette milice infernale. Au premier rang sont :
l'homicide temporel et spirituel : l'adultère, comprenant
l'idolâtrie (1), les affections désordonnées, etc. : le vol,
s'étendant au scandale et à tout ce qui ravit les âmes à Dieu :
les trois concupiscences : le faux témoignage et la dissimula-
tion : l'orgueil : les désirs de vengeance : l'immortification
des sens : puis, pêle-mêle, le mensonge, la fausseté : l'hypocrisie : la simulation : la mollesse : la somnolence volontaire
ou négligente et l'inertie spirituelle : la luxure : l'intempérance : l'ivrognerie et la crapule : la paresse et la noncha-
lance : le murmure : l'indépendance : l'affranchissement de la
règle : les discordes : la cupidité : l'avarice : l'affection aux
biens temporels : le dérèglement des pensées : la loquacité :
le rire insensé : l'envie avec la dérision, la détraction et la
jactance : la dissension : la haine : le ressentiment : la colère :
l'oubli des fins, le désespoir, etc. (2). Ce sont ces escadrons
de vices qui nous semblent, dans le détail, se dérouler sur
les tourelles sous le regard du jeune moine ; c'est à travers
ces ennemis qu'il aura à franchir la lice, contre eux qu'il
aura à combattre, à se défendre et à lutter.

Cette galerie de tableaux parcourue et analysée, on arrive
à la conclusion, à ce qu'on nomme « le bouquet » dans la
langue spirituelle. Mûris par les longues épreuves de cet âpre
et patient combat, le chrétien et le cénobite ont atteint la
virilité, qui est la consistance de l'âme et la réformation du
cœur. La trente-deuxième statue, où sans doute encore une
fois ils sont figurés l'un et l'autre, est un religieux d'âge
mûr, qui « se dépouille du vieil homme » et, selon l'expression biblique, « se revêt de l'homme nouveau. »

---

(1) Initium fornicationis est exquisitio idolorum ; et adinventio illorum
corruptio vitæ est. (*Pap.* XIV, 12). — V. aussi Hraban Maur., *in Regul.
S. Benedict.*

(2) *Regul. S. Benedict.* — Et Hraban. Maur., *Comment. in ibid.*, cap. 4.

Jeté en avant du massif, dans une pose gracieuse qui n'est
ni tout à fait debout, ni tout à fait agenouillée, le novice bénédictin, la tête à demi enveloppée de son capuchon, est
placé au côté du nord, qui, dans le commentaire même de la
règle de saint Benoît et pendant tout le moyen âge, est montré comme la région de l'esprit du mal et l'arène des tentations de la vie (1); attitude et combinaison faisant allusion
à la lutte intérieure de la vertu et de la grâce contre les
suggestions du mal. Son front, comme celui du moine sur la
tourelle sud-ouest, se tourne un peu vers l'occident qui
figure les fins de l'homme et le suprême jugement où seront
discutées ses œuvres (2), et son corps tout entier s'incline en

---

(1) Per prophetam dicitur : « Omnes cogitationes terræ ab Aquilone ve-
nient. » Regna Aquilonis vitia sunt, quæ in ipsis portis, id est, in ipsis sensi-
bus animæ regnant. (Hraban Maur., *Commentar. in regul. S. Benedicti*,
cap. 7).

Aquilo, ventus frigidus, diabolum significat, qui statu tentationum corda
hominum congelat, et infrigidat ab amore Dei. (Hug. à S. Victor. *Erudit.
theolog. in specul. Eccles.*, c. 7).

Septentrionalis pars mundi, unde gelu et siccitas procedunt, per figuram
ostendit diabolum vel frigus infidelitatis. (Hraban Maur., *De universo*, IX, 1).

Remarquez ce verset de l'*Ecclésiaste* (c. XI ꝟ 3) : « Si ceciderit lignum ad
Austrum, aut ad Aquilonem, in quocumque loco ceciderit, ibi erit, » entendu,
par tous les docteurs, de l'état *de grâce* ou *de crime* où la mort trouve et sur-
prend l'homme : il y reste, dit l'Écriture , soit qu'il soit tombé *au midi*, c'est-
à-dire *mort dans la grâce*, ou qu'il le soit *à l'aquilon*, c'est-à-dire *dans le
péché*.

C'est parce que l'aquilon figurait *la région du mal*, qu'à partir du milieu
du ixᵉ siècle le diacre se tourna, en France, vers ce côté pour chanter l'Évangile : allusion à la conversion des gentils par la parole évangélique. « Sed
verba Evangelii Levita pronuntiaturus, vertit faciem contra Aquilonem , ut
ostendat verbum Dei dirigi contra cum, qui per Aquilonem designatur, scilicet
contrà diabolum, qui dicebat in corde suo : Sedebo in latere Aquilonis
(l'Orient, le côté de Dieu), et ero similis Altissimo. » (Ludolph. Saxon., *Vit.
Christ.*, pars II , c. LXXXII).

Et v. B. Yvon. Carnot. *De rebus ecclesiasticis , Serm. De convenientiâ.* —
Gemma animæ , c. 16. — Oddon., Astens. *in Psalm.* 88. — Ruperti tuitiens,
De divin. Offic. III , 22.

(2) La plupart des docteurs chrétiens du moyen âge tout entier ont pensé
que J.-C. crucifié sur le Calvaire avait le visage tourné vers l'Occident. Ce
côté figurait les fins dernières de chaque homme , celle du monde , et le jugement dernier. Jésus , en mourant sur la croix , avait déjà jugé le monde : il
le jugera de nouveau en dernier ressort par la croix ; c'est l'une des raisons

signe du sentiment humble qui doit dominer chez le moine ; mise en action très explicite de deux préceptes de sa règle, l'un lui imposant de ne jamais perdre de vue la mémoire des fins dernières (1), l'autre de garder en tout lieu l'inclinaison de l'attitude, considérant ses démérites et s'affligeant sur ses péchés (2).

Le combat moral et chrétien, caractère de la statue, est spécifié en surplus par ses attributs et ses accessoires. Les moyens défensifs du moine dans ce long assaut des passions, sont, en premier lieu, la prière, expression qui embrasse le culte, les sacrements et tous les remèdes spirituels ; ce sont l'exacte obéissance et la stabilité votives, l'assiduité au travail telle que les Bénédictins se la prescrivaient ; surtout, l'étude de la règle, imprescriptible loi du moine. Ici, la prière est rendue par la douloureuse ferveur qu'exprime la physionomie ; par ce que la pose de ce personnage a de suppliant et d'agenouillé ; par le mouvement de sa tête, qui, dans l'inclinaison du corps, cherchant presque la verticale, ne peut se redresser un peu qu'en se retirant entre les épaules, mouvement qu'elle semble faire comme pour retrouver le ciel dans les lignes de l'horizon, et en recueillir les secours

---

pour lesquelles le plan cruciforme des églises dans l'antiquité chrétienne et au moyen âge regardait toujours au couchant. De même leurs crucifix hiératiques, ceux qui étaient suspendus à l'arc triomphal ou placés sur le maître-autel faisaient toujours face au couchant. Le symbolisme des points cardinaux touche à l'une des questions les plus intéressantes et peut-être les moins scrutées de l'archéologie chrétienne ; nous la discuterons à fond dans notre travail sur *la Symbolique*, et nous y appuierons nos dires de nombreuses autorités.

(1) Instrumentum bonorum operum, Dei judicium timere, gehennam expavescere, vitam æternam omni concupiscentiâ spirituali desiderare, mortem quotidie ante oculos suspectam habere. (Regul. S. Benedict., c. 4. — Et Hraban Maur., *Commentar. in ibid*).

(2) In monasterio, in horto, in viâ, in agro ; vel ubicumque sedens, ambulans, vel stans, inclinato sit semper capite, defixis in terram aspectibus ; reum se omni horâ de peccatis suis existimans, jam se tremendo judicio Dei præsentari existimet, dicens sibi in corde semper illud quod publicanus ille evangelicus, fixis in terram oculis, dixit : Domine, non sum dignus ego peccator levare oculos meos ad cœlum. (Regula S. Benedicti, cap. 7. — Et Hraban Maur., *Commentar. in ibid.*).

que semble implorer son regard. Enfin, l'objet problématique qu'on voit serré dans sa main droite nous semble, par
une partie, rappeler une feuille de parchemin à moitié dé-
roulée ; l'autre a assez de ressemblance avec l'écritoire
allongée que l'on remarque à cette époque dans la main des
évangélistes et des personnages qui écrivent. Ces attributs
sont-ils la règle, cette règle de saint Benoît si bien possédée
en détail par le sculpteur de ces statues, et quelque emblème
de l'étude ou quelque instrument de travail..?

La stabilité, la clôture, peut-être encore le silence, ces
cautions des vertus du moine (1), ont leur attribut dans les
clefs dont on voit celui-ci muni et qui se voient auprès de lui
sur l'amorce même où il pose. On ne peut, tant la pierre est
fruste, discerner s'il a existé jadis quelque communication
entre ces clefs et la statue, et si elles se rattachaient à son
bras, à l'objet qu'il tient dans sa main ou à sa ceinture ; mais
telles qu'elles sont restées, elles semblent marquer surtout,
outre ces vertus spécifiques, l'arme défensive du moine, l'un
de ses plus puissants recours contre toutes les tentations,
l'étude des livres sacrés et le souvenir de ses textes, recom-
mandés par Jésus-Christ (2) et représentés par les clefs dans
la symbolique chrétienne (3).

---

(1) Le texte de la règle de S. Benoît montre assez explicitement l'importance attachée par le fondateur à l'observance de ce vœu. « Quartum verò,
genus monachorum, nominatur gyrovagum, qui totâ vitâ suâ per diversas
provincias trinis aut quaternis diebus per diversorum collas hospitantur, semper vagi et nunquàm stabiles, propriis voluptatibus et gulæ illecebris ser-
vientes. Per omnia deteriores Sarabaïtis, de illorum omnia miserrimâ conver-
satione meliùs est silere, quàm loqui. (Regul. S. Benedict. — Et Hraban
Maur., *Commentar. in ibid.*, c. I. — *Ibid.*, c. 7).

(2) D'après le récit des Évangélistes, N.-S. dans le désert n'oppose aux
suggestions de l'esprit du mal que des textes des Écritures, et tous les commentateurs et les glossateurs de l'Évangile l'ont remarqué. La première réponse de J.-C. au démon est tirée du Deutéronome, VIII, 3 ; la seconde, du
psaume XC, 11 ; la troisième du Deutéronome, VI, 16 ; la quatrième, encore
du Deutéronome, VI, 13.

(3) Clavis (dit le bénédictin Rhaban Maur), apertio sacræ Scripturæ, ut in
Prophetâ : « Et dabo clavem domûs David, » id est, reserationem sacræ
Scripturæ ponam in ecclesiâ Christi, etc. (*Allegoriar. in univ. scriptur.*).

Il n'y a pas la beauté des traits ou du moins la beauté profane sur ce visage adolescent reproduit par notre gravure, mais ce type, fort expressif, est frappant de naïveté et riche de physionomie. Cette tête, pleine de vie, de pensée et de sentiment, rend une douleur calme et pieuse mélangée de sérénité. Là se révèle non le trouble, mais la patience et le combat, expression d'autant plus saillante qu'elle offre un contraste complet avec l'énergique violence, l'emportement désordonné et la férocité ardente qui animent les autres figures. L'oreille, large, bien ouverte et très détachée de la tête, est dans toutes les conditions de celles qui marquent, dans la statuaire mystique, l'attention à la voix de Dieu. Résolution, prière, étude, retraite sagement gardée, lutte contre les tentations, tous ces secrets conservateurs de la noble essence de l'âme sont résumés dans ce novice, dont le corps est irréprochable sous son ample et long vêtement.

Nᵒ 2. Monstre hybride.

Transformation presque complète. — *Ourgueil et sept pechiez chieftains.*

La tête inclinée vers le sol comme tous les autres péchés sculptés au front de ces tourelles, pesamment affourché comme eux sur l'une de leurs huit arêtes, ce monstre ouvre une horrible gueule; il garde de l'Homme les yeux, le nez, partie du front; il a du Chien les deux oreilles, dressées et sensiblement convergentes, la barbe, presque tout le corps, la physionomie de la face; ses dents sont de Chauve-souris; sa queue, de Chat et de Renard. Ses pattes, de digitigrade, accusent une vigueur et un nerf spéciaux à la Bête fauve; sa pose, son aspect d'ensemble et son extrême bouffissure rappellent les Batraciens (1). Les ailes, antiques par la moitié qui tient à leur racine, et restaurées à l'autre extrémité d'après les indications de cette partie, étaient et sont restées fantastiques.

A peine conservant de l'homme le front où siège la pensée,

(1) Grenouille, crapaud, etc.

le nez qui dans la Symbolique signifie, à raison du flair, le discernement du bien et du mal (1), et le regard qui peut encore se lever pour implorer Dieu, cet être, par tout ce qui reste, est ignominie et péché. Les inspirations de l'orgueil et les excès de la luxure, liés par tant d'affinités (2), se décèlent dans son ensemble par les caractères empruntés aux Batraciens ; l'affection immodérée aux biens temporels se voit dans les dents de Chauve-souris ; l'habitude de la rechute, la gourmandise, la crapule, l'impitoyable détraction semblent exprimées par la gueule, le ventre et les pattes du Chien ; la malice, l'adulation (3), la détraction qui en est si proche, l'ignoble et lâche hypocrisie, les recherches de la mollesse, paraissent dans la queue touffue tenant du Renard et du Chat. Les ailes fictives et impuissantes marquent parmi tous ces désordres l'oubli complet de la prière et l'hypocrisie des vertus.

L'orgueil, le premier des sept péchés capitaux et la source de tous les autres, devait marquer au premier rang parmi ces

---

(1) Allusion consacrée au XIIIe siècle. Vincent de Beauvais représente les sept péchés capitaux sous l'allégorie de sept agresseurs attaquant le chrétien imprévoyant et assoupi. Il les montre le dépouillant de son armure emblématique, dont il donne l'explication : ensuite ils le couvrent de plaies, symboliques comme ses armes. L'envie attaque *les narines*, parce que, continue l'auteur, l'envieux devient incapable de supporter le parfum des vertus d'autrui : « Invidia vulnerat *in naribus*, ne bonum odorem proximi sustineat. »

(2) La luxure, dénotée ici par l'aspect d'ensemble du crapaud, est placée invariablement à la suite ou même à côté de l'orgueil dans les œuvres de l'art mystique ainsi que dans les moralistes. La règle elle-même de S. Benoît n'a pas omis ce rapprochement. « Nonnunquàm gemino vitio christianus à Diabolo appetitur, et occulto per elationem, et publico per libidinem, sed dùm vitat quis libidinem, cadit in elationem ; item dùm incautè declinat elationem, cadit in libidinem. Sicque ex occulto elationis vitio itur in apertum libidinis, et de aperto libidinis itur in occultum elationis. (Hraban Maur, *Comment. in Reg. S. Benedict.*, c. 4).

(3) « Li losengier (les flatteurs) sont les norrices au deable qui les enfants alcitent et endorment en leur pechiez par leur beau chanter. Cist pechiez se devise en 5 parties qui sont aussi come fuilles en ceste branche. Li quinz est quant li flateour excusent et cuevrent les vices et les pechiez de ceulx que il veulent flater, *dont il sont bien comparé a coue de goupil* por lour barat et par leur tricherie de raison ; losengier, mesdisant, sont dune escole. » (*L'Apocalipse*, msc. de la Biblioth. royale).

figures des vices ; il ne devait pas non plus y ressortir seul ; les plus odieux et les plus ignobles sont montrés dans cette statue, première et triste allégorie de l'affinité dangereuse qui existe entre tous les péchés. Ainsi, dans la lice chrétienne, on a quelquefois au début tous les ennemis à combattre.

N° 3. Monstre hybride.

Transformation complète. — *Homecide spirituel par la tentation de luxure.*

OEil plein de feu et de malice, oreille attentive à la proie, gueule menaçante et vorace de Loup et de Chauve-souris ; pattes aperçues de profil et pourvues de doigts rétractiles de l'ordre des Digitigrades, et parmi eux des Bêtes fauves, c'est-à-dire des animaux faisant allusion à la soif de perdre les âmes par scandale et par perversion. Corps et ailes de Palmipèdes.

Le rapprochement établi dans cette figure entre la tête vorace du Loup et le corps d'Oiseau palmipède, nous semble marquer nettement l'intention dominante de la statue. Le Loup désignant la rapine, le meurtre et la soif du carnage, et répondant par allusion au meurtre spirituel, celui qui dans l'ordre moral corrompt et fait périr les âmes ; ce monstre semble préciser un péché détaillé dans la règle de saint Benoît, où il est dit que le religieux doit « s'interdire le meurtre, » expression qui étonne d'abord dans une règle monastique. Mais « ainsi (dit le Commentaire) qu'il y a le meurtre par le fer, il y a le meurtre par la haine, il y a celui par le mensonge et par tout péché scandaleux. .... C'est de tous ces différents meurtres que prétend parler saint Benoît quand il interdit l'homicide .... et il défend à ses disciples, non seulement de donner la mort au prochain par le fer, mais surtout de donner la mort spirituelle à son âme par la haine,.. ou par tel péché que ce soit... Injonction intimée au moine, et dans sa personne à tous les chrétiens (1). »

C'est donc l'homicide spirituel que nous croyons recon-

(1) Hraban Maur, *Commentar. in Regul. S. Benedict.*

naître dans ce sujet qui a pour correspondants au meurtre la tête et la gueule du Loup et les pattes de bête fauve. Le genre précis de scandale qui doit déterminer ce meurtre paraît être l'incontinence, caractérisée aussi par le Loup, comme on l'a vu à son article, et répétée dans la statue par le corps d'Oiseau palmipède, animal en contact fréquent avec les eaux marécageuses. L'hypocrisie, l'aveuglement spirituel et l'affection désordonnée aux satisfactions temporelles marquées par la chauve-souris, sont aussi, dans l'ordre moral, les fruits ordinaires de la licence et du dérèglement du cœur. Enfin, les ailes impuissantes et orgueilleusement dressées marquent l'absence de prière, la criminelle ostentation, le dénûment de vertus, la bassesse des habitudes, caractères qui se retrouvent sur presque toutes ces statues.

N° 4. Monstre hybride.

Transformation totale. — Fole vergoigne. — Hypocrisie. — Losengerie. — Hérésie.

Sujet Singe (1) et Chien par la tête, Lièvre par deux longues oreilles, Batracien par l'attitude, Fauve et carnassier par les pattes, et Palmipède par les ailes (2). Ses caractères dominants sont la pusillanimité, l'hypocrisie et l'adulation : c'est ce que semble dénoter l'association du Singe, du Chien muet, de la Grenouille, et de ces ailes impuissantes soulevées par l'ostentation. Les pattes de la Bête fauve qui fuit en emportant sa proie sont encore un trait de pinceau qui spécifie l'adulateur, le *losengier* (3) du moyen âge vivant

---

(1) Espèce de cynocéphale.

(2) Le péché de « losengerie » est la « troisième branche chevetain du pechié de la langue, dont les foilles » (feuilles), figure des « males paroles, » sont, selon les commentateurs, ces feuilles du figuier stérile, maudit du Christ à cause d'elles et parce que, parmi ces feuilles, il n'avait pas le moindre fruit.

(3) Modernes par le bout des plumes, ces ailes n'ont point cependant perdu leur caractère antique, la moitié existante et mutilée antérieurement ayant été exactement complétée d'après ce qu'elle offrait d'éléments, et d'après les indications fournies par les ailes analogues, nombreuses parmi ces statues.

« aux dépens de celui qui l'écoute, » et s'éclipsant avec son gain alors que ses fins sont atteintes.

On retrouve aussi dans ce monstre les qualités assignées par les docteurs du moyen âge à l'hérésie, qu'ils classent parmi les générations de l'orgueil ; son hypocrisie dans le Singe, et sa défection dans le Chien muet ; son ardeur pour perdre les âmes dans les pattes de la Bête fauve, sa ténacité de dispute et son esprit contentieux dans l'ensemble de la Grenouille, les goûts vicieux et charnels qui en sont le principe et les suites dans la pose de ce reptile, son ostentation dans ces ailes tout à fait dépourvues de force, mais ce non-obstant déployées, et dressées comme pour l'essor.

No 5. Monstre hybride.

Transformation totale. — Affinité entre trois vices : *Accide*. — *Glotonie*. — *Luxure*.

Statue très caractérisée qui a la physionomie, l'ensemble, et divers caractères du Chien. On retrouve aussi le Pourceau dans quelques détails de la tête ; la barbe et le poil soyeux de la croupe semblent appartenir au Bouc, et ces deux pattes vigoureuses sont dues au genre carnassier. Aile impuissante et pose du genre Gallinacé ; queue fantastique et équi-voque, rappelant le Coq ou l'Autruche, ou la queue écourtée du Bouc.

Rien n'est à nu que cette queue, ces fortes et puissantes pattes, le bout des ailes et la tête. Une ample coulle bien drapée enveloppe tout l'animal, indice premier de cet être, soumis à la métamorphose qui traduit ses déportements.

Entre les deux uniques pattes de ce chrétien dégénéré surgit et se dresse de face un petit être aux membres grêles, Renard par sa tête effilée, Dragon (1) par une queue énorme et notablement sinueuse, glissant tout le long de son ventre et venant pendre par devant entre ses pattes antérieures.

_____

(1) V. ci-après les raisons qui nous portent à spécifier ainsi cette queue.

Cet assemblage d'éléments à analogies de même ordre
paraît réunir les trois vices qui maîtrisent le plus les sens et
quelques unes de leurs suites. Ces trois vices sont la paresse,
la gourmandise et les autres dérèglements sensuels. C'est ce
que semblent témoigner, dans l'analyse étudiée, la gueule
muette du Chien représentant la lâcheté et la désertion du
saint joug, filles de l' « Accide » du moyen âge, et le Porc,
marquant avec l'ingratitude, génération du même vice, la crapule, la sensualité, les plus ignominieux désordres, la haine de
Dieu qui en provient. La barbe et la longue fourrure trahis-
sant les instincts du Bouc conviennent à ces mêmes vices
et caractérisent l'audace et l'ascendant de ces passions. La
queue de Gallinacé, de Bouc ou d'Autruche, dénote les
mêmes rapports (1), et, par sa nature très courte, fait ressortir l'oubli de Dieu, celui des intérêts spirituels et l'odieux
matérialisme. Les ailes collées sur le corps, et visiblement impuissantes par leur structure fantastique et par leurs analogies
rappelant les Gallinacés, marquent une âme appesantie et
sans essor par les vertus ou par l'élan de la prière. Enfin,
les pattes de Bête fauve marquent à la fois la retraite loin
des pasteurs, et l'ardeur qui porte aux œuvres mauvaises.

Le petit réfugié sous cet animal, et que celui-ci semble
très disposé à défendre de gueule et de griffes, peut marquer
la fécondité de ces vices, pères d'innombrables générations;
ou, par son aspect de Renard, les ruses, les fraudes, les rapines, suite des habitudes dissipatrices qu'entraînent toujours
ces désordres.

La queue de cette statuette, quoique destituée d'écailles,
se rapporte fidèlement par sa forme très accusée, par ses in-
flexions caractéristiques ayant un sens très répandu, et par
son monstrueux volume, à la queue de l'animal fantastique
nommé « dragon » au moyen âge. Le sens de la queue du
dragon tenant surtout à sa sinuosité et à sa vigueur et nulle-

(1) V. dans notre *Glossaire zoologique* (2ᵉ partie de ce mémoire) le détai
des allusions de ces animaux.

ment à ses écailles, on a pu, dans cette œuvre d'art si essentiellement mystique, omettre ici cet accessoire. Le Béhémoth
ou Léviathan des Catacombes, monstre essentiellement hybride et toujours identiquement caractérisé (ce qui montre-
rait à soi seul que sa figure est symbolique), a partout une
queue semblable, à l'exception de ses trois dards, qui ont
aussi leur sens spécial, et cette queue est *sans écailles* (1).
Parmi les statues qui nous occupent et qui, travaillées à l'effet
quoique d'un admirable type, ne sont presque que dégrossies
comme pour être vues de loin, on remarque les N°ˢ 3 et 7,
qui présentent des corps d'oiseau; le sculpteur s'est borné
pour eux à rendre la masse du volatile et à la bien accentuer
sans s'embarrasser du plumage : ce corps est absolument
lisse, comme sont les membres humains. Il en est tout à
fait de même pour les membres de mammifères reproduits
dans ces statues; fort peu y sont montrés velus. La Syrène
fait exception; on lui a sculpté ses écailles, soit peut-être par
courtoisie, soit pour que sa queue de dauphin ne pût être
confondue avec des queues d'autres espèces. Nous devons
pourtant dire ici que nous sommes à cet égard en dissidence
assez formelle avec les hommes spéciaux et avec MM. les artistes qui ont bien voulu nous prêter leur concours pour nous
aider à reconnaître les membres de ces animaux. La queue
de dragon *sans écailles* leur a paru peu admissible : ces mes-
sieurs ont pour eux la science avec ses classifications, nous,
l'étude du moyen âge. Nous nous en tenons au dragon d'après
nos nombreuses recherches. On pourrait, à son exclusion,
classer cette queue fantastique, d'après quelques analogies,
parmi celles des *serpents nus* (2), ou encore des *poissons*

---

(1) Bosio, Roma sotterran., p. 343, 373, 377, 383, 391, 463, 473, 523,
543 et *passim*.

(2) Troisième genre « Ophidien. » — Nous n'avons pas fait entrer le serpent
dans notre Glossaire zoologique, ci-dessus, IIᵉ partie; son allusion est trop
connue; tout ce qui rampe sur son ventre a toujours le plus mauvais sens
dans la symbolique chrétienne, et les queues de serpents y sont toujours prises
dans la plus odieuse acception.

mous (1), et même aussi des *annélides* (2), dont l'interprétation mystique est l'affection désordonnée aux satisfactions
dégradantes assimilées à cette fange, où ils aiment à s'en-
foncer. Nous nous en tenons néanmoins au sentiment le plus
probable en écrivant : « queue de dragon. » On a vu dans
notre Glossaire que, par cette queue tortueuse, on représentait les embûches, les détours adroits, la violence, le fatal
ascendant du mal.

Les vices ignominieux réunis dans ces deux statues, la
lâcheté spirituelle, la désertion des voies du bien, la sensualité, la haine de Dieu, la criminelle ingratitude, l'empire des
passions sur l'âme, la crapule et ses résultats ; de plus la
ruse scélérate, ensuite le vol frauduleux, les extorsions et la
rapine, signalent, parmi les péchés capitaux, la paresse,
source des autres ; mais plus encore la gourmandise et les
excès de la luxure, dont ils sont aussi les rameaux. Ces analogies se retrouvent dans les moralistes chrétiens. Là ils empruntent des couleurs de la plus brutale énergie : « Le
septisme chief (tête) de la beste (3) (dit un traité manuscrit *sur les Pechiez*), si est li pechiez de la boiche..., et c'est
le peschours d'enfer qui prent le poisson par la goule o le
clavel... Cist glouton... tout engloutent come fait li goffres
de Satanie... Apres... la lecherie..., vient la gloire... du
recorder. Et après, souhaitement que il eussent coul de
grue (4) et ventre de vache por ce que li morseau li demo-

---

(1) Ces poissons *mous* (expression des écrivains du moyen âge) sont : la
classe des Malacoptérygiens apodes, *anguilles*, *congres*, *serpents de mer*, *mu-
rènes*, *gymnotes*, et la classe des suceurs, principalement les *lamproies*.

(2) La classe des Annélides dépourvues de soies et de tentacules, c'est-à-dire
les *sangsues*.

(3) Cette bête, décrite dans l'Apocalypse (ch. XII, ⅴ 3), y figure mystiquement les « Sept péchés capitaux. » A ce titre, elle est représentée hybride
sur les bas-reliefs et dans les verrières du moyen âge, avec sept têtes d'animaux différents, correspondantes à ces péchés.

(4) Tel était, en effet, le vœu de Philostène, philosophe épicurien : et
l'Iconologie de César Ripa montre comme image consacrée de la gourmandise,
une femme dont la tête est supportée par un monstrueux cou de grue. (*Iconologia del Ripa*, § *Gola*).

rast plus en la goule, et plus peussent devorer... Cist vices desplaist mout a Dieu car il li fait mout grant honte quant il fait son dieu d'un sac plain de fumier. C'est à son ventre que il aime plus que Dieu et le doute et le sert... ci a mauves dieu. Cist vices maine home a honte, car primier il devient tavernier, puis joue aus dez, puis vent le sien, puis devient ribaus et lierres, puis le pent len, cest lescot que il en paie souvent (1). »

Ainsi, dans ce traité encore, voit-on après la «glotonie,» la crapule, puis la licence, puis la rapine, enfin la corde; cette conclusion exceptée, la gradation est identique dans la statue de Saint-Denys, où l'on trouve en rapport intime le pourceau, le bouc, le renard.

L'œuvre que nous venons de citer était écrit pour les laïques, comme on le peut lire en ses pages. Mais le Commentaire de la règle de saint Benoît avait été fait pour les moines, il devait être familier aux religieux de Saint-Denys (2). Voici comment il développe l'article où est traité ce sujet, et qui a pour titre collectif : *Du renoncement aux délices*, « Delicias non amplecti. »

« Par ces délices (interdites), il faut entendre en même temps leur souvenir ou leur pensée, dans lesquels on se complairait ; car le désir, la volonté, sont entendus dans cet article sous cette expression de « délices. » Celui qui (au milieu des jeûnes) pense avec quelque jouissance qu'il assouvira le soir sa voracité, savoure tout le long du jour l'espérance de cette joie, et un tel jeûne est criminel. Ainsi les délices charnelles rendent le moine à jeun avide, et le moine repu pesant

---

(1) L'*Apocalipse*, msc. de la Bibliothèque royale, § *le Septisme chief de la beste*.

(2) La règle de S. Benoît et l'usage de la psalmodie perpétuelle furent établies à Saint-Denys par le roi Dagobert Iᵉʳ, qui fit venir, à cet effet, des moines du célèbre monastère de S. Maurice d'Agaune, en Valais. De là, l'autel de S. Maurice élevé dans la basilique de Saint-Denys, et la dévotion à ce saint pratiquée de temps immémorial dans ce monastère. (*Invent. msc. des chartres*, t. I et II, aux archives du royaume. —Félibien, *Histoire de l'abbaye de Saint-Denys*. — D. Doublet (*Antiquités de Saint-Denys*).

et porté à la somnolence. Les délices spirituelles, au lieu de le rassasier, le font désireux d'elles seules et donnent la paix à son cœur. Une triste satiété succède aux délices charnelles, une louable et sainte soif est le résultat des joies pieuses. Les délices charnelles entraînent toujours à leur suite l'obscurcissement de l'esprit; les délices spirituelles ont de purs torrents de lumière qui illuminent l'œil intérieur. Celles-là causent la torpeur, elles engourdissent les sens et semblent paralyser l'âme; celles-ci excitent le corps et les facultés aux veilles sacrées. Celles-ci versent aux cœurs purs l'amour de Dieu, les joies du ciel, celles-là portent au péché ;... celles-ci cherchent un royaume : celles-là tout ce qui dégrade, couvre de honte et abrutit; celles-ci, les vives splendeurs d'une gloire immuable et chaste, rayonnante parmi les saints au milieu des pompes du ciel : celles-là recherchent l'opprobre et des lieux et des compagnies qu'il n'est point permis de nommer : celles-ci désirent le Christ et ses pompes inénarrables ;... elles rendent le religieux ami de toute pureté, rempli de force et de courage, ferme contre les tentations; elles seules sont dignes d'être souhaitées (1). »

N° 6. Monstre hybride.

Transformation absolue. — *Sorquidance et Rebellions.*

Rien de plus hideux que ce monstre : cornes naissantes de Taureau; tête de ce même animal et tenant aussi du Chameau ; gueule béante; deux pieds seulement, et bisulques ; vigoureuse queue fantastique rappelant, soit la Salamandre, soit quelques uns des Poissons mous (2); corps et ailes de Palmipèdes; pose et gonflement des Batraciens.

Ses caractères dominants, tels que la tête, les pieds, les cornes naissantes du Taureau, conviennent à la fougue des passions en général dans la jeunesse; la *sorquidance*, c'est-

---

(1) Hraban Maur, *Commentar. in Regul. S. Benedict.*

(2) Les anguilles, les serpents de mer, les lamproies, les annélides ou sangsues, etc.

à-dire l'indépendance, l'obstination, l'insolence, la pétulance, l'indocilité et la rébellion, suites de l'orgueil. Les ailes, rappelant celles des palmipèdes, marquent l'absence de prière, celle de tout recours vers Dieu et le dénûment des vertus qui pourraient le rendre propice. La queue, si on l'attribue à la Salamandre, marque les péchés de la langue (1), et par conséquent les injures, les calomnies et tout ce que dicte l'irritation. Si on l'adjuge aux poissons mous qui passent leur vie dans la vase, elle doit figurer ici les vils et dégradants excès auxquels précipite l'orgueil, et qui, selon les moralistes, sont le châtiment de ce vice, caractérisé par la pose et le gonflement des Batraciens.

Le vice appelé *sorquidance*, qui est le même que l'arrogance, résume dans les moralistes plusieurs des branches de l'orgueil, dont ils le font « la tierche branche. » La *rebellions* montrée ici était le « sisiesme geton » de cette forte et riche branche, et comptait encore des aïeux dans une famille collatérale, celle du « pechie de la langue » dont elle était en même temps la « disiesme » maîtresse-branche. Attaquée deux fois et de front par la règle de saint Benoît (2), elle est signalée et honnie dans tous les traités sur les vices. « Male chose est de murmurer (dit l'un d'eux au xiii⁰ siècle); mes trop vaut pis rebellions. Rebellions est uns pechiez qui vient de cuer qui est rebelles et durs et rebours.... C'est vices a quatre branches; cer tiex cuers sont rebelles et rebours a conseil croire; aux comendemens a Dieu faire; a chastiement souffrir; a doctrine recevoir. »

---

(1) L'incombustible Salamandre, à laquelle le moyen âge attribuait la propriété d'éteindre le feu, et par là, figure du juste triomphant de la tentation, avait d'autre part ses légendes. D'après les traditions d'alors, elle envenimait de son dard la masse des fruits d'un pommier, ou en tombant au fond des puits elle en empoisonnait les eaux : rien de venimeux et de délétère comme le devenaient les choses qu'elle détériorait ainsi. C'est à ce dernier point de vue que la salamandre symbolisait les péchés « de la langue, » et quelquefois en général la perversité de tout genre et l'auteur même de tout mal. (Vinc. bellovac., *Specul. moral.*, l. III, D. 3, p. 1, etc.).

(2) Hraban Maur., *Commentar. in Regul. S. Benedict.*, cap. IV, § *Non murmurosum.* — Ibid., cap. N, *De obedientia.*

Il est parmi les animaux d'autres correspondants à la *Sorquidance;* le Taureau a été choisi pour la symboliser ici, sans
doute comme résumant, dans la langue tropologique, le
principe et la fin honteuse de ce résultat de l'orgueil. Le
taureau traduit au complet le paragraphe de la règle de saint
Benoît qui désigne la jactance et la luxure comme les suites
inévitables de l'enflure du cœur, principe de la « rebellion ».
Avec ce vice détestable, le Taureau, nous l'avons marqué,
personnifiait la licence qui marche si près de l'orgueil.(1).

Quelques caractères du chameau répandus dans cette statue, semblent rappeler que de l'arrogance naissent les aver-
sions, les haines et les implacables ressentiments.

Nᵒ 7. L'homme-canard.

Transformation presque complète. — *Grant lécherie.*

L'absence de physionomie, d'énergie et d'animation
très sensible dans cette tête : la différence de la pierre qui n'a
ni la qualité ni la nuance de celle qui a fourni le corps, le
style enfin qui nous a paru d'un autre cachet, nous portent
à attribuer cette importante partie de la statue à un temps et
à un ciseau très rapprochés de notre époque.

Le corps sur lequel est entée cette tête non symbolique
est à la fois batracien et palmipède par la pose, et palmipède
seulement par la structure et par les ailes. A voir son
allure embourbée et ses pieds tournés en dedans, c'est un
canard à marche lourde, sans doute aplati dans sa mare et en
plein contact par son ventre avec la fange qui est au fond.
Ce corps pesant, ces courtes ailes semblent caractériser l'ab-

(1) Nonnunquam gemino vitio Christianus a diabolo appetitur, et occulto
per elationem et publico. Sed dum vitat quis libidinem, cadit in elationem.
Item dum incautè declinat elationem, cadit in libidinem. Sicque ex occulto
elationis vitio itur in apertum libidinis, et de aperto libidinis itur in occulto
elationis. Sed Dei servus discrete utrumque pensans cavet libidinem ut non
incurrat in elationem; sic vitat elationem, ut non resolvat animum in libidinem. (*Ibid. in ibid.*, c. IV.)

jection des esprits qui ne savent ni s'élever en s'éclairant, ni s'ennoblir par les vertus ; ils ont toujours des ailes courtes, ailes presque toujours dressées ainsi, que sur cette statue, par l'hypocrisie et l'ostentation.

Les jambes et les pieds humains restés à cet être abruti et par lesquels, s'il les redresse, il peut se relever lui-même et rentrer dans le droit chemin, auraient-ils quelque allusion vague à ce cri de l'enfant prodigue : « *Surgam, et ibo ad patrem*. Je me lèverai, et j'irai à mon père... » lorsque dépouillé, dégradé, tombé dans l'avilissement et plus malheureux que les brutes, il songea à se relever et à conquérir son pardon (1) ?

Ne pourrait-on conjecturer, en voyant la statue voisine (le n° 8 d'à côté) figurer aussi un canard à bras humains et tête humaine, que la lente transformation commencée dans cette figure est dans celle-ci en progrès ?

N° 8. Le hanteur de l'escole au Deable.

Transformation partielle. — *L'Ebrietas* (2).

Sec, amaigri par le désordre, portant sur sa physionomie cette stupidité méchante et cette expression querelleuse propre aux buveurs de profession, ce sujet, qui a les traits de l'homme, en a deux autres attributs : c'est, sur sa tête à cheveux rares, la casquette à bords retroussés qui apparaît déjà quelquefois avant le xive siècle ; et, de plus, une main humaine entée au bout d'un bras sans nom, et serrant contre sa poitrine son inséparable trésor. Ce trésor, c'est un pot à

(1) Et cupiebat implere ventrem suum de siliquis quas porci manducabant ; et nemo illi dabat. In se autem reversus, dixit : Quanti mercenarii in domo patris mei abundant panibus, ego autem hic fame pereo ! Surgam et ibo ad patrem meum, et dicam ei : Pater, peccavi in cœlum et coram te. Jam non sum dignus vocari filius tuus : fac me sicut unum de mercenariis tuis... (Luc. XV.)

(2) Mot passé dans l'idiome anglo-normand du xiiie siècle. Nous l'avons cité dans un fragment du Bestiaire de Philip de Thaun.

boire, à anse, de forme très longue et tari par son possesseur; du moins y a-t-il lieu de le croire, à voir ce regard hé-
bété, ces yeux qui doivent être ternes, cette bouche ouverte
à l'injure et aux propos les plus grossiers. N'oublions pas,
sous cette tête, ce cou tendu par la colère, comme pour
porter la menace plus près du visage quelconque apostrophé
par ce courroux.

On n'est point étonné de voir un croupion d'oiseau palmipède et deux ailes faibles et courtes compléter ce symbole
ignoble, mais assurément expressif, du vice qui est la seconde
génération de la gourmandise.

Quant aux ailes de palmipède, naissantes et très haut
dressées que porte ce dos de canard (1), elles ne peuvent sur
ce monstre désigner la simulation. Ce corps d'oiseau de ma-
récage étant la figure des vices enfantés par l'ivrognerie, ces
ailes courtes et sans force sont le dénûment des vertus et
l'abrutissement de l'âme; mais leur érection animée est l'expression matérielle d'un paroxysme de colère. Ce sujet, par
son attitude, rappelle la pose agressive d'un oiseau d'étang
au combat; c'est un des hanteurs de taverne signalés dans le
Speculum, chapitre *De ebrietate :* « Les tavernes, dit son auteur, sont des repaires de dragons ; c'est là qu'arrivent après
boire les batailles, les rixes et les mêlées; là qu'on se mord,
qu'on se lacère par querelles et voies de fait, ainsi qu'on le
voit faire aux chiens (2). »

Cette leçon sur la *taverne* est donnée dans un même style
par cette figure avinée, par ce texte du *Speculum*, par tous
les traités de péchés composés à la même époque (3). Il y a

---

(1) L'aile droite, celle que notre gravure reproduit, est moderne en grande
partie : mais ce qui en est resté d'ancien à sa naissance sur l'épaule indiquait
très nettement le caractère et la direction de cette partie disparue : c'est
d'après cette indication que le sculpteur restaurateur a rétabli l'aile man-
quante, et c'est sur elle également que nous pensons pouvoir asseoir notre
essai d'interprétation.

(2) Vincent. bellov., *Spec. mor.*, l. III. — *De Gula et filiabus ejus.*

(3) Ces traités ne font que traduire et que commenter l'Écriture : « Cui
væ? cujus patri væ? cui rixæ? cui foveæ? cui sine causà vulnera? cui suffusio

unité de couleur, et, en parcourant du regard la description
de la taverne dans le manuscrit des péchés intitulé : « Lapocalipse, » on croit voir la demeure propre et attitrée de ce
buveur, tant ils semblent faits l'un pour l'autre :

« La taverne est lescole au deable ou ses deciples estudient
» et sa propre chapelle ou len fait son service et là ou il fait ses
» miracles ciex comme il afiert (appartient) au deable. Au
» moustier sout (*solet*, a coutume) Dieu faire ses vertus et
» monstres (prodiges) : les aveugles enluminer, les contraiz
» redrecier, rendre le sens aus forcenez, la parole aus muz,
» l'oïe aus sours. Mes le deable fait tout le contraire en la
» taerne, car quant li gloutons vait en la tauerne, il i vait
» touz droiz ; quant il revient il na pie qui le puisse soustenir
» ne porter. Quant il i vait il voit et oit et parole bien et en-
» tendiblement. Quant il revient il a tout ce perdu, come cil
» qui na sens, ne reson ne mesure. Ciex sont les miracles
» que le deable fait. Et queles leczons list-il ? toute ordure.
» Ou len aprent gloutonie, lecherie, iurer, pariurer, mentir,
» mesdire, renoier Dieu, mesconter, barater, et trop d'au-
» tres menieres de pechiez. La sourdent les tenczons, les
» meslees, homicides. Leans aprent len a ambler (escroquer);
» et a dire proprement, la tauerne est une fosse a larrons
» et forterece au deable por guerroier Dieu et ses sains. »

Ne croit-on pas, dans ce tableau, lire comme un signalement du « buveur » de notre tourelle ; et quoi de mieux approprié et plus seyant à ce visage que « faire œuvre de gloutonie, iurer, mentir, renoier Dieu ? » Mais ce conseil de
tempérance placé là pour tous les fidèles a eu peut-être en
même temps pour le bénédictin lui-même une mission plus
spéciale en mettant en action sa règle, où un chapitre intitulé « *Des instruments des bonnes œuvres*, » lui rappelait
parmi les vices auxquels il avait renoncé toute accoutumance
du vin (1). « La sobriété dans le boire, dit la Glose de cette

oculorum? Nonne his qui commorantur in vino, et student calicibus epotandis?»
(*Proverb.* XXIII, 29, 30).

(1) « Primum instrumentum... Deum diligere, deindè proximum, non

règle, est la santé de l'âme et du corps. L'excitation qui suit l'ivresse est la perte des imprudents. L'ivresse trouble la raison, produit la fureur, le désordre, et bouleverse tant la tête, que l'on ne sait plus où l'on est. Aussi ne peut-on plus juger, une fois qu'on est enivré (1), des excès auxquels on se porte. »

TOURELLE NORD-EST.

N° 9. Monstre hybride.

Transformation complète. — Avarice.

La tête de cet animal tient de plusieurs genres de mammifères, du Chien, du Porc, du Hérisson, mais principalement du Loup; l'oreille est du même animal; la patte de digitigrade, se termine par une serre d'Oiseau de proie tenant et pressant une pomme. Les ailes sont de Palmipèdes, un peu dressées, et modernes par leur extrémité seulement. Corps fantastique, rappelant le genre batracien par sa bouffissure et sa pose.

Nous indiquerons seulement les caractères accessoires. Ceux du *Hérisson*, figure du pécheur et de ses actes en général, conviennent à toutes les figures de vices. Le *Chien*, par sa faim dévorante, s'harmonise parfaitement avec l'allégorie du *Loup*, qui semble être montré ici au point de vue de l'avarice, que nulle prise, nulle capture n'arrivent à rassasier (2); c'est ce qu'indique clairement cette *serre d'Oiseau de proie* marquant la cupidité, la rapine, la ténacité, l'extor-

---

esse superbum, non vinolentum. » (*Regula sancti Benedicti*, cap. IV. « Quæ sint instrumenta bonorum operum.) »

(1) Hraban Maur. « *Commentarium in Regulam S. Benedicti*, cap. IV. »

(2) Tel il est encore montré au XVIIe siècle lui-même. Dans l'*Iconologia de Ripa*, cet animal sert d'attribut à l'image de l'avarice : « Il lupo, (dit-il) è animale avido, e vorace : il quale non solamente fa preda dell' altrui, ma ancora con aguati e furtivamente e se non è scoperto da' pastori o da' cani, non cessa, fino a tanto che tutto il gregge rimanga morto, dubitando sempre di non avere preda abbastanza. Così l'avaro, ora con fraude e inganno, ora con aperta rapina toglie l'altrui, nè però può accumular tanto, che la voglia si sazia. (*Iconologia del Ripa, Avarizia*). »

sion. Si l'attribut qu'elle a saisi est, au lieu du métal funeste qui est la cause de tant de crimes, une simple et vulgaire pomme, c'est qu'il représente sans doute quelqu'un de ces fruits calcinés des rivages de la mer Morte que l'on disait remplis de cendre bien qu'ils fussent en apparence appétissants et savoureux. Ces fruits marquaient les œuvres mortes, les soucis cuisants et stériles de l'avare, qui amasse pour ne point jouir et à qui ses trésors échappent sans qu'il reste rien pour le ciel (1). Ces pommes, dites *de Sodome*, partageaient cette allégorie avec certaines noix de l'Inde, fruit trompeur et imaginaire que l'on disait rempli de serpents venimeux.

L'avarice n'est pas nommée dans la Règle de saint Benoît, seule entre les péchés mortels à ne pas y avoir sa place, tant il a semblé odieux de la supposer dans un moine. Le goût de la propriété en est la seule provenance qu'on y trouve stigmatisée ; il l'est très laconiquement, et l'article qui en fait mention dans le commentaire de Cassien semble être plutôt l'injonction d'un détachement sans limites, que la flétrissure de l'avarice : « Que nul n'ait l'audace, dit-il, de nommer quelque chose « sien, » car c'est un grand crime pour un religieux que d'oser dire *ma* tunique, *mon* livre, *mes* tablettes, *mon* style (ou burin : *graphium*). Que si ces expressions échappent par surprise ou par ignorance, qu'aussitôt prosterné en terre, le coupable demande grâce, et qu'il satisfasse dignement pour cette infraction. »

Tel est, dans les règles claustrales ce qu'on lit sur l'avarice : mais quant aux « clergies » des laïques, on y voit pulluler à l'aise une multitude effroyable de branches « rainseaux, raincelés, getons et feuilles menuettes qui de ceste racine nessent. » « De la racine davarice issent mout de raincelés

---

(1) « Juxta mare Mortuum, poma livida, apparentiâ exteriori ; sed cùm matura creduntur et aperiuntur, scintillis plena inveniuntur. » Selon Vincent de Beauvais, ces fruits sont l'emblème des joies trompeuses, et des biens qu'amasse l'avare ; « curæ avarorum, Sodomorum poma, » dit-il ; et ailleurs en parlant des mêmes sollicitudes : Sunt, (dit-il), ut poma Sodomorum, plena favillà. » *(Spec. moral.*, l. I, D. II, p. 7. — Et *Ibid* D. X, p. 3).

qui sont mout grant pechiez mortex... ; et chescuns de ces
raincelés se divise en mout de menieres... A ceste clergie, a
dame avarice mout descoliers et de clers, et de lais espiciau-
ment... qui tuit si estudient... » Et on lit dans ce manuscrit
jusqu'à soixante-neuf espèces de ce vice ignominieux, qui
d'ailleurs, dans les saintes lettres, étend sa domination à
l'amour des biens de la terre.

C'est là sans doute, ou à peu près, la moralité de cette
statue. La queue de dragon de ce monstre, perceptible seulement du côté opposé à celui d'où le dessin a été levé,
marque, ainsi que nous l'avons dit, l'empire, la violence, la
tortuosité prêtés dans tous les moralistes à tous les péchés
capitaux.

N° 10. Monstre hybride.

Transformation complète. — *Ypocrisie* (1).

Ailes collées contre le corps, et rappelant par leur structure celles des Oiseaux palmipèdes. Tête fine et rusée du
Singe. Oreilles dressées du Renard. Deux pattes seulement,
rappelant les Digitigrades. Corps fantastique, se transformant
à son extrémité en crotale à articulations gonflées et
écailleuses passant sous le ventre de l'animal à la manière
d'une queue et venant pendre par devant.

Combinaison de caractères convenant à l'hypocrisie, à la
ruse et à la simulation. *Ailes* tout à fait impuissantes marquant l'absence de vertus; *pattes* dénotant la retraite furtive
et précipitée; *queue* adaptée au moyen âge à toute sorte de
serpents : au tentateur d'Adam et d'Eve dans les catacombes
romaines (2), et dans les mêmes catacombes, au Léviathan
(le Béhémoth), représentation du démon (3); au basilic
(serpent ailé), dans l'Iconologie de Ripa, c'est-à-dire au

(1) Orthographe du xiiie siècle.
(2) Bosio, *Roma sotterranea*, p. 273.
(3) Bosio, *Roma sotterranea*, p. 225.

commencement du xviiᵉ siècle. Quant aux théories raisonnées
de la zoologie classique, elles montrent dans cette queue celle
du serpent à sonnettes, le plus cruel, le plus féroce, le plus
redouté des serpents. Celui-ci est d'une grosseur, d'une longueur démesurée, et quel serpent, en vérité, plus monstrueux
que l'hypocrite? Nous l'avons dit dans le Glossaire en caractérisant l'Autruche : il n'est point de vice que les moralistes
aient plus flétri. « Il est (dit un traité des vices) une ypocrisie
orde, une *sote*, une *soutive*. Cil sont ypocrite *ort* qui font les
ordures en leurs repotailles et le prodome davant la gient...
Cil sont ypocrite *sot* qui asses se gardent netement quant au
cors et font mout de penitances et de bones euvres principaument por le los du monde por ce que len les tienge a
prodomes. Cil sont bien sot. Car de bon metal font fause
monaie. Cil sont ypocrite *soutif* qui soutivement veulent en
haut monter, et embler les dignetés et les bailliées. Cist font
quanque prodons doit faire si que nus ne les peut reprendre
ne conoistre inques (*unquàm*, jamais), adonc que (jusqu'à
ce que) ils sont parcreut et en haut montes en dignetés. Et a
donc monstrent il les maus en tapissement enracinés en leur
cuers. Cest à savoir orgueil, avarice, malice et autres fruits
mauves... (1). »

C'est cet ypocrite *soutif*, superbe, méchant et avare, que
semble figurer ce monstre.

Nº 11. L'homme-lion.

Transformation partielle. — *Curiositez de léchorie.*

L'abrutissement sensuel consommé au numéro 5 est ici à
son origine; on y voit la transformation commencée, mais
très incomplète. La tête, la partie supérieure du corps et tous
les membres antérieurs appartiennent encore à l'homme; la
croupe, les deux fortes pattes caractérisent le Lion; la queue,

(1) Msc. de la Bibliothèque royale.

monstrueusement large, revenant passer sous le ventre et
pendre aux yeux du spectateur, tient à la fois des Poissons
plats, du Dragon et de la Sangsue; les ailes sont de Palmipède. Quelle verve et que d'expression dans l'agencement de
ces monstres ! L'ignoble est évité partout, et pourtant l'idée
dominante et plusieurs d'entre les détails sont plus expressifs
que l'ignoble. Couché, vautré, faudrait-il dire, sur un épais
monceau de fruits qu'il semble couver et défendre, celui-ci
savoure l'un d'eux avec une expression visible de délectation
et de joie. C'est encore la « lécherie, quinte branche de
glotonie, » qu'exprime cet homme-lion, et lui-même est un
« lécheour (1); » hâtons-nous de saisir ses traits pendant
qu'il garde ceux de l'homme, car ses yeux sont déjà noyés
dans une vague et molle ivresse; bientôt cet étui postérieur
taillé aux formes de la brute va s'étendre encore et monter,
tout envelopper, tout couvrir ce qui reste là d'humain, et
marquer au sceau de la bête ce front stupide et somnolent;
ces lèvres à demi ouvertes et remarquablement avides, et
cette face, illuminée d'un sourire si bienheureux.

Ne soyons point surpris, du reste, de voir des *pattes de
lion* à ce faiseur de bonne chère; passé à l'état de passion, ce
goût a toute la violence, toute l'ardeur impétueuse que personnifie le lion. C'est du moins ce qui se pensait et s'écrivait
au moyen âge, où le péché de « lécherie, » quand il prenait ce
caractère, passait pour la troisième branche du vice appelé
« de la boiche. » « La tierche branche de cest vice est trop
ardaument courre à la viande, comme fait li chiens a la cha-
roigne. Et come plus grant est lardour plus est grant li pechiez... Nest ce pas pechiez de mengier, mes que ce ne soit
trop ardaument et trop desordreneement. Toutes viandes
sont bones aus bons, a ceus qui par reson les prennent... a
la sausse de la paour nostre Seigneur, car l'en doit tousjours
avoir paour que l'en mesprenge por outrage (excès). Et doit

---

(1) On entend par les *Lécheours*, ceux « qui ne quierent que le délit de
leur goule. » (Msc. de la Bibliothèque royale). c'est-à-dire les sensuels.

len Dieu louer et rendre grâces de ses dons. Et par la douceur de la viande qui saouler ne peut, doit len penser la douceur de Dieu et a celle viande qui saoule le cuer. Por ce,
list len aus mesons de religion au mengier. Por ce, quant le
cors prent sa viande d'une part, que li cuers prenge la soue
dautre part (1). »

Nº 12. La Syrène.

Transformation partielle. — Tentation par *délit* (2) *des yeus*.

Charmante petite statue d'un ensemble très gracieux et
remarquablement facile, quoique l'attitude en soit contournée
et que le sujet ne puisse être aperçu que par derrière. La
pose de cette Syrène étant tout à fait renversée et la montrant
la tête en bas, la queue de dauphin, emblème des passions
des sens (3), d'abord dirigée vers le ciel, se recourbe à son
bout extrême dans la direction opposée. De sa main droite et
délicate, la jeune fille a rassemblé et tient au-dessus de sa
tête les boucles de sa chevelure qui retombent sur son épaule.
Son autre bras est étendu et semble ramasser contre elle une
espèce de draperie faisant office de filet, et d'où un poisson,
dont on n'aperçoit que la tête, semble chercher à s'échapper (4).

Des flots forment un fond ondé à cette suave figure, et
les poissons qui les habitent semblent représenter les
hommes (5); aussi n'est-ce point un filet, mais le léger voile
flottant ou l'écharpe de la Syrène, qui a su capturer celui-ci.
On sait et on a lu plus haut les traditions sur les syrènes.

---

(1) *Lapocalipse* (msc. de la Bibliothèque royale).

(2) Non pas dans le sens de *delictum*, mais dans celui de *delectatio*.

(3) On voit perpendiculairement fichés dans les flots, au-dessous du bras
droit de cette statue, trois objets à peu près cunéiformes et qui pourraient
bien être autant de poissons, attirés par cette Syrène et se dressant sur les
flots pour la contempler. Il nous a été impossible de nous en assurer : la difficulté invincible qui provient de l'éloignement et celle qu'y ajoutent les ombres
portées ont rendu tous nos examens nuls en résultat.

(4) V. notre article *Poisson*, IIᵉ partie de ce Mémoire.

(5) Dans notre IIᵉ partie, à l'article de la *Syrène*.

Selon toutes les apparences, l'obligation où fut l'artiste de conserver à ce motif l'unité qu'on voit dans les autres ne le laissa pas maître d'y adjoindre une nef et des nautonniers ; mais y placer un accessoire de très petite dimension n'offrait pas le même inconvénient ; un poisson y a donc pris place ; et ce poisson cherchant le *sud* tandis que l'enchanteresse regarde au *nord* (1), a eu peut-être l'avantage d'ajouter à cette leçon un souvenir de vigilance et de fuite des séductions non moins recommandé aux justes et aux vétérans dans l'arène qu'aux moins affermis dans la foi.

Contournée ainsi qu'elle l'est comme pour chercher un miroir dont il ne reste aucun indice, la tête de cette Syrène, qu'on n'aperçoit que par derrière, laisse distinguer un ovale correct et entrevoir les traits du profil (2). On suppose un charmant visage à cette habitante des mers, mais il faut s'en tenir à la conjecture ; dirigé contre la muraille et un peu tourné vers le nord, ce visage est là invisible, ainsi l'a voulu l'art chrétien. Ces traits, dérobés à la vue, rappelaient explicitement que les passions insidieuses qui arrivent aux sens par les yeux ne doivent point être affrontés. C'est cette espèce de danger qu'indique l'Ecclésiastique par ces mots passés en proverbe, « Quiconque aime le péril périra (3). »

La Syrène de Saint-Denys traduit et rend à sa manière ce précepte de précaution qui prend mille formes diverses dans les contes et les fabliaux du xiiie siècle, mais qui reste

---

(1) Nous avons déjà eu lieu de rappeler, dans le § concernant la statue n° 1, que le *Sud* était symbolique à la grâce, et le *Nord* à toutes les inspirations de l'esprit du mal.

(2) La grande nageoire dorsale, l'une des extrémités de la fourche formée par le bout de la queue, et le bas du visage seulement à partir d'au-dessous du nez appartiennent à une restauration exécutée dans le cours du siècle actuel.

(3) *Eccli.* III, 27. — On voit les livres *de Clergie* enchérir sur cette sentence par une foule de proverbes encore en vogue aujourd'hui : « Tant va la buie a leve qele se ront le col ; et tant vole le papeillon en viron la chandelle que il sart. Aussi peut l'en (on) tant querre ces achesons (occasions) de pechie, que l'en chiet (tombe). » (*Msc. de la Bibliothèque royale : ce sont les dignetez de l'arbre de chaslec.*)

grave et sévère sous la plume des moralistes, dont pas un ne l'a oublié. « La femme, dit le *Speculum* (1), doit être évitée comme une bête formidable... On la doit fuir en toute hâte comme un implacable ennemi.... Ceux qui surmontent ce péril sont ceux qui l'évitent en lièvres, et non pas ceux qui le recherchent et qui le défient en lions ; » et ailleurs : « Poursuis le lion, poursuis le dragon et le scorpion, mais fuis les traces de la femme (2). » Le moyen âge tout entier a répété le même thème sur cette influence terrible et fatale des filles d'Eve et sur ses déplorables suites ; il les montre plus effrayantes que les monstres les plus horribles consacrés dans ses traditions, que l'Ydrus, que la Manicore, que la Wivre qui « aime char d'home » et que la féroce Harpie, qu'il investissait d'un si grand pouvoir de perversité. Du XIIe au XVe siècle se reproduit le même avis, se redit le même anathème, toujours en style de leçon, s'adressant tantôt aux Syrènes, tantôt à ceux qu'elles séduisent et qui s'en laissent capturer. « Ces dames, dit *Lapocalipse*, et ces damoiseles parées et apareillées qui souvent se parent et sapareillent plus cointement pour faire muser les musarz a eles..., ne cuident pas gravement pechier pour ce quels nont talent de leuvre faite ; mes certes els i pechent mout grefvement quar par acheison (occasions) teles, perissent mout domes et sont mout de gent mis a mort et a pechie., car si come dit le proverbe, dame de bel atour est arbaleste a tour. »

Le même adage se retrouve jusque dans l'empire des bêtes sur les feuillets des Bestiaires, parmi l'histoire variée des pierres et des animaux ; on lit dans le *Biestiaires* de la Bibliothèque royale, que

« Cil ki a Dieu se voellent rendre
Et ki mainent la bone vie,

---

(1) Vinc. bellov., *Speculum. mor.*, l. III ; *Dist.* V, part. 9.
(2) Leonem et draconem et scorpionem sequaris, mulierem non. (Vinc. bellov., *Spec. mor.*, l. III, *Dist.* III, pars. 1.)

Fuir doivent la compagnie
Des fames ententivement;

. . . .

Car celle flame et celle ardor
Ki vient de la carnel amor
Art (1) tous les boins ki en aus sont
Ke Diex ki est sires dou mont
A en aus par sa grase mis,
Car en poi deure sont malmis
Li bien u cele flame court. »

Il poursuit par ce commentaire :

« Por verités savoir devons
Que tousjors li angle felon
Agaitent por faire pechier
Le caste home et le droit urier
Et la caste fame ensement.
Eve des le comencement
Peça par inobedience :
De cel pechie remest (2) semence
Ki tousjors croist et molteplie,
Diables ne soublie mie.
Por la flame de cel pechies
Ont maint home été engignies.
Joses fu temptes et Samson
Lun fu vencus et lautre non... etc. »

Les abbés savaient cette histoire ; avant la naissance de la
syrène de Saint-Denys, l'abbé Rhaban Maur appréhendait
pour ses disciples cette destinée de « Samson ; » non content
d'avoir interdit aux femmes l'approche de son monastère pour
le présent et pour l'avenir, il leur défendait à perpétuité la
porte septentrionale de la cité même de Fulde donnant sur
la route du cloître (3), et jusqu'à la fin de sa vie il fit res-
pecter cette loi.

(1) *Art*, du lat. *ardet* : brûle, consume.
(2) Lat. *manet* : ital. *rimane* : demeure, reste, survit.
(3) *Hraban Maur. Vita*, per Joann. Trithemium edita, l. II, *in fine*.

Nᵒ 13. L'Hippocentaure.

Transformation partielle. — Caducité licencieuse.

Tête de vieillard à barbe courte, marquée d'une odieuse expression (1) et enveloppée du capuce. Au côté gauche du poitrail, une seule jambe antérieure de solipède portée en avant au galop, mais terminée par un sabot infléchissant et replié.

Deux jambes postérieures, tenant à la fois de l'homme et du singe remarquablement décharnées et plus longues qu'il n'est de droit, rappelant par cette longueur et par leur immonde attitude les pattes de la sauterelle. Podagre, à en juger par la chaussure; ce sont des bottines trop larges, prodigieusement ouvertes au-dessus du cou-de-pied, sans apparence de laçure et sans présence de lacet; leur fente longitudinale est arrêtée sur le cou-de-pied par une lanière de cuir transversale qu'on voit bouclée sur la cheville. Au-dessous de cette lanière, descend une sorte de bandage moelleux, d'un tissu léger quoique ferme, enveloppant complétement la partie du pied antérieure et laissant passer les cinq doigts. Ceux-ci, complétement à nu et en contact avec le sol : chaussure semblant indiquer, outre le plus complet désordre, un état infirme des pieds (2).

La vieillesse licencieuse se montre dans cette statue sous

(1) A en juger par une suture qui a été examinée avec soin, la tête doit avoir été détachée et celle qu'on voit aujourd'hui semble devoir être cette même tête, probablement remise en place par les soins de l'un des restaurateurs de ce monument. C'est du moins ce que donne à croire la qualité de la pierre qui est la même que celle de la statue, et ce qui semble ressortir du style et du travail de cette tête, l'un et l'autre très remarquables et parfaitement en rapport avec l'expression du sujet. Si l'on prouve qu'elle fut l'œuvre d'une restauration moderne, elle devrait faire grand honneur au ciseau qui l'aurait sculptée. Quoi qu'il en soit, nos explications sont basées principalement sur les autres détails que nous avons développés. La concordance de la tête avec ces divers caractères et ce qu'elle y peut ajouter n'en est qu'une simple confirmation par l'expression physionomique.

(2) Voir, pour le sens mystique des pieds dénudés et en contact immédiat avec le sol, l'article relatif à la statue de l'*Onocentaure* (le nᵒ 18).

l'aspect le plus dégradé, mais aussi le plus énergique. On y voit que l'arbre caduc cède et tombe, avec les années, du côté où il a penché (1).

Cette invitation à la continence, si brutalement expressive dans ce hideux hippocentaure, n'a pas non plus été omise dans la Règle de saint Benoît; mais elle y est moins explicite, et elle y paraît sous d'autres couleurs. Le but de la statue hybride semble avoir été de saisir énergiquement par son cachet d'ignominie ceux sur qui la voix de la règle et les attraits de la vertu n'auraient point eu assez d'empire; celui du glossateur célèbre de la Règle de saint Benoît a été de gagner le cœur par le tableau des saintes joies attachées à la continence; il l'a fait en de pieuses lignes embaumées de mansuétude et pleines d'un charme attirant, qui semblent comme un noble exorde de l'invitation complétée dans un autre style par l'auteur de cette statue. Celle-ci ne montre l'horreur et l'ignominie du désordre qu'après que la Glose bénigne a eu exalté ses contraires, et montré dans la chasteté, en commentant ces mots du texte : « *Instrumentum bonorum operum... non adultérari* (2), » l'état le plus pur, le plus digne, la vertu la plus radieuse et la plus souhaitable pour l'homme, qu'elle élève et qu'elle ennoblit. « Le moine, lit-on dans la Glose, appréciera sur toute chose la beauté de la chasteté; c'est elle qui est représentée par la ceinture de pur or (au livre de l'Apocalypse), et sa douceur inexprimable l'emporte sur tous les plaisirs : c'est un fruit de suavité, l'un des ravissants sacrifices que les saints immolent à Dieu, la sauve-garde de l'esprit, et même la santé du corps; par elle l'homme atteint au ciel et vit parmi les chœurs des anges. »

---

(1) *Eccli.* XI, 3. — Adolescens juxta viam suam ; etiam cùm senuerit, non recedet ab eâ. (*Proverb.* XXII, 6). « Si ceciderit lignum ad austrum, aut ad aquilonem , (c'est-à-dire s'il finit sa vie dans la sensualité, ou dans les péchés d'un autre ordre), in quocumque loco ceciderit, ibi erit. » *Eccle.* XI, 3.

(2) Hraban Maur, *Commentar. in Reg. S. Bened.*, c. IV. § *Non adulterari.* — Et v. *Ibid.*, ibid., *Infrà.* § *Castitatem amari.*

Nᵒ 14. Le Singe du Diable.

Transformation complète. — *La Dérision.*

Ce Singe à figure effrontée a laissé tomber en arrière le
capuchon qui l'affublait ; il a relevé aussi l'autre extrémité
de sa coulle avec une *disinvoltura* qui étonne peu dans un
magot, et s'en est fait comme un collier qui laisse et montre
à nu ses jambes, sa croupe et son corps presque entier. C'est
dans ce costume léger qu'il est affourché sur l'amorce où l'a
consigné son facteur. Incliné sur l'arête aiguë avec un air
d'insouciance, il porte en avant sa main gauche pour s'en
faire un point d'appui, levant l'autre vers son museau, moderne aussi bien que la pomme logée dans son hiatus. L'antique main de l'animal prend bien le chemin de sa gueule :
mais était-ce pour cette pomme qui aurait existé autrefois,
ou bien seulement pour montrer sa bouche, ses incisives et
sa langue, ce foyer et ces instruments du vice appelé « Dérision ? »

Le *Singe*, qui ressemble à l'homme par l'ensemble de sa
structure, mais qui en diffère tant d'ailleurs, et de plus ma-
licieux, fourbe, odieusement dépravé, figure avec la dérision l'hypocrisie astucieuse, la licence et l'irritation. Aussi
a-t-il dans l'art chrétien, en surplus de ces caractères, le rôle
de l'ange pervers, auquel l'assimilent les Bestiaires, en l'ap-
pelant « *malvés* et *ort* (1). » On prêterait volontiers à celui-
ci toutes ces intentions ensemble, tant son allure a le cynisme et la résolution moqueuse attitrés à l'esprit du mal.
Néanmoins le soin de l'artiste à ramener la draperie sur le
cou et sur les épaules pour dénuder tout l'animal et sa croupe
ignominieuse où ressort l'absence de queue (2) nous ramènent

(1) *Ort* ou *ord* (de *ordure*), impur.

(2) L'absence totale de queue, caractère très important dans la zoologie
mystique, distingue le singe proprement dit, c'est-à-dire le Jocko, le Pithèque,
le Magot, le grand et le petit Gibbon. C'est dans ces espèces surtout que sont
choisis, pour la plupart, les singes figurant le démon dans les bestiaires et
ceux qui jouent le même rôle dans les bas-reliefs légendaires et les représentations du jugement dernier sur les portails des basiliques.

en dernier lieu à notre présomption première. Selon toutes les apparences, c'est ici le *Singe du Diable :* ce représentant de l'Envie, montré par Vincent de Beauvais, escortant l'Esprit de ténèbres pour l'égayer incessamment par sa causticité maudite : ce représentant de la Dérision, qui trône aux fenêtres du riche ou sur l'étal du bateleur, parodiant par ses grimaces les allures de tout venant, et dont la croupe à queue absente lui attire sans qu'il y songe un bien autre assaut de lazzis.

C'est de cette *absence de queue,* figure de la perdition résultant du mépris de Dieu et de l'oubli des fins suprêmes, que les docteurs du moyen âge menaçaient les licencieux, les emportés, les hypocrites et le lâche essaim des envieux compris sous l'emblème du Singe : le *Biestiaire* manuscrit montre le démon privé de sa queue, et tombant au fond de l'enfer en punition de son envie, de sa présomption et de son orgueil :

Cies a, mes keue na il mie ;

. . . .

Ot cief, car au comencement
Fu il angles, mes par envie
Perdi la keue, co est voir
Si caï en infier le noir
Dont il james ne resordra,
Mes sans fin en dolor morra (1).

Ce péché de *Dérision* n'est pas traité à la légère dans les pages des livres saints : il y est signalé comme l'un des vices les plus odieux, menacé de la damnation (2), flétri de cou-

_____

(1) *Cies* ou *chief* (de *chef*), tête. — *Ot*, il eut. — *Si caï* (de *cadil,* par *cadere*), il tomba. — *Ne resordra* (de *resurgere*, resourdre), ne ressortira, ne ressuscitera. — *Morra*, demeurera.

(2) Qui erudit derisorem, ipse injuriam sibi facit; et qui arguit impium, sibi maculam generat. Noli arguere derisorem, ne odiet te : argue sapientem, et diliget te... — Ejice derisorem, et exibit cum eo jurgium, cessabuntque causæ et contumeliæ... — Parata sunt derisoribus judicia : et mallei percutientes stultorum corporibus. (*Proverb.* IX, 5 et 8. — XXII, 10. — XIX, 29.) Et si reprobi (ajoute le Commentaire), jussionis et comminationis divi-

leurs énergiques. C'est plus tard , dans le moyen âge, le
« quint geton de lescot nommé *Sorquidance* (présomption), »
troisième branche de l'Orgueil , et qui tient aussi de l'Envie.
« Apres, dit un *Traité des Vices*, en parlant de la Dérision,
sont les bourdes et les truifles plaines d'ordure et de menc-
zonges que ils apelent paroles oisouses. Mes certes non sont.
Ains sont puans et envenimeuses. Apres , resont les gas et
les escharnissemens que il dient sur preudomes et sur tous
ceulx qui bien veulent faire. Ten set Dieu autant de gre
come feroit li rois si tu li avoies son filz tue ou son trésor
emble (1). »

Nº 15. Statue en partie fantastique.

Transformation complète. — Hyène exhumant une proie. —
Tierce foille de detraccion.

Cet animal , fantastique en grande partie , a des ailes de
Palmipède, ailes restaurées et modernes par l'extrémité seulement. Son ossature, sa mâchoire et plusieurs caractères
physionomiques accusent en elle « la tres plus cruelle beste
que len apelle Hyene , qui desterre les corps des gens mors
et les menjue. » On ne voit point entre ses pattes la moitié
de cadavre humain qu'elle tient dans les Bestiaires , et qu'on
y lit qu'elle préfère aux plus exquises venaisons ; en place ,
elle presse et triture un amas de membres informes à l'état
de dislocation et respectivement disproportionnés , ce qui
peut vouloir indiquer la décomposition où peuvent être divers membres , les autres demeurant intacts. Cette proie,
exhumée sans doute et évidemment inanimée , a-t-elle été
substituée au squelette ou au corps humain pour atténuer
l'ignoble effet d'un pareil spectacle , ou est-elle le résultat
d'un calcul de l'artiste, obligé de demeurer dans l'unité dont
nous avons eu à parler dans l'article de la Syrène ?

---

næ judicium derident, parata tamen eos expectant Judicia damnationis , quæ
ut mallei ferrum candens, ita eos in fornace gehennæ sine fine verberent.
(Hraban. Maur., *in Proverb.* XIX , 29.)

(1) Msc. de la Bibliothèque royale , xiiiᵉ siècle.

Nous avons montré la *Hyène* violant et fouillant les tombeaux, se repaissant de leurs cadavres, et symbolisant par cet acte le vice nommé « Détraction. » Nous croyons pouvoir supposer ce rôle à cette quinzième statue : son absence ferait lacune dans cette riche collection. Les ailes de Palmipède, dressées et sans facultés pour l'essor, conviennent merveilleusement à ses autres détails mystiques : l'hypocrisie est la voisine, l'accompagnement de la détraction, qui va rarement sans ce masque, et qui parodie, grâce à lui, le zèle loyal, la franchise, le culte de la vérité, quelquefois même l'affection et une estime spécieuse pour l'objet que flétrit sa langue, et sur qui s'épand sans mesure l'âcre venin de ses discours.

Les moralistes, qui se fixent toujours des bornes quand ils traitent de l'homicide, du vol, même du sacrilége, ne savent jamais s'en prescrire quand il s'agit d'hypocrisie, d'envie ou de ses provenances, la dérision, la détraction. Cette dernière est définie : « Une diminution du bien qu'on devrait louer dans les autres, ou une scélérate adresse à convertir le bien en mal (1). »

Ce lâche péché a cinq *fuilles* (2) :

« La primiere est quant il trove la menczongé et le mal pour autrui alever blasme.

» La segonde est quant le mal que il oit dautrui il raconte avant et i adjoste du sien.

» La tierce est quant il estaint et met à néant tous les biens que li ons fait, et le fait tenir pour mauvés. Cil menjue lome tout entier. »

(Nous verrons, au n° 27, la quarte fuille de ce vice).

« La quinte foille est quant il pervertist et torne tout en la peour (3) partie que il voit et oit. »

---

(1) Detrahere dicitur qui bonum mutat in malum... (Hrab. Maur., *Comment. in Regul. S. Benedict.*, cap. IV.)

(2) Les feuilles sont appelées dans ce msc., tantôt *fuilles*, tantôt *foilles*.

(3) Msc. de la Bibliothèque royale.

Ces péchés ne sont pas omis dans la Règle de saint Benoît : ils ont leur place dans sa Glose, et la détraction y est mise, du moins selon l'ordre moral, plus bas encore que l'adultère (1). »

N° 16. Ane abattu dans un bourbier.

Transformation complète. — Triomphe des sens sur l'esprit.

Ane de grandeur naturelle et d'un embonpoint respectable, complet dans sa conformation, agenouillé par ses deux jambes antérieures et se roidissant par les autres. Sur le bloc où pose cet âne, des ondulations sculptées dans la pierre, et atteignant jusqu'à son ventre, accusent un amas de fange où il se vautre avec délices.

L'indocilité obstinée, la stupidité vaniteuse et la résistance invincible ordinaire aux sots orgueilleux, sont souvent figurées par l'âne dans les œuvres d'art « de Clergie; » mais il y a ici davantage : les moralistes et les pères montrent, et non pas sans justesse, les sens l'emportant sur l'esprit, dans l'âne rétif et rebelle, gras, rebondi, bouffi de ventre, qui s'abat par choix dans la fange et au plus bourbeux du chemin, y précipitant, avant tout, le digne et débonnaire maître dont il est l'ingrat serviteur (2). Celui-ci est bien dans ce rôle et s'y fait voir résolument : c'est bien celui qui se rend maître du maître qu'il devrait servir, et c'est ce que montrent sa chute, son embonpoint, son air mutin, et la force de résistance que ses deux jambes postérieures puisent dans son mauvais vouloir.

---

(1) Majus peccatum est, si fieri potest, detrahere quàm fornicari. Qui namque fornicatur, se tantùm occidit. Qui verò detrahit, et se et consentientem sibi in mortis foveam mergit. (*Commentar. in Regul. S. Benedict.*, cap. IV).

(2) Vincent de Beauvais, dans son *Speculum*, revient plusieurs fois sur cette figure.

TOURELLE SUD-EST.

Nº 17. Chien ailé encapuchonné.

Transformation complète. — *Ire* et *Alumeison* par Envie.

Tête de Chien coiffée d'un béguin à oreilles rappelant le capuchon de l'époque. Hiatus furieux de la gueule marquant tout ce que la colère peut avoir de plus excessif. Barbe de bouc. Pattes postérieures bisulques. Pattes antérieures de quadrumane. Ailes fantastiques dressées (1), tenant de la Chauve-Souris (2) et des élytres impuissants des Coléoptères (3).

Corps et pose de ruminant. Expression totale du plus grand style et d'une effroyable beauté.

Ce Dogue gronde, hurle, aboie ; roulant au fond de leur orbite, ses prunelles lancent l'éclair ; tout, dans sa pose menaçante, rend la plus féroce agression.

La tête de ce chien est furieuse : les pieds, qui, à titre d'agents de locomotion, figurent le principe des actes, sont de deux animaux hardis, jaloux, enclins aux passions viles ; leur combinaison collective semble dénoter les dépits, les fureurs, la rage effrénée que l'envie fomente et produit. Les ailes de coléoptère, si incapables de l'essor, s'accordent aussi à ce vice, si grave, si plein de malice, et accompagné d'ordinaire d'un si grand endurcissement, qu'il est rare que l'envieux revienne à résipiscence et puisse obtenir le pardon (4).

---

(1) Ces ailes, lisses et veinées, sont restaurées seulement à leur bord extérieur : le corps en est incontestablement antique.

(2) V. dans notre IIᵉ partie les articles *Ailes* et *Chauve-Souris*.

(3) Hannetons, scarabées, escarbots, qui n'ont qu'un vol lourd et peu fréquent.

(4) « Cist pechiez est si perilleus que apaine en peut len venir a droite penitance car il est contraire au saint Esperit. » Car il peche de sa propre malice. Et doit len ce sainement entendre. Car il nest nul pechié si grant que Dieu ne pardoint en cest secle sil se repent de bon cuer. Mes apeine avient que len se repente de tel pechié… Cist sont contre la bonte du saint Esperit. Et sont si grant que apaines en vient len a droite repentence. Et porce sont apaines pardonne. (*Msc. de la Bibliothèque royale.*)

Le dessèchement de ce monstre, effroyablement décharné, est l'effet de l'*Alumeison*, la première branche de l'*Ire* : c'est elle qui « semporte lome... et le fait choirs en une fièvre, en tel tristece que il en prent la mort... Cest un feus qui gaste tos les biens de la meson (1). »

Le portrait de l'*Alumeison* porte partout ces caractères : « Le visage des envieux est épouvantable et féroce ; leur front est hideux de pâleur ; leurs lèvres sont souvent tremblantes, l'émotion fait grincer leurs dents, leur parole est pleine de rage et d'injures ; leurs mains seraient promptes au meurtre, et si elles sont désarmées, la violence de la passion leur prête une autre sorte d'armes. Les envieux nourrissent les uns contre les autres des haines cachées et profondes : ils sont rongés à l'intérieur au sujet de ceux qui les entourent (2) ; ils voient avec désolation l'augmentation de leurs mérites ; ils favorisent les mauvais, jouissent des traverses des bons, s'affligent de leurs prospérités, brûlent de haines gratuites, tremblent surtout qu'on ne pénètre les honteux secrets de leur cœur (3). »

On lit dans l'expression de tête et dans les détails de ce monstre ce feu caché, ces joies sinistres, ces tortures dissimulées, ces fureurs de l'*Alumeison* (4).

---

(1) *Msc. de la Bibliothèque royale.*

(2) Partout même définition : « Li cuers denvieus est si envenimes et si bestornes que il ne peut veoir autrui bien que il ne lui en poise (pèse) dedans le cuer, et juge mauvesement. Et ce que il voit et ce que il oit prent tosjors en mauves sens... Apres quant li envious voit ou oit autrui mal quel quil soit ou mal de corps... ou mal de fortune... ou mal espirituel come quant il oit que aucuns que len tenoit a preudome est blasmes daucun vice, de tex choses sesjoist il en son cuer. Apres quant il voit ou oit le bien dautrui soit biens naturel ou biens de fortune ou biens de grace... lors li vient une doleur et une tristece au cuer que il ne peut estre aese ne fere belle chiere ne bel semblant. (*Msc. de la Bibliothèque royale.*)

(3) Hraban. Maur., *De Peccati satisfactione.*

(4) Le rapprochement de la colère à un feu qui s'allume se trouve partout : « Sicut carbones ad prunas et ligna ad ignem ; sic homo iracundus suscitat rixas. (*Proverb.* XXVI, 21). Et *passim* dans les livres saints.

N° 18. L'Onocentaure.

Transformation partielle. — Déchéance par les passions.

Jeune homme qui a toutes les allures d'un petit-maître :
barbe courte et un peu frisée, soignée avec affectation ; chevelure frisée aussi, finissant un peu au-dessus de la naissance
des épaules ; chapeau rappelant le *pétase* (1) et approchant
de la casquette appelée plus tard *à la Buridan* (2). » Membres postérieurs du genre humain, mais avec les jambes antérieures de l'âne ; les autres, grêles, amaigries, imitant par
leur attitude la pose de la sauterelle ; ailes naissantes et dressées d'oiseau palmipède.

Sans expression, la tête droite et les yeux fixés sur l'espace avec un air d'indifférence, il paraît tenir peu de compte
du babil vif et animé de la dame qui l'avoisine ; mais l'on
peut prédire à coup sûr, d'après le livre des *Proverbes*, que
cette froideur apparente aura cédé dans peu d'instants. Le
chapitre VII de ce livre donne la fin de l'épisode, et avertit
bien à l'avance (3), mais en vain, ce jeune insensé des maux
où il se précipite ; ils ressortent, dans sa statue, des deux
jambes de solipède qui reposent sous son poitrail, et de l'attitude de sauterelle affectée par les postérieures ; les sens
l'emportant sur l'esprit se trahissent dans les premières, et
la fougue des passions viles est sensible dans les deux autres.
La chaussure des pieds humains, montrés sans souliers ni
bottines, est analogue à cet esprit, et dit assez au spectateur combien le texte fut prophète (4) : « Ne vous laissez pas

---

(1) On voit plusieurs fois le *pétase* sur les fresques des catacombes. (Bosio,
Roma sotterranea, p. 257. — Bottari, *Roma sotterranea*, t. III, p. 1, 110
et 218.)

(2) Bibliothèque royale : Miniatures d'un msc. de Nicolas Flamel, intitulé :
les Merveilles du monde. — Et miniatures d'un autre msc. commencé en 1291
et terminé en 1294.

(3) Chapitre VI.

(4) Non concupiscat pulchritudinem ejus (mulieris malæ), nec capiaris
nutibus illius... Mulier autem viri pretiosam animam capit. Numquid potest

surprendre, dit-il, à ses regards affectés (ceux de la femme
sans honneur). La femme corrompue captive l'âme de l'homme,
ce trésor inappréciable.... Un homme peut-il... marcher sur
des charbons (ardents) sans se brûler la plante des pieds? »
En effet, dans cette statue, la plante des pieds est brûlée,
ce que semble indiquer du moins l'état où est montrée la
chaussure. Ce sont des chausses à mi-jambe (1) ou plutôt un
reste de chausses, débris presque nauséabond de cette partie
du costume qui emboîtait la jambe et le pied, fragment,
chacun peut s'en convaincre, veuf de son antique semelle et
réduit à l'état de guêtres tout effilées et sans attaches. La
chausse de la jambe gauche, ainsi mutilée laidement, est en
surplus interrompue avant la naissance des doigts, et la peau
du pied elle-même remplace la semelle absente. La chausse
de la jambe droite bâille par un trou identique ouvert sous
la plante du pied, mais traversé par un lambeau assez semblable à un *sous-pied*, attestation non équivoque de la nature
primitive de cette chaussure sans nom ; le talon en deçà de
lui, le reste du pied en delà, sont vus à l'état de nature,
sauf l'orteil et le doigt voisin. Ainsi, non loin de cette tête
frisée avec quelque recherche, se décèle hideusement la misère la plus abjecte qui suive la dégradation, cachet honteux
et explicite dont chacun saisit la morale, et qui, mystiquement traduit d'après le texte des *Proverbes*, montrait en
surplus aux lettrés, comme source de ces désordres, l'affec-

---

homo abscondere ignem in sinu suo, ut vestimenta illius non ardeant? Aut
ambulare super prunas, ut non comburantur plantæ ejus? (*Proverb*. VI,
25, 26, 27, 28).
(1) La jambe droite du sujet, la seule qui soit apparente sur notre gravure, est fruste à l'excès : il n'y reste plus de vestige du point de séparation
entre la tige supérieure de la chausse, et la jambe, entièrement nue. Le rebord
en saillie qui a dû l'indiquer autrefois a totalement disparu, mais subsiste
encore à la jambe gauche ; c'est un bourrelet bien marqué, indiquant le haut
de la tige d'une espèce de demi-bas commençant à se rouler quelque peu par
le sommet de sa bordure. On le voit très distinctement, à l'aide de la lunette
d'approche, du préau des bâtiments claustraux (au moment où nous écrivons, *la maison royale de S. Denys*), et c'est de là que nous l'avons observé
nous-même.

tion coupable et brutale à tout ce qui flatte les sens. C'est ce que marquait dans cet âge, sur les statues emblématiques, le contact immédiat de la plante des pieds, signe des affections de l'homme (1), avec la poussière et la fange, marque des goûts bas et abjects et des habitudes du vice (2). Seulement, sur notre statue, cette nudité est montrée à deux points

---

(1) V. dans notre II⁰ partie, article *Pieds*.

(2) La semelle interposée entre le sol figurant les soins temporels, et les pieds emblème des affections qui inspirent les actes, représentait le détachement et l'abnégation. Les sandales, indispensables à la sécurité des pieds dans les voyages de long cours, rappelaient la promptitude à obéir à la voix de Dieu et l'abnégation de la volonté propre selon ce précepte « Estote parati, » et l'autre commandement du Sauveur ne permettant à ses apôtres que les sandales : « Et præcepit eis ne quid tollerent in viâ, nisi virgam tantùm, non peram, non panem, neque in zonà æs, *sed calceatos sandaliis* (Marc. VI). » De plus, destituées de l'empeigne formée de peaux d'animaux morts et destinée à préserver les pieds des chocs, des intempéries des saisons, etc., elles signifiaient le renoncement aux œuvres appelées *mortes* et à toute vaine recherche des satisfactions temporelles. Aussi, la chaussure des saints dans les œuvres d'art hiératiques, quand elle n'est pas déterminée par le caractère historique, est-elle les simples sandales empêchant le contact avec le bourbier, mais sans empeigne, c'est-à-dire sans amour des choses purement terrestres. « Non peram, non calceamenta; utrumque de corio mortui animalis conficitur. Nihil autem in nobis Dominus Jesus mortale vult esse. » (S. Ambros., in cap. X, Luc., lib. VII). S. Augustin dit en parlant des « souliers couverts : » Coria mortuorum sunt, nobis *tegmina* (*couverture* et non pas *semelle*) pedum. Per hoc jubemur renuntiare mortuis operibus. Hoc in figurâ Moyses admonebatur, quando Dominus loquens ait : « Solve calceamenta de pedibus tuis; locus enim in quo stas terra sancta est. » Quid terra sancta, quàm Dei Ecclesia? In illâ... calceamenta solvamus, id est, mortuis operibus renuntiemus. (S. Augustin. *Serm. XLII de Sanctis.*, II *de Apostolis.*). « Dans ce passage, *Terra sancta*, c'est-à-dire un sol sans bourbier et sans poussière des vices; Dieu ordonne d'y quitter ou d'y découvrir les souliers « couverts : » et dût-on même y cheminer sans la semelle symbolique, on n'y serait point en contact avec le *bourbier* des passions. Il en est tout contrairement pour la représentation de l'Onocentaure : placé dans la région du mal il a le cou-de-pied couvert, ce qui est la mollesse excessive et la recherche outre mesure des dédommagements sensuels : et la plante de ses pieds est nue, en signe d'adhérence extrême aux habitudes du péché.

Ce que nous avons cité de S. Augustin se trouve dans nombre de Pères, notamment dans Bède et dans S. Anselme. « Marcus, (lit-on dans le premier), dicendo calceari Apostolos sandaliis, vel soleis, aliquid hoc calceamentum mysticæ significationis habere admonet; ut pes *neque tectus sit, neque nudus ad terram;* id est, ne occultetur Evangelium (les pieds, figure de la prédication

de vue différents, selon le degré de lumières de ceux qu'elle avait à instruire; pour les *clercs*, elle avait sa cause (selon le livre des « Proverbes ») dans cette combustion des chausses, marquant les affections du cœur égarées hors du droit chemin en se prostituant au vice, et se dénaturant ensuite dans ce foyer de corruption comme un membre livré aux flammes. Pour ceux moins versés dans la Bible, la dénudation de ces pieds semblait seulement provenir de la déchirure honteuse et humiliante des chausses et de leur décomposition par la vétusté, témoignage assez explicite de la déchéance en tout genre qu'entraîne l'oubli des devoirs.

On voit pour dernier attribut à l'*Onocentaure* des ailes d'oiseau palmipède. Ces courtes ailes déployées, caractère d'ostentation, indiquent que ce petit-maître sait composer sa vie publique, et que, s'il manque de courage pour se prescrire la sagesse, il en sait garder les dehors.

Nº 19. La coquette à la carapace, femme-jument, chèvre et sangsue.

Transformation partielle. — Scène du livre des *Proverbes.*

C'est la tentatrice sans cœur, l'éternelle ennemie de l'homme, l'écueil incessant de sa voie où vient se heurter sa sagesse, où vient s'endormir sa prudence et s'évanouir sa raison; c'est cette assaillante invincible qui surpasse en férocité l'instinct cruel des bêtes fauves, cette accorte et rusée

évangélique, objet des actions des apôtres, et dans les laïques, des affections déterminantes), nec terrenis commodis innitatur (Bed. in Marc. VI).

Nous devons remarquer pourtant qu'il y a dans la statuaire monumentale une nudité absolue accordée aux pieds des apôtres : c'est ainsi que nos basiliques nous les montrent sur leurs portails, pieds nus, comme indigents et pauvres. Ils y ont d'autres fois des sandales en signe de pureté et d'abnégation, mais bien rarement ou même jamais des souliers tout à fait couverts : c'eût été leur prêter des vices. Quant à l'Onocentaure de Saint-Denys, ce n'est point, tant s'en faut, un apôtre. Sa chaussure dessemelée et couvrant la partie supérieure des pieds est suffisamment expliquée par les principes que nous venons d'exposer, et qu'on a dû modifier par d'autres allusions mystiques quand il s'est agi des apôtres.

jouteuse qui a brisé même les plus forts, et qui méritait bien sa place dans cette riche galerie des représentantes du mal. Accroupie comme ses voisines et le dos opposé au ciel, celle-ci ne s'inquiète guère de ce qui vole dans l'espace ni du monstre qui est à sa gauche ; mais elle contourne son corps laborieusement sans doute, du moins avec beaucoup de grâce, vers l'hypocrite Onocentaure, et de ce rire étudié, entraînant, communicatif, qui est si familier aux coquettes, elle découvre deux rangées de dents d'une admirable symétrie.

C'est la séduction sous les armes, à en juger moins sur ses traits, car cette tête est très noircie, moussue et extrêmement fruste, que sur ce visage, plus animé, plus expressif qu'il n'est dans l'ordre, et sur le patient artifice qui a roulé autour de la tête et ramené sous le menton cette moelleuse draperie rattachée tout près de l'oreille par un nœud ample et bien fourni. Il y a beaucoup d'art dans ce nœud formé par le voile lui-même, et dans le pan qu'on en voit pendre le long de la joue et du cou (1). On trouve pour bras et pour jambes à ce buste si bien paré, à droite une patte de Chèvre, et à gauche une de Jument, qui font peu honneur à la dame (2). Enfin, son dos, tourné à l'est, porte un étui ou caparace denté à son extrémité (3).

---

(1) On voit des coiffures analogues à celle-ci sur un vitrail de l'abbaye de Notre-Dame-du-Port (Normandie), attribué au xive siècle : sur une figure de femme ornant un bâton de cuivre doré avec incrustations en émail, appartenant au xiiie siècle : sur une miniature d'un msc. de Térence appartenant à la même époque : sur une autre miniature d'un roman msc. composé en 1380 par Gaston Phébus, etc.

(2) Allusion aux passions les plus dégradantes. V., dans dans notre 2e partie les articles « Cheval » et « Chèvre ».

(3) Cette écaille, vraie carapace emboîtant presque tout le corps, est parfaitement visible des fenêtres d'un corps de logis des bâtiments claustraux aligné au côté de l'est, fenêtres regardant vers l'ouest. Nous l'avons observée souvent à l'aide d'une lunette d'approche. C'est dans cette enveloppe même qu'est implantée l'aile gauche. De ce côté aussi on voit pleinement le développement du nœud, riche et moelleuse draperie remplie de plis multipliés et fouillée avec beaucoup d'art.

Notre gravure a reproduit autant qu'il a été possible l'animation vraiment frappante du visage de ce sujet, incroyablement conservé, exposé qu'il est à l'air libre depuis un laps d'au moins cinq siècles et décomposé par le temps; elle rend avec expression, et une expression remarquable, le tableau plein de poésie et riche de coloration du livre sacré des Proverbes, œuvre qui a inspiré l'artiste et qui lui a fourni encore des attributs et des détails. C'est bien la femme dangereuse et versée dans l'art de séduire qui entre en scène au chapitre VII, ornée avec afféterie, habile à enlacer les âmes et à leur dresser des embûches; la courtisane consommée dont la physionomie caresse et dont l'effronterie saisit, dont les pieds voltigent toujours, dont la langue se meut sans trêve; qui épie, attend, saisit sa proie au passage, à la course, au vol, et qui l'entortille et l'enchaîne, moins peut-être encore par ses grâces que par l'abondance, l'adresse, l'entraînement de ses discours (1). Il faut, pour saisir cet ensemble, lire ou parcourir jusqu'au bout la parabole textuelle, dotée de toute la richesse du style orné de l'Orient; on la retrouve tout entière dans la pose, le port de tête, l'agaçante et vive expression du visage de cette femme, quoique sans pieds, presque sans corps, et dans sa carapace même, qui, toute épaisse et toute unie, simule, en dessinant sa forme, un manteau riche et élégant. Cette femme, ainsi emboîtée, rappelle que les animaux à coquille et à carapace désignaient l'âme appesantie et plongée dans la nuit des sens, l'aveuglement spirituel, la vie ouvertement impie. Le génie même des anciens envisageait dans la tortue cachée au fond de son écaille et ne pouvant vivre sans elle, le devoir de stabilité et la séquestration profonde commandés alors à la femme. La tortue sortant de son enveloppe ou laissant ses pieds ou sa tête s'étendre hors

---

(1) Mulier... ornatu meretricio, præparata ad capiendas animas, garrula et vaga, quietis impatiens, nec valens in domo consistere pedibus suis, nunc foris, nunc in plateis, nunc juxta angulos insidians. Apprehensumque deosculatur juvenem, et procaci vultu blanditur, dicens, etc. (*Proverb.* c. VII, ℣ 10 et sequent.

de cette prison, marquait la clôture violée, le seuil du gynécée
franchi, l'honneur en danger de se perdre s'il n'était pas
déjà perdu. Cette allégorie, continuée par les docteurs chrétiens du moyen âge, subsistait encore dans les premières
années du xvɪᵉ siècle : « Quelques uns aussy (dit De Vulson
de la Colombière en parlant de la tortue) luy ont fait représenter la garde de virginité, parce qu'étant tardive et
n'abandonnant jamais sa maison, cela signifie que celle qui
est curieuse de la conserver doit peu souvent paroître en
public; » d'où est venu ce beau mot de Boëce : « Casta pu-
dicitia servat domum (1). »

A l'extrémité de la carapace qui enveloppe cette coquette,
se dérobe à sa compression une courte queue de sangsue, se
contractant sous elle-même comme pour échapper aux yeux.
La présence de la sangsue est un caractère très prononcé
exprimant les passions ardentes et les habitudes ruineuses des
femmes dépourvues d'honneur. C'est encore au livre des
« Proverbes » qu'est empruntée cette allusion; on y voit la
gourmandise et la luxure nommées filles de la sangsue qui
est la convoitise des sens, et répétant : « Encore! encore! »
sans jamais se rassasier. Tous les commentateurs bibliques
confirment cette application, et le texte sacré lui-même y
revient et la développe tout au moins quant à la luxure, per-
sonnifiée dans la femme sortie des sentiers du devoir : « Trois
choses, dit-il, lui resssemblent par l'insatiabilité : la terre
qui boit toujours l'eau, le feu qui se nourrit de tout, et l'enfer qui a soif de victimes. »

Deux ailes impuissantes de palmipède complètent les attributs de cette statue, l'une des plus caractérisées de cette riche
réunion. L'une de ces ailes, la gauche, se déploie, mais
comme blessée, disloquée ou même cassée, et traîne et balaie
l'arête qui est le support de la statue; l'autre se dresse
pour l'essor. Dans la dernière, hypocrisie, dehors gardés,

---

(1) De Vulson de La Colombière, *La science héroïque*, ch. 29. — V. aussi
Pier. hiéroglyph., lib. 28.

ostentation; dans l'autre, impuissance totale d'étaler cette vaine montre; c'est l'honneur perdu, diffamé, c'est, sur la pente du scandale, le point où il n'est plus possible de pallier la déchéance, de cacher la dégradation.

Nous ne nous arrêterons point à signaler les différences existantes entre le danger signalé ici et celui que personnifie la Syrène; elles sont très accentuées, il est aisé de les saisir.

N° 20. Monstre hybride.

Transformation complète. — *Estrif*. (Querelles et rivalités.)

Animal hybride, bipède.

Corps et tête de Chien barbet, avec quelques caractères de Hyène.

Gueule, pattes, et attitude agressive de Chien en fureur.

Cornes en volute du Bélier.

Dos enrichi de soies de Bouc, séparées sur les articulations épinières par une raie longitudinale, et très bien fouillées quoique frustes.

Queue traînante et légèrement ondée caractérisant la sangsue.

Expression de l'irritation à son paroxysme.

Les animosités quelconques résumées sous le nom d'*Estrif* dominent dans cette statue : rivalités nées de l'orgueil, et nommées *Estrif* et *Contenz* : litiges nés de l'avarice, dits *Malignetez* et *Chalonges* : jalousies nées de la luxure, appelées *Noiczes* ou *Tenczons*, toutes rentrant dans les discordes, filles des trois concupiscences dont le rôle est au moyen âge si commun et si important (1). Cet *Estrif*, monstrueux péché

---

(1) *Estrif.* Quant li deables voit concorde entre giens mout li desplais. Et por eus faire descorder il fait volentiers son poair a eus faire estriver. Et quant il comencent a estriver et li deable comence le feu d'ire et de mautalent embraser...

Contenz. La quarte branche d'ourgueil est fole bacrie que len apele en clergie ambicion... De ce sordent les pechies *a senestre* come mesdire... da-

comprenant toutes ces discordes de quelque genre qu'elles soient, ressort de la physionomie et des caractères les plus saillants de ce monstre; de la fureur qui ouvre sa gueule, dilate sa prunelle ardente et respire dans l'attitude de tout son ensemble antérieur; du caractère du Barbet prompt et ardent à la querelle, et de ses cornes de Bélier indice expressif du combat. A ces indications sensibles se joignent d'autres relations marquant les trois concupiscences, origine de cet *Estrif.*

1° L'orgueil, figuré par le Bouc, superbe, rétif, indocile, insociable avec ses pareils, doué d'instincts ascensionnels, et auquel l'âge hiératique, l'investissant du triste rôle de symboliser le péché, appliquait ce mot de la Bible : « *Superbia eorum... ascendit semper* (1). »

2° L'avarice, montrée dans la Hyène, qui ne fouille point ici les tombeaux, mais dont la gueule insatiable, ouverte et aspirant la proie, quête quelque immonde pâture.

3° Les passions basses représentées par la Sangsue, qui semble, dans cette statue, pétrir et balayer la fange dans laquelle elle se complaît; association odieuse et dignement représentée par l'ensemble de ce sujet, l'une, entre toutes ces statues, des plus saillantes pour la vie, la violence et l'emportement.

Point d'ailes; point de charité; aucune prière; aucunes vertus.

---

sirer la mort... traison... conspirations, contenz... Contenz, est quant len desmentent lun lautre ou dient grosses paroles...

Malignetez, quant li hons est si malingeus et si deables que il ne redoute pas ung grant pechie a faire mortel ou orrible ou grant domage a autrui por un petit de conquest ou de profit a sey...

Chalonges. C'est courre surs autrui a tort. A cestui pechie apartienent tuit li barat, toutes les trecheries et les faussetez qui avienent en plait.

Apres lestrif et le barat vient la *noicze* et le *tenczon.* Saint Augustin dit que rien ne semble tant aus faiz au deable come tencier. Ceste branche se devise en sept rainselez... ledengier, maudire, reprover... menacier, discorde susciter, etc. (*Msc. de la Bibliothèque royale.*)

(1) *Psalm.*, LXXIII, 23.

Nº 21. Monstre hybride.

Transformation complète. — *Truie allaitant cinq porcelets.* Fécondité des passions viles.

Cet animal d'allure immonde a par son corps et par sa tête des caractères de la Truie, et quelques affinités avec le Loup.

La Truie, comme nous l'avons dit, répond au dernier des « sept vices. » L'hiatus tout particulier, qui donne ici à son groin la capacité d'un abîme, et les caractères de loup répandus dans cette statue, semblent appeler l'attention sur la voracité brutale qui est si propre à ces animaux. Cette truie doit représenter ce que, selon les moralistes (1), la luxure a d'insatiable, d'impétueux et d'effréné.

A son allusion bien connue aux passions les plus réprouvées, la truie joignait au moyen âge celle de la fécondité : mais quelle fécondité peut appartenir au désordre, si ce n'est une longue suite d'actes flétrissants et pervers ? C'est aussi l'allusion honteuse prêtée constamment à la truie, figurant dans les œuvres d'art parmi les légions des péchés. L'accessoire des cinq petits (2), dont elle est ici escortée, semble n'avoir eu d'autre but que de rappeler ce cumul de deux acceptions dégradantes. Mais pourquoi ce nombre de *cinq* pour rappeler à la pensée l'idée de la fécondité, puisque les portées de la truie sont communément plus nombreuses, et que la truie, dont les portées se borneraient à cinq petits, serait condamnée au saloir pour le fait d'infécondité ? C'est que la truie figurant seule et par elle-même la fécondité absolue, il suffisait de le rappeler ici par une simple indication

---

(1) Vincent. bellov. *Spec. moral. De luxuriâ et filiabus ejus.* — *Albin. Flacci Alcuini*, liber X. *De divinis officiis.*—Hugon. à S. Victor. *In Spec. De myst. Eccles.*

(2) Notre gravure en montre quatre. Le cinquième, placé comme les autres, mais sous le flanc droit de la truie, ne peut être vu que du sud de la basilique (cours et bâtiments claustraux), côté opposé à celui d'où a été pris le profil de cette statue.

de progéniture, sans y montrer son personnage *magnâ co-*
mitante catervâ; et il y a dans ce nombre *cinq* une intention des plus mystiques. Le nombre *cinq*, au moyen âge,
rappelait toujours, soit exclusivement, soit au moins im-
plicitement, les *cinq sens* (1). Ce sont donc ici *les cinq sens*,
pervertis dans l'homme sans mœurs par les passions libidineuses issues de cette louve-truie, et devenus brutaux
comme elle par l'avidité, l'impétuosité, la perversité, la
bassesse des habitudes.

Point d'ailes, point d'aspirations au ciel ou aux choses
célestes; rien de pur, de grand, d'élevé, là où fermentent
de tels vices.

Nᵒ 22. Monstre hybride.

Transformation complète. — *Murmure.*

Tête de Chien ou de certains Singes. Pattes, griffes, corps
et pose de quadrumane. Ailes dressées de palmipède.

Les deux vices par lesquels le chien se trouve en rapport
avec le singe sont *la licence* et *la colère :* le premier est
comme épuisé ici par les statues environnantes; le second y
est moins fréquent, quoique montré sur quelques unes; mais
une de ses provenances, un très grand péché, le *murmure*,
devait y être signalé. Il est dans les traités de vices, ainsi que
sur cette tourelle, mis à la suite du *tencier* que nous avons
vu tout à l'heure (2). C'était la « patenôtre au singe (3), »
et il comptait également parmi les allusions du chien. Si
celui-ci ouvre la gueule avec un si large hiatus au lieu d'accomplir son office en murmurant ou « grondillant, » c'est

---

(1) S. Clement. Alexandrin. *in Stromat.* — S. Gregor. Magn. — Hesy-
chius Hiersoloymit. — S. Ambros. — S. Brunon. Asten. *Sup. Exod.* cap. XXVI.
— Ibid. *in Exod.* cap. XXV. — Ibid. *Serm. De Confessoribus,* VI. — S. Anselm. Cantuar. — Hraban. Maur. *in Hiezechiel, proph.* l. XV, *in capite.* —
Durand. *Rational divinor. offic.* I, 7. N, 35. — Ibid. IV, 2. N. 1. — Philip.
de Thaun , *The Bestiary.* — *Li Biestiaires* (Msc. de la Bibliothèque royale).

(2) Statue nᵒ 20.

(3) V. ci-après, *in notis.*

comme statue doctrinale, et peut-être aussi parce que l'esprit pervers, dont tout mal est l'inspiration, cherche à dévorer ou à perdre l'homme, « *quærens leo quem devoret* (1). » Saint Benoît montre le « murmure, » même caché au fond du cœur, comme l'un des plus grands péchés que puisse commettre le moine ; sa règle s'étend sur ce point et menace ceux qui murmurent des châtiments des réprouvés, s'ils n'expient promptement leur faute (2). Le murmure est traité de même dans les écrits des moralistes. (3).

---

(1) Rhaban Maur, dans son Commentaire, menace le murmurateur d'être dévoré par ce vice ou déchiré par les démons. « Aut murmurat (monachus) contra Domini flagella, aut contra sibi à senioribus impositam disciplinam, aut contra sibi injunctam à majoribus obedientiam aut solummodò proprii ventris ingluvie. Qui si auditor obliviosus non esset, de his omnibus consolationem Scripturarum audisset, et non murmurasset. Dicit namque Scriptura : « Flagellat Dominus omnem filium quem recipit... » Hinc nos cum magno terrore Apostolus prohibet murmurare, dicens : « Neque murmuraveritis sicut quidam murmuraverunt, et à serpentibus perierunt. » Ac si diceret... Ita et vos à morsibus dilacerati dæmoniorum peribitis, nisi vos à murmurationis malo custodieritis. (Hraban. Maur. *in Regul. S. Benedict.*, c. IV.)

(2) Instrumentum bonorum operum,... non (esse) murmurosum. Nam cum malo animo si obediat (monachus), disciplinæ et non solùm ore, sed etiam in corde si murmuraverit, etiam si impleat jussionem, tamen jam acceptum non erit Deo qui cor ejus respicit murmurantis, et pro tali facto nullam consequitur gratiam, imò pœnam murmurationum incurrit, si non cum satisfactione emendaverit. (*Regul. S. Benedict.*)

(3) « Souvent veions avenir que cil qui nose responde ne tencier que il commence a murmurer entre ses dens et grondiller porce après le tencier meton nous le pechie de murmure... Cest pechie si a deus branches car li uns murmure contre Dieu, lo autres contre home. Contre home regne cest pechiez en mout de menieres come de sergens contre leur Seigneur... en vilains contre les chevaliers, en lais contre clers et prelaz, en moines cloatriers contre les abbes et les prevous et les officiaus...

» Mumure contre Dieu a asses d'achesons (occasions) car home qui a perdu grace et pacience il veut estre mestre sus Dieu... et chante la patenostre au singe, certes mes la chanczon au deable... Certes mout est tiex hons fous et forsenes qui veut que Dieu li rende raison de quanque il fait,... tantost murmure contre li et le maugree... Quel merveille, si Diex se venge de tiex gens, qui li veulent tolir (ôter) sa segnorie et sa sapience ! » (Msc. du xiii° siècle *Bibliothèque royale.*)

Nº 23. Lion.

Transformation complète. — *Ourgueil et Ire.*

Cette statue est l'une de celles dont la tête a le moins de vie, et le caractère physique le moins d'expression. C'est qu'il suffisait de la montrer (le lion) pour être compris. Dans une galerie de vices son rôle ne peut être équivoque. Adjoint par quelqu'un de ses membres aux autres emblèmes du mal, c'est l'emportement des passions : seul, c'est la folie de l'orgueil et les transports de la colère, présentés comme inséparables par les textes de l'Écriture (1). Dans les écrits du moyen âge, dont le style est si coloré, il est rare que le lion n'en soit pas montré comme exemple. « Ourgueil guerroie Dieu de ses biens. Ourgueil est li rois des vices, cest li lions qui tout dévore (2). » Nous avons dit qu'on ne trouve dans ces statues rien au-delà des caractères propres à en déterminer le sens. Celle-ci n'est que dégrossie ; c'est un lion tout idéal, par la masse, par l'encolure, par l'épaisse et longue crinière, caractères tous bien connus. C'était assez pour entendre et interpréter la leçon. Cette leçon est énergique dans les auteurs contemporains ; le signalement de l'*ourgueil*, adressé qu'il est à des moines, peut s'appliquer à tous les hommes affectés de ce mal odieux.

« Je passe sous silence, dit le Commentaire de la règle bénédictine, ceux dont leur extérieur et leur port proclament eux-mêmes l'orgueil ; ceux que leur tête très haut levée, leur visage plein d'arrogance, leur regard farouche

---

(1) Superbus et arrogans vocatur indoctus, qui in irâ operatur superbiam. (*Proverb.*, XXI, 24.)

Noli esse sicut leo in domo tuâ, evertens domesticos tuos, et opprimens subjectos tibi. (*Proverb.*, IV, 35.)

(2) Ourgueil (continue ce Traité) destruc (*sic*) tos les biens et toutes les graces et toutes les bonnes œuvres qui sont en home. Car orgueil fait daumone pechié, et de vertu vice, et des biens dont leur devret aquerre le ciel fait enfer gaigner. » C'est sous des couleurs approchantes que le même Traité

12

et altier, et leur parole impérieuse (1) montrent ouvertement superbes : je les indique seulement avec une grande tristesse, et je ne cite leur exemple que pour inviter à le fuir (et à n'imiter point ces hommes), qui (pourtant) déjà convertis et un peu avancés dans la voie, se laissent dominer par (un fol) orgueil et entraîner à leur insu dans des maux irrémédiables... Ils disputent les préséances (2), affectent avec impudence de laisser bien au-dessous d'eux les plus distingués entre tous, imposent avec promptitude leur avis et leur sentiment, ne gardent nulle modestie dans leurs discours ni dans leurs mœurs : ils ont l'obstination dans l'acte, la dureté au fond du cœur, la jactance dans la parole; fourbes dans leur humilité, inexorables dans leurs haines, incapables de soumission, haïssables à tous les justes... Prompts à parler avec audace de ce qu'ils ignorent (le plus), effrontés à prêter l'oreille (à ce qui s'adresse à autrui), parlant d'une voix éclatante et riant d'un rire effréné (3)... »

Que de verve et de vérité dans ces portraits du moyen âge !

Passons, dans ce même traité, au chapitre de la colère.

« Il faut, dit la Règle elle-même, réprimer en soi la colère, vaincre l'irascibilité (4)... O bienheureux enfants du cloître ! reprend le Commentaire écrit, considère que celui

---

des vices fait le portrait de la colère : « Ire est vices mout grant. Cest felonie de cuer, dont issent mout de branches... et principaument quatre, segont quatre guerres que li felon fait. La primiere est alumeisons... La segonde guerre... li est à Dieu... La tierce... que li ireus a, c'est... a fame et a sa mesnie (ses enfants, sa suite, sa maison), car li hons est aucune foys si forsenez que il bat et fiert fame et enfans et mesnie, et brise poz, hanas (ou *hanaps*, coupes) aussi come il fust hors du sens et si est-il. La quarte est... à ses voisins et à ses presmes... et de cette branche nessent sept rainselez... (Msc. du xiii° siècle, Bibliothèque royale.)

(1) Le texte est plus expressif encore : « Sermo terribilis », dit-il.

(2) Contrairement au précepte des livres saints : « Noli quœrere à Domino ducatum, neque à rege cathedram honoris. » (*Proverb.*, VII, 4.)

(3) Hraban. Maur, *Comment. in Regul. S. Bened.*, c. IV.

(4) *Regul. S. Benedict.*

que le ressentiment pousse à se venger, bâtit dans son cœur
une retraite au démon, et prédispose Jésus-Christ, qui est
le véritable soleil, à se retirer de son âme. Fuis la colère,
Dieu t'aidant, et ne suis jamais ton irritation envers aucun
d'entre tes frères... Si les bouillonnements de cette passion
ont surexcité ton esprit, que l'amour fraternel les calme.
Qu'une fraternelle douceur apaise l'exaspération, que la
charité fraternelle dissipe l'animosité, que la tendresse fraternelle éteigne le ressentiment. C'est un grand mal que la
colère; par elle on oublie la sagesse, par elle on quitte la
justice, par elle l'union se détruit, par elle est rompue la
concorde, par elle est violée la loi de la vérité. Par les ai-
guillons de ce vice le corps est agité et tremble, la langue
bégaye, le visage devient de feu, le cœur palpite, la vue
se trouble et se confond. De peur que ces maux ne t'arrivent,
réprime ta colère, ô moine! fais tout avec tranquillité, mo-
dération et patience (1). »

N° 24. Lièvre avec ailes fantastiques.

Transformation complète. — *Pusilanimite* (2).

Détails et ensemble du lièvre : oreilles dressées, aux
écoutes ; tête dressée, épouvantée ; pattes antérieures au
repos, les autres légèrement soulevées et toutes prêtes à
l'élan. Ailes tout à fait fantastiques (3), n'ayant d'autre si-
militude qu'un rapprochement de leur forme avec celles des
palmipèdes.

Représentation très probable de la *pusillanimité*, d'où
naît la *tristesse du siècle* qui conduit à la mort de l'âme. Son
contraire est la fermeté (la « constance » des moralistes),

---

(1) Hraban. Maur, *in Regul. S. Bened.*, c. IV.

(2) Orthographe du XIIIe siècle (toujours sans accentuation).

(3) Les ailes, dégradées et brisées, ont été complétées dans le cours du
siècle actuel, d'après les indices, très bien conservés, de la moitié atte-
nante au corps du sujet, moitié évidemment antique.

dont les armes sont la patience parmi les luttes incessantes et le saint mépris des douleurs (1). Ces épreuves, pour le chrétien revêtu des armes célestes, sont, dit le manuscrit *des Vices*, le « limaz qui monstre ses cornes, les oies qui suflent sur la voie, et les vains songes des songeus (2). »

TOURELLE SUD-OUEST.

N° 25. Monstre hybride. — Loup et Chat.

Transformation complète. — Rapine. — Péché d'*Exaccion* (3). — Avarice.

Tête et corps rappelant le loup. Pattes, pose et train de derrière du chat. Queue empruntée aussi au chat, cherchant à se dissimuler. Ailes dressées de palmipède.

Nous n'avons vu sur ces tourelles qu'une figure proprement dite de l'Avarice, qui occupe pourtant tant de place

---

(1) Per illam, tristitia sæculi, quæ mortem operatur, nascitur. At contrà constantes animo fortiter per patientiam sufferunt laborem, quia omnem præsentis vitæ contemnunt dolorem. (Hraban. Maur, *in Eccli.*, II, 6.) — V. aussi Vincent. Bellov. *Spec. mor.* et l'*Apocalypse* : « Timidis autem... pars illorum erit in stagno ardenti igne et sulfure... » (XXI, 8.)

(2) Orthographe du moyen âge.

(3) Ce lièvre qui prend l'épouvante est taillé, sur cette tourelle, juste à côté de son contraire, le lion à attitude pacifique que nous venons d'interpréter. Ce rapprochement, motivé sans doute, fait souvenir qu'au moyen âge les bas-reliefs hiératiques avaient souvent deux allusions sans nulle relation entre elles : l'une ressortant du sujet lui-même : c'est, dans ce lièvre et ce lion placés ici parmi les vices, les péchés dont ils sont les représentants, et que nous venons de nommer ; l'autre moins directe et moins explicite quoique tout aussi consacrée : ce serait pour ces deux statues un mot du livre des *Proverbes*, rappelé par leur voisinage combiné sans doute par l'artiste afin d'en tirer ce parti. « *Fugit impius* (dit ce texte), *nemine persequente : justus autem, quasi leo confidens, sine timore erit.* » « L'impie fuit dans son épouvante, même sans être poursuivi ; mais le juste, comme un lion plein d'assurance, sera exempt de ces terreurs. » Le lion, qui avec des vices marque en même temps le courage, la générosité, la force, la victoire, la fermeté, ne peut-il pas, en même temps qu'il figure ici la colère, avoir, à raison de ces rôles représenté aussi le juste, dans un autre ordre d'allusions ? Cela expliquerait d'autant mieux pourquoi ce lion est si calme, et pourquoi ce lièvre (l'impie) a l'oreille si aux écoutes, le regard si plein d'épouvante, l'ensemble si terrifié.

parmi les « sept péchés mortels, » et qui est « la mestresse qui a si grant escole que tuit i vont pour estudier... Car toute menière de gent estudient en avarice, et granz et petiz, princes, prelaz, clercs, et lays et religieux... » : mais on y rencontre à sa place quelques unes d'entre ses filles, encore plus odieuses qu'elle.

Quoique évidemment fantastique, ce monstre réunit deux types très sensiblement exprimés, la rapine et l'hypocrisie, évidentes dans cet ensemble, analogue à la renommée que le proverbe a faite au loup. Cette réunion est logique et rappelle au moins pour l'esprit cette expression de l'Évangile : « Ils viennent à vous revêtus de peaux de brebis, mais ce ne sont en réalité que des loups rapaces. » Ici la brebis, la douceur, est remplacée par la finesse, la maraude et la pillerie, qui sont le traître et malin chat.

Personnification marquée du « quinz rainselez de rapine (1) : « Li quinz est en ces grans prelaz qui acrochent et raunbent leur sogiez par trop grans procuracions ou par autres exaccions que il font en trop de menières. Ce sont li lou qui menjuent les berbis (2). » En effet, dans cet animal, toute la partie antérieure appartient au loup ; car il fallait ici sa gueule : mais on aperçoit par derrière les pattes furtives du chat, et l'on voit sa queue hypocrite contournée avec précaution et se serrant contre le flanc pour se dérober à la vue.

Pourquoi ces ailes si petites, ridiculement déployées, quoique si impropres au vol ? C'est pour trahir cette impuissance aux regards de l'observateur, et lui dire que la prière et les vertus qu'elle procure sont absentes ou illusoires là où demeure le péché ; et aussi, c'est que l'hypocrite étend et élève ses ailes, quand il simule des vertus dont il n'a que les vains dehors.

---

(1) Cinquième jet de la rapine, qui est un rameau de l'avarice.
(2) Msc. de la Bibliothèque royale.

Nᵒ 26. Chien roquet (taille colossale).

Transformation complète. — Forfanterie et lâcheté (*Impaviditas.*)

Nous avons montré dans le chien, considéré au point de vue de ses rapports avec le mal, des allusions à tous les vices ; par ses aboiements forcenés marquant une humeur intraitable, celui-ci, effronté roquet, rend au naturel l'impudence et l'aveugle témérité. Le terme « impaviditas » signifie dans les moralistes chrétiens, où il s'inscrit parmi les vices, non pas l'intrépidité du courage, mais la témérité coupable par laquelle on affronte Dieu, et la détestable hardiesse de ceux qui ne craignent ni de l'irriter, ni de lui déplaire (1) : sorte d'apathie insensée, pur effet de la lâcheté ; car c'est le défaut de courage qui fait refuser les combats commandés par la loi divine. Cette sécurité stupide porte jusqu'à nier Dieu même, comme pour se donner le droit de compter pour rien ses défenses et d'enfreindre ses injonctions : état figuré par ce chien d'espèce faible et délicate, mais fanfaron par caractère et aboyeur de profession ; aussi, malgré cet air mutin et ces jappements forcenés, voit-on son corps tout contracté et la queue de ce rodomont rampante et serrée sous son ventre. Telle est cette audace factice qui n'affronte le Tout-Puissant que parce qu'il est invisible, patient et tardif à punir, mais qui décline le courage et les efforts de la vertu, et qui a pour fin et pour principe la faiblesse et la lâcheté.

Nᵒ 27. Monstre hybride.

Transformation complète. — *Quarte foille de Detraccion.*

Tête, corps et pattes de dogue de forte race. Queue fantastique, se rapprochant de celle de la sangsue et rappelant les poissons mous dits *suceurs.* Ailes dressées de palmipède.

Ce monstre, d'expression féroce, pourrait bien être un de ces dogues habitués des boucheries, vivant de sang et de

---

(1) Vincent. Bellovac. *Specul. moral.* § *De Intimiditate.*

chair crue, personnifiant le lâche péché de détraction (1). Nous avons vu la « *tierce foille* » de ce vice dans la statue n° 15, péché qui « estaint et met à neant tous les biens que li ons fait et le fait tenir pour mauves : cil menjue lome tout entier. » Le dogue qui est montré ici semble en être la « quarte foille, » crime plus réprouvé encore, parce qu'il est mieux coloré. « La quarte ne le menjue pas tout, mes il le mort et en prent une piece, et c'est la quarte foille de ceste branche qui est proprement appelée détraccion. Car il detrait et decoupe tousiors aucune piece des biens que il oi dans autrui. Car quanque len dit bien dautrui devant lui, tousiors i trove et met un *mes*. Certes fait il cest voir (vrai) : il est mout preudome et je laime mout : mes il a tel defaut en luj, ce poise moi (ce me semble) (2). »

A quel autre parmi les vices siéraient mieux les ailes dressées et débiles des palmipèdes, qu'à cet hypocrite péché qui a tant de détours et de ruses, et qui affecte les vertus humbles, les plus généreuses vertus, la loyauté, l'amour du vrai, et l'extrême délicatesse dans ses jugements sur le bien ? Mais auquel aussi convient mieux la honteuse queue de lamproie, de sangsue ou de poisson mou donnée à ce vil personnage, le plus ignoble, le plus lâche, le plus méprisé des envieux ?

N° 28. Monstre fantastique et hybride.

Transformation complète. -- Haine, ressentiments, vengeance et complications.

La tête, les pattes bisulques, quelques caractères de l'ossature du corps, rappellent le type chameau. La queue très longue, grêle et lisse, terminée par une touffe soyeuse et bien fournie d'assez longs poils, se tient serrée contre le flanc et vient ombrager de sa houppe le milieu supérieur du cou, mouvement caractéristique dont nous avons donné le sens dans notre article sur les *queues*.

---

(1) V. dans notre 2e partie, art. *Chien*.
(2) Msc. de la Bibliothèque royale.

Les caractères du chameau, dominants dans cette statue, paraissent dénoter ici les irritations implacables, les sentiments vindicatifs, les haines concentrées et sourdes qui n'aspirent qu'à éclater, seconde espèce de colère plus coupable et plus réprouvée que celle qui se manifeste par des transports bruyants mais courts. Elle aussi est l'une des filles de cette passion de superbe, accusée surtout par ce monstre, dont le profil, vu du midi (1), est effroyable de colère, de férocité et de laideur. Placé l'un des derniers dans l'ordre, sur cette dernière tourelle et dans la série des péchés, cet animal probablement s'y montrait avec le cortége de ses nombreuses allusions : c'étaient, comme on l'a vu plus haut (2), avec l'orgueil et la vindicte, l'hypocrisie, le sacrilége, la tortuosité des voies et tout ce qu'enfantent ces vices ; c'est dans ces derniers rangs d'entre eux que devaient être rassemblées leurs plus odieuses espèces.

Nº 29. Monstre hybride.

Religieuse-chatte. — Transformation partielle. — Réunion du péché d'*Accide*, de la *Lécherie*, de l'*Ourgueil*.

Monstre accroupi comme les autres, tête voilée de religieuse. Guimpe montante à plis serrés ; draperie enveloppant la poitrine, le cou et la naissance des épaules. Corps fantastique de bipède, rappelant la bête féroce par la vigueur de la membrure, et la chatte par les détails, toute l'encolure et la pose. Griffes pressées contre le corps et s'efforçant de se cacher. Ailes dressées de palmipède.

Une mollesse raffinée (3), la timidité paresseuse née de

---

(1) Des cours placées au midi de la basilique et du préau de l'édifice nommé, au moment où nous écrivons, *Maison royale de Saint-Denys*.

(2) Dans notre 2ᵉ partie, au paragraphe du *Chameau*.

(3) Mollesse appelée *tendretez*, le second *geton* de l'*Accide*. « Cest molece de cuer, qui est la coite au deable ou il se repose, et dit a lome ou a la fame : tu as este trop souef norris, tu es de trop feble complession. Tu ne posroies faire ces grans penitances, tu se trop tendre, tantost seroies mors. Et por ce, le cheitif se lesse coler a faire les delis {de son cors. (*Msc. de la Bibliothèque royale*).

l'extrême amour de soi, un fond opiniâtre et rétif qui ne cède
qu'à la contrainte et qui n'est jamais tout à fait réduit,
la passion de l'indépendance, la fausseté, la fourberie,
l'excès des goûts libidineux et l'adulation hypocrite, tels
sont les attributs pervers prêtés au chat dans tous les siècles.

La mollesse, l'oisiveté et les passions libidineuses, l'or-
gueilleuse opiniâtreté, la ruse, arme lâche des faibles, la
force, que la queue de lion spécifie dans tous ces penchants,
semblent être entre ces péchés ceux que marque cette statue. On se souvient, à son aspect, qu'en l'an 1129, c'est-à-
dire plus d'un siècle avant l'érection de ces tourelles, Suger,
abbé de Saint-Denys, réclamait au concile de Paris (1) la
dispersion et la réforme des religieuses d'Argenteuil, accu-
sées d'énormes scandales. On sait quelle fut la décision du
concile, et l'expulsion des religieuses divisées en deux colo-
nies, l'une guidée par Héloïse et destinée au Paraclet, l'autre recueillie dans l'abbaye de Malnoue. L'accomplissement
de cette mesure rendait au monastère de Saint-Denys le
beau prieuré d'Argenteuil qu'on y regrettait depuis longtemps (2). La réclamation de l'abbé Suger et la bulle ponti-

---

(1) Fleury, *Hist. eccles.*, l. LXVIII, 62. — Suger, *De Administratione*.

(2) Le monastère d'Argenteuil était situé sur la Seine, à deux petites lieues
de Paris ; son église, dédiée sous l'invocation de la sainte Vierge, est un but
de pèlerinage. Une charte des empereurs Ludwigh le Débonnaire et Lother son
fils, donnée vers 828, rapporte l'origine de sa fondation au règne de Chlo-
ter III, c'est-à-dire entre les années 656 et 670. Un nommé Hermenric et sa
femme Numane le bâtirent sur leur propre fonds et l'unirent à l'abbaye de
Saint-Denys. Cette union subsista jusqu'à ce que Théodrade, fille de Karl le
Magne, reçut de son père en bénéfice le monastère d'Argenteuil où elle
réunit quelques religieuses, et qui devait après sa mort retourner aux moines
de Saint-Denys. Mais cette opulente abbaye, qui sur tous les points de l'Europe possédait d'immenses domaines, des cités, des bourgs, des villages, des
bois, des vallées, des églises, des prieurés (V. Inventaire des chartes, msc.
relatifs à l'Abbaye de Saint-Denys, aux Archives du royaume), se montra gé-
néreuse envers la retraite de la fille de Karl le Magne, et après la mort de
cette princesse, les religieuses ses compagnes furent laissées à Argenteuil :
seulement, les abbés de Saint-Denys eurent soin de les maintenir sous leur
dépendance.

Détruit dans une incursion des Normands, le monastère d'Argenteuil fut

ficale durent donc être à double titre applaudies par les religieux ; aussi dom Doublet, dom Félibien, historiens de l'abbaye, imbus de l'esprit de leurs frères sur ce fait qu'ils n'ont point omis, ne disent sur ces religieuses rien qui réveille en leur faveur l'intérêt ni la sympathie.

En voyant sur cette tourelle cette statue, seule entre toutes sous ce costume exceptionnel, et si près de celle du moine (1) montré domptant l'Esprit du mal, on peut se poser la question de savoir si cette figure aux formes fines et correctes, aux dehors de femme et de chat, et pouvant exprimer par là les déportements les plus graves, ne fut pas inspirée encore, outre son intention expresse, par le souvenir trop célèbre des religieuses d'Argenteuil. Il serait curieux qu'Héloïse eût été aux yeux de ces moines, et en quelque sorte à huis clos, stigmatisée par cette image. Saint-Denys, dans cette hypothèse, aurait été également hostile aux deux époux (2) : on sait qu'Abailard ne trouva

---

rebâti en 997 par la reine Adélaïde de Guienne, veuve de Hugues Capet ; la règle de saint Benoît y fut établie, et le nombre des religieuses devint alors considérable.

En l'an 1129, l'abbé Suger entreprit de ressaisir le monastère d'Argenteuil. Favorisé dans cette vue par le relâchement notable introduit dans cette maison, il en écrivit au pape Honoré II. Il renouvela sa réclamation dans le concile de Paris tenu à Saint-Germain-des-Prés en présence de Mathieu, évêque d'Albano et légat du pape. La lettre adressée par ce prélat au saint Père pour l'informer de la décision du concile, est insérée dans le *Recueil des Conciles*, tom. X, 436, et reproduite dans Doublet (Antiquités de Saint-Denys) ainsi que la Bulle du pape. On y lit que ces religieuses déshonoraient leur profession et donnaient de très grands scandales. Elles furent donc dispersées : les unes trouvèrent un asile dans l'abbaye de Fôtel ou Malnoue, les autres s'établirent au Paraclet sous la conduite d'Héloïse. (V. D. Doublet, p. 481, 483. — D. Félibien, Histoire de l'abbaye de Saint-Denys, l. II, § 16. — liv. IV, § 5, an 1129.)

(1) Statue placée sur cette même tourelle, au midi, à l'opposite de celle-ci. C'est le n° 32 ci-après.

(2) La statue n° 4 (sur la tourelle nord-ouest) dont les caractères conviennent à l'hérésie, aurait-elle eu aussi quelque allusion indirecte à la mémoire d'Abailard, condamné au concile de Soissons, à l'époque même où il était moine de Saint-Denys, pour les propositions erronées de son traité *De Trinitate?* Du reste, la possibilité de cette allusion prise dans l'histoire du mo-

point le repos dans cette abbaye, qu'il s'échappa. de ses prisons, et que les torts qui l'y jetèrent n'étaient pas des erreurs de dogme, mais son opinion dissidente de celle des autres moines, sur une question historique qui intéressait leur vanité (1).

N° 30. Monstre hybride.

Transformation partielle. — L'Homme-Barbet. — *Oubli profond des fins dernières.*

C'est un vieillard à barbe épaisse, voilé et drapé avec goût jusqu'à la chute des épaules : la brute a envahi le reste, enfoncé dans un corps de chien à queue soyeuse et écourtée. La pose accroupie paresseusement, et pleine de sournoiserie, de mignardise et de mollesse, rappelle l'allure du chat.

Le barbet a plus de qualités que de vices : il n'est ni hargneux, ni farouche, ni colère, ni tapageur ; il *mange petit*, dit le Bestiaire, et n'est nullement exigeant à l'endroit de sa nourriture, enfin il est humble, docile et patient entre ses pareils. Mais comme chien courant les rues, souvent sans maître et sans aveu, il est sujet à la famine et coutumier d'immondes choses par l'effet de sa gueuserie et par défaut d'éducation : la gloutonnerië, l'impudence, la rage, le vo-

---

nastère, et indiquée peut-être aux novices pour leur rappeler de quel point l'orgueil peut faire déchoir, n'est de notre part qu'une présomption à laquelle nous n'attachons aucune importance, et que nous ne donnons que pour ce qu'elle est.

(1) Les religieux du monastère soutenaient que leur patron saint Denys, premier évêque de Paris et selon eux le même que saint Denys l'Aréopagite, avait été aussi le premier évêque d'*Athènes*. Abailard, ayant lu dans le Commentaire de Bède que saint Denys l'Aréopagite était évêque de *Corinthe*, et n'ignorant pas que dans ces temps reculés les évêques ne changeaient point de diocèse, répandit aussitôt inconsidérément cette opinion dans le couvent. Ce langage y excita de grandes rumeurs : Abailard fut menacé de la colère du roi, emprisonné par l'ordre d'Adam son abbé, et gardé comme un criminel d'État. On sait qu'il trouva moyen de s'échapper nuitamment de sa prison, et qu'il se retira près de Thibaut, comte de Champagne, ensuite au prieuré de Saint-Aigulfe de Provins (Saint-Ayoul), puis dans un désert près de Troyes où il fonda le Paraclet.

missement et l'abus qu'on lui en voit faire sont des accidents communs dans sa vie, et sa queue, à peine apparente, joint à ces emblèmes de vices celui de l'oubli des dernières fins.

Le mouvement de la tête, qui se retourne en arrière et vers le côté, peut-être vers la voisine (1), comme pour regretter la vie et chercher encore du regard ce qu'il y peut rester d'aimable; ce mouvement prononcé là est un caractère stigmatisé dans les Écritures : S. Paul s'y représente lui-même regardant toujours en avant et s'*étendant* avec effort (2) pour marquer de l'œil par avance et saisir plus tard les biens à venir; et l'Évangile dit ces mots : « Celui qui... regarde en arrière n'est point propre au royaume de Dieu (3). »

La pose accroupie, la mollesse, l'attitude rusée du chat rappellent les goûts pervertis, les instincts ignobles et bas, et la malice satanique trop ordinaire à la vieillesse quand elle a perdu les mérites qui font sa haute dignité.

Tel est l'assemblage de vices que prêtent à cette statue le chien à queue courte et le chat. Le vieillard qui a pris leur livrée (car ce front est flétri par l'âge, et cette vieillesse a son sens) figure la torpeur de l'âme et l'habitude du désordre poussant au matérialisme, quand vient le déclin de la vie, l'homme qui a vécu dans l'oubli de Dieu. A la suite de tant de crimes exposés sur ce monument sous un si grand nombre de types, devait se montrer leur effet, la mise en action de ce texte : « Impius, cùm in profundum venerit peccatorum, contemnit (4). »

---

(1) La religieuse-chatte, statue n° 29.

(2) Quæ... retrò sunt obliviscens, ad ea... verò quæ sunt priora extendens meipsum, ad destinatum persequor... (*Philipp.*, III, 13, 14.)

(3) Nemo mittens manum ad aratrum, et respiciens retrò, aptus est regno Dei. (*Luc.*, IX, 62.)

(4) Lorsque l'impie est venu au plus profond (abîme) des péchés, il méprise tout. (*Proverb.*, XVIII, 3.)

No 31. Monstre hybride.

*Transformation complète. — Ensemble du singe macaque. — Excessive
perversité et impénitence finale.*

Corps de singe. Fortes pattes de quadrumane. Queue
grêle et lisse du lion, longue, terminée par une touffe de
poils passant entre les pattes postérieures et s'appliquant
sur le flanc gauche (1). Ailes de palmipède modernes : tête
moderne de macaque, dont nous n'avons point à parler.

Les instincts pervers en grand nombre sont le caractère
du singe : celui-ci, de l'espèce la plus odieuse par son odeur,
par ses grimaces, même par sa malpropreté, et formant le
dernier anneau de cette chaîne de désordres, semble avoir
dû symboliser l'un des plus extrêmes degrés de la perversité humaine (2); cette complication de vices qui lui sont spéciaux et propres, les transports furieux, la licence et leurs
tristes générations, et probablement, d'après le rang qu'il
occupe ici, la dérision née de l'orgueil, cette dérision si
flétrie, si réprouvée par tous les Pères et qui s'attaque à
Dieu lui-même en se jouant de ses menaces, de sa loi, de
ses jugements (3). C'est le *nec plus ultrà* du vice montré
sur la même tourelle par le monstre vieillard-barbet : l'un
et l'autre sont un côté de l'impénitence finale.

La queue est celle du lion, marque de l'extrême violence
qu'a acquis à ce période l'ascendant funeste du mal.

No 32. Statue humaine.

Le Moine. — *Rénovation spirituelle.*

Dans toute la force de l'âge, et non plus frêle adolescent
comme on l'a vu au nord-ouest, le moine clôt cette série

---

(1) Cette queue n'est pas indiquée sur notre gravure, qui ne montre l'animal que du côté droit.

(2) Voy. Hrab. Maur., *De universo* : « Simiæ peccatis homines fœtidos homines significant. » Et V. dans notre IIe partie, l'article *Singe*.

(3) ... Reprobi... jussionis et comminationis divinæ judicium derident.
(Hraban. Maur., *in Proverb.* II, 19.)

des transformations misérables que l'homme subit dans son âme quand il foule aux pieds les vertus. Les cheveux courts et en couronne, ce moine, aperçu par le dos, est nu jusques au bas des reins où se noue gracieusement une moelleuse draperie ; de face, il paraît au contraire vêtu d'une robe ample et souple ; robe ou plutôt devant de robe à plis riches et bien fouillés , appliquée, sans aucune attache, sur tout le côté du sujet qu'on peut appeler antérieur , c'est-à-dire aperçu de face , mais qui s'arrête sur les épaules et le long des bras en laissant brusquement à nu la statue en totalité en tant qu'aperçue par derrière. Ainsi la nuque , les épaules, le dos , les reins sont dépouillés (1). De ce côté, et un peu plus haut que la ceinture (2), sort d'au-dessous de la statue une queue énorme et massive, queue idéale et sans modèle dans la zoologie réelle, rappelant simultanément la salamandre, la sangsue , les poissons mous des eaux bourbeuses , la puissante queue de dragon.

Tel est ce sujet par derrière : de face (nous l'avons marqué), il est drapé avec richesse, et ce côté de sa personne est aussi noble et aussi digne que l'autre est pauvre et dénudé. Tourné au midi par sa masse, mais se retournant vers l'ouest, il fait un geste remarquable : l'index tendu de sa main gauche montre ce qu'a saisi sa droite, et celle-ci tient par une aile, ainsi qu'on tient un papillon, une capture emblématique, monstre idéal et composé , que la terreur semble aplatir et clouer tremblant à la pierre. Il y a de l'homme , du vieillard, surtout de la tête de mort dans l'expression morne et lugubre , le crâne , le front de cet animal et son regard oblique et louche ; son museau accuse le chien , ses pattes de digi-

---

(1) On dirait que la draperie a été coupée brusquement tout le long des bras à coups de ciseaux ; là elle se colle et s'arrête, semblable à ces pièces d'étoffe dont les peintres drapent leurs mannequins d'un seul côté : simulant de face une toge , une chlamyde, une tunique sur toute la partie du modèle que le pinceau a à finir, et laissant à nu ceux des membres du mannequin qui n'ont point à occuper pour le moment l'attention du peintre.

(2) *Plus bas*, d'après la pose renversée de la statue.

tigrade rappellent le chat par leur forme et le lion par leur
vigueur ; la queue, notablement sinueuse (1), d'une remarquable vigueur et visiblement fantastique, est celle qu'on
prête au dragon.

L'allégorie de ce sujet est très bien caractérisée. Il fallait,
après la série de tous les désordres humains, montrer le
chrétien et le moine secouant leur honteux empire et les
reniant pour toujours. C'est ce que fait cette statue, figure
à deux attributions, à sens partagé et complexe, montrant
en elle les deux hommes : l'un, soumis aux sens et pécheur;
l'autre, vainqueur des sens et juste : celui-là, qui est le vieil
Adam, l'homme des sens ou le vieil homme, désavoué par
celui-ci, le nouvel Adam, l'homme de l'esprit, l'homme
nouveau. L'*homme des sens* ou le *vieil homme* est la statue
vue par derrière : l'*homme juste* ou l'*homme nouveau* c'est
la statue vue par devant. Celui-ci, *revêtu* de grâce, d'innocence et de sainteté, rejette et répudie l'autre, le reléguant
comme en arrière dans le néant et dans l'oubli, et se transformant, par la grâce, en un être régénéré.

Comme on le comprend à merveille, la transformation
du vieil homme s'opère par la draperie, représentation des
vertus. Aussi voit-on déjà paraître quelque chose de celle-ci
sur la statue vue par le dos ; c'est une ample et riche ceinture formée par la draperie elle-même et arrêtée au bas des
reins par un nœud souple et gracieux, signe de la chasteté,
dont la ceinture cléricale a été en tout temps l'emblème, et
dont la pratique doit être l'un des premiers actes du divorce
avec les péchés (2).

---

(1) Voy. ci-après notre note dans la partie explicative de ce sujet.

(2) La ceinture, pour des raisons dont le détail nous mènerait trop loin de
notre sujet, signifie dans les saintes Lettres l'état de justice, la force chrétienne, la disposition intérieure à tout entreprendre pour le service de Dieu.
(Innocent. III, *De sacro.* — Hrab. Maur. — S. Hilar. — Et *passim* dans les
Pères. — Valerian. Hieroglyphic., l. XL, etc.). Mais deux allusions principales prédominent sur toutes les autres ; la ceinture cléricale signifie : par
son application *sur la poitrine*, c'est-à-dire vue par devant, l'amour divin,

Sur le flanc nu de la statue , ce flanc de l'homme encore charnel , s'allonge un emblème explicite , cette énorme queue fantastique de salamandre , de sangsue , de poisson mou ou de dragon que nous avons déjà marquée ; queue qui résume à elle seule tout ce que le mal a d'empire , d'entraînement et de puissance dans l'homme assujetti aux sens , et

---

la charité : par son application *sur les reins*, c'est-à-dire vue par derrière , le frein imposé aux sens par la mortification de la chasteté. Dans la statue qui nous occupe , placée et nouée ainsi qu'elle l'est sur le bas des reins , c'est à cette dernière vertu qu'elle semble faire allusion.

« Zona sacerdotis illud significat, quod Joannes apostolus ait : « Conversus, vidi Filium hominis præcinctum ad mamillas zonâ aureâ (Apoc., I). » Per zonam auream, perfecta Christi charitas designatur... » (Innocent. III, *De sacro*, l. I, c. xxxvii. *De cingulo et succinctorio*.)

« Zona est vinculum charitatis : ut in Apocalypsi : « Et præcinctum ad mamillas zonâ aureâ, » id est, ornatur in actibus suis charitate spontaneâ. » (Hraban. Maur., *Allegor*.)

« Debet... albâ circa lumbos zonâ præcingi, ut castitas sacerdotis nullis incentivorum stimulis dissolvatur. Undè : Sint lumbi vestri præcincti et lucernæ vestræ ardentes in manibus vestris (*Luc*. XII). Et : Virtus ejus in lumbis ejus... (*Job*. XL.) Debent ergò lumbi præcingi per continentiam. Debent et subcingi per abstinentiam : quoniam hoc genus dæmonii non ejicitur nisi in oratione et jejunio. (*Matth*. XVII.) Hinc etiam Apostolus ait : State succincti lumbos in veritate. (*Ephes*. VI.) » (Innocent. III, *De sacro*, l. I, c. li.)

Rhaban Maur entend aussi par la ceinture , la mortification et le frein imposés aux sens par la chasteté, que représentaient l'aube cléricale et son éclatante blancheur. « ... Ergò... sacerdotes... accinguntur balteis , ne ipsa castitas sit remissa et negligens, ne vento elationis animum perflandi aditum impendat , ne crescente iniquitate refrigescere faciat charitatem ipsorum, ne bonorum gressus operum jactantia suæ præsumptionis impediat, ne præpedito virtutum cursu ipsa etiam terrestris concupiscentiæ sordibus polluta vilescat , et ad ultimum auctorem suum ad ruinam superbiendo impellat. » (Hrab. Maur., *De institutione clericorum*, lib. I , c. xvii. *De cingulo*.)

« Zona , mortificatio carnis... (significat). » (Hraban. Maur., *Allegoriar*.) — Mêmes explications dans les docteurs du moyen âge, réunis dans le volume in-folio. *De divinis officiis* de *Tritième*, Bibliothèque royale. Voy. aussi Durandi *Ration. divinor. officior*., l. III. — Le *Ceremoniale parisiense*, 1662, etc.

Aujourd'hui , comme au moyen âge , tous les cérémoniaux consacrent ces allusions de la ceinture pour les clercs , et la couleur même de cette ceinture détermine parfois l'option entre celui de ces deux sens qui doit prédominer sur l'autre. L'Église admet ces allusions dans ses prières quotidiennes; elle les place sur les lèvres de tous ceux qui sont engagés dans les ordres sacrés, à partir de l'humble sous-diacre jusqu'au souverain Pontife inclusivement : tous , en prenant cette ceinture, doivent solliciter de Dieu la chasteté recommandée : « Quilibet ad altaria ministrans à Subdiacono, Diacono, Presbytero,.... ad

qui rappelle en même temps quelles sont les fins de l'impie.
Cette queue fortifie sans doute et devait rendre plus formelle
l'expression de la nudité : l'une est l'absence des vertus ,
l'autre est la présence des vices : rapprochés ainsi l'un de
l'autre , ces deux caractères mystiques ne laissent nulle indé-
cision sur leur intention respective.

Ici , nous sommes accablées par la multitude de preuves
que fournissent les premiers âges et les autorités chrétiennes
sur la longue vulgarité de cette noble allégorie du vêtement
des œuvres saintes et de la nudité honteuse qui en figure le
dénúment. On la trouve dans l'Évangile sur les lèvres de
Jésus-Christ (1) ; elle figure à tout instant dans les œuvres
du grand Apôtre (2) ; elle abonde dans les docteurs et jus-

Papam , cingulo se cingens, dicit : « Præcinge me , Domine , cingulo puritatis
et extingue in lumbis meis humorem libidinis , ut maneat virtus continentiæ
et castitatis. »

L'allusion de la ceinture à la chasteté a eu cours dans l'antiquité païenne
elle-même. Les témoignages des auteurs classiques à cet égard , divers usages
consacrés et plusieurs formes de langage qui rappelaient cette figure , sont
suffisamment connus. — Voy. au surplus Pier., *Hieroglyphic.*, lib. XL. *De
zonâ.*

(1) Dans la parabole de l'Enfant prodigue , figure du pécheur rentrant en
grâce avec Dieu , et recouvrant par ce pardon le vêtement de l'innocence et la
parure des vertus : « Dixit pater ad servos suos : Citò proferte stolam primam,
et induite illum... » *Luc.* XV, 22. — Et dans celle du festin des noces , où
l'homme *destitué de la robe nuptiale* (c'est-à-dire de la parure des vertus) est
jeté par l'ordre du Roi dans les ténèbres extérieures : « Introivit Rex ut vide-
ret discumbentes , et vidit ibi hominem non vestitum veste nuptiali. Et ait
illi : Amice , quomodò huc intrâsti *non habens vestem* nuptialem? At ille
obmutuit. Tunc dixit Rex ministris : Ligatis manibus et pedibus ejus , mittite
eum in tenebras exteriores ; ibi erit fletus , et stridor dentium. (*Matth.* XXII,
11, 12, 13.)

« Vos autem , sedete in civitate , quodusque *induamini* virtute ex alto. »
Luc. XXIV, 49.) Etc.

(2) *Deponere* vos secundùm pristinam conversationem *veterem hominem ;*
renovamini et *induite novum hominem...* deponentes mendacium, etc. (*Ephes.*
IV , 22 , *et sequent*).

Expoliantes vos veterem hominem cum actibus suis , et induentes novum, etc.
(*Coloss.*, III , 9 , 10.)

Mortificate membra vestra... concupiscentiam malam , *expoliantes vos veterem hominem cum actibus suis... et induentes novum...* (*Hebr.*, XII , 1.)

Ingemiscimus , *habitationem nostram , quæ de cœlo est , superindui* cupien-
tes , *si tamen non nudi , sed vestiti inveniamur.* (*II Cor.*, V, 2 et 3.)

13

que dans les bestiaires ; on la voit dans le Physiologue :
« Alors, dit-il, que le serpent rencontre l'homme *vêtu*, il
» est épouvanté et fuit, mais s'il le rencontre *nu*, il l'atta-
» que. Et toi (homme spirituel), considère au fond de ton
» cœur que tant que notre père Adam conserva dans le pa-
» radis le vêtement de l'innocence dont Dieu même l'avait
» vêtu, le démon ne put prévaloir et fut obligé de le fuir ;
» mais lorsque, ayant désobéi, Adam eut perdu ce saint
» voile, alors le diable le vainquit (1). »

Le docteur du XIIIe siècle, l'auteur du *Speculum morale*,
montre à son tour l'homme chrétien tombé dans l'assoupis-
sement, surpris par l'essaim des sept vices (2) qui lui enlèvent
pièce à pièce ses armes et ses vêtements : l'*Orgueil* lui prend
ses éperons, qui sont la crainte salutaire excitant à toute
vertu : l'*Envie* prend sa cotte de mailles, c'est la divine
charité, réunissant tous les mérites qui vont s'enchaînant l'un
à l'autre comme les mailles d'un réseau :... on voit ensuite
la *Licence* qui dérobe son vêtement ; la *Glotonie* son ceintu-

---

(1) Cùm serpens vestitum hominem conspicit, pavet, ipsumque fugit :
quòd si nudum videt, illum petit.

Interpretatio. (Ermêneïa.) Et tu, spiritualiter considera, quòd cùm noster
parens Adamus veste à Deo contextâ in paradiso indutus fuit, illum adoriri
diabolus non potuit, sed procul ab eo fugit : cùm verò præcepta Dei trans-
gressus nudus mansit, tunc vicit eum diabolus. (S. Epiphan., *Physiolog.*, IV.)

(2) Similis est peccator militi, qui, cùm alii pugnarent in tyrocinio, exivit
ut dormiret sub umbrâ arboris : quod videntes septem Herandi, condixerunt
sibi ut arma sua et vestes furarentur ; unus furatur ei calcaria et ensem ; alius
loricam ; tertius scutum... alius braccas, cingulum et camisiam...

Septem latrones sunt septem capitalia vitia :

Superbia calcaria timoris mortis temporalis et æternæ, et ensem timoris
divinæ justitiæ... furatur.

Invidia... spoliat eum loricâ charitatis, quæ omnia præcepta, virtutes, et
opera connectit, quasi diversos annulos, et totum corpus munit, hoc est loricâ
justitiæ.

Ira furatur ei scutum triangulare, quod debet esse in sinistrâ adversitatis,
cujus tres anguli sunt patientia in contumeliis verborum, in ablatione rerum,
in læsione corporum...

Pigritia furatur equum corporis, dùm totum corpus occupat : pedes vulnerat, ne de lacu miseriæ, aut de luto peccati exeat.

Avaritia furatur homini lanceam, quæ à longè ferit hostem, scilicet elee-
mosynæ... : hæc furatur ei lanceam misericordiæ...

ron, modérateur de l'appétit et emblème de l'abstinence,
et son casque, qui est le salut : *galeam salutis* (1).

« Comme est la nudité du corps, dit un docteur du moyen
» âge, telle est la nudité de l'âme ; celle-là est l'absence
» des vêtements, celle-ci celle des vertus : donc si nous re-
» vêtons le corps, nous devons aussi vêtir l'âme. « Je suis vêtu
» de la justice, lit-on dans le livre de Job, et elle enveloppe
» mes membres comme le fait un vêtement. » Et le Prophète
» dit de même : « Il (Dieu) m'a couvert du vêtement du
» salut, d'un habit de réjouissance (Esa. LXI). » C'est de ce
» vêtement (mystique) et d'autres semblables à lui, que le
» moine doit se vêtir, et c'est lui qu'il doit dispenser aux au-
» tres. Lorsque Adam pécha dans le paradis, le vêtement
» qu'il perdit ne fut point celui de son corps mais bien celui
» qui ornait son âme, l'innocence, l'immortalité et la gloire.
» Et c'est aussi l'habit « de l'âme » que perdit le voyageur
» qui allait de Jérusalem à Jéricho et qui fut dépouillé en
» route (2)... Revêtons-nous donc intérieurement des saintes
» vertus, car il ne servira de rien d'avoir vêtu les indigents,
» si l'on est dépouillé soi-même par le dénûment de mé-
» rites (3). »

Luxuria furatur ei braccas continentiæ...

Gula spoliat cum cingulo abstinentiæ, per quod ventrem constringat, et
galeâ salutis, per quam sensus suos ab illicitis comprimat, et caput rationis
custodiat. (Vinc. Bellovac., *Spec. mor. De peccatis in generali.*)

(1) *Isa.* LIX, 17. — *Ephes.* VI, 17.

(2) *Luc.* X, 30, et sequent.

(3) « *Nudum vestire.* » (Regul. S. Benedict.) — Sicut est nuditas corporis, est et nuditas animæ. Nuditas corporis est carere vestibus, nuditas verò
animæ, carere virtutibus. Ergò sicut corpus vestibus, ita et animam debemus
vestire virtutibus. « *Justitiâ indutus sum, ait Job, et vestivit me, sicut vestimentum.* » Et Propheta dicit : « *Induit me vestimentis salutis, et indumento
jucunditatis circumdedit me.* » His autem et similibus vestibus et se, et alios
debet vestire monachus. Adam verò cùm peccasset in paradiso, animæ, non
corporis perdidit vestimentum. Perdidit enim innocentiam, immortalitatem
et gloriam. Nam et ille, qui de Jerusalem descendebat in Jericho, animæ
vestibus spoliatus est à latronibus. Vestianus ergò... nosmetipsos virtutibus
sanctis interiùs, quia nihil prodest vestibus vestire alium, et semetipsum
virtutibus relinquere nudum. (Hraban. Maur., *Commentar. in Regul. S. Benedict.*)

Aussi ce vêtement splendide des vertus et des œuvres saintes était-il, comme il l'est encore, souhaité dans les oraisons de l'Église, et figuré à l'extérieur par un ornement spécial (1), au jour où l'un de ses enfants passait pour la première fois de la condition des laïques dans la milice du clergé : « *Induat te*, disait au clerc le pontife consécrateur, en l'en revêtant, *Dominus novum hominem*, etc. Que le Seigneur te revête du nouvel homme... *Seigneur*, ajoutait-il ensuite en s'adressant à Dieu lui-même, *faites que tandis que vos serviteurs déposent l'ignominie de leur vêtement séculier, ils jouissent éternellement de vos grâces* (2). » Or, qu'était cette *ignominie*, si ce n'est celle du péché représenté par ce *vieil homme*, qu'on quittait comme un vêtement ? Aussi jamais ces derniers mots, l'allusion aux livrées du siècle, n'étaient plus répétés au clerc quand il abordait, par la suite, les degrés des différents ordres. L'Église se bornait alors à lui souhaiter de *revêtir le nouvel homme*, c'est-à-dire un degré de grâce plus marqué et plus abondant, et demandait à Dieu pour lui cette augmentation de richesses.

On n'avait garde, dans les cloîtres, de laisser tomber en oubli d'aussi nobles enseignements; peu de conseils, peu de paroles étaient redits aussi souvent à l'oreille du cénobite. On ne souhaitait pas le dépouillement à celui qui, de sa cellule où le vieil homme n'était pas entré, passait aux supériorités et aux dignités les plus hautes (3); mais la voix de la religion parlait de ce dépouillement et du revêtement

_____

(1) Le *Superpelliceum*.

(2) Omnipotens sempiterne Deus,... ab omni servitute sæcularis habitu, hos famulos tuos *emunda* (non pas *libera*) : ut, dùm ignominiam sæcularis habitûs deponunt, tuà semper in ævum gratià perfruantur, etc. (*Pontificale Romanum Clem. VIII ac Urbani VIII auctoritate recognitum. Venit.* 1740, p. 13. *De clerico faciendo.*)

(3) Celui-là se présentait à la bénédiction du pontife dans son costume religieux : *in habitu suo quotidiano;* il n'avait pas à dépouiller le vieil homme, il l'avait laissé dans le siècle : aussi, rien, dans la cérémonie de sa profession, ne faisait directement allusion à ce souvenir.

contraire, à l'élu encore laïque, à qui le choix d'un monastère ou la volonté d'un pontife imposait la crosse d'abbé. Le jour de son investiture il endossait pour un instant le costume mondain du siècle; le pontife, l'en dépouillant, lui adressait cette parole : « Exuat te Dominus veterem hominem, cum actibus suis. » « Que (ainsi) le Seigneur te dépouille du vieil homme et de tous ses actes ! » Et lui donnant le saint habit, il ajoutait : « Induat te Dominus novum hominem, qui secundùm Deum creatus est, in justitiâ, et sanctitate veritatis (1). » « Que (ainsi) le Seigneur te revête de l'homme nouveau, qui a été créé selon Dieu dans la justice et dans la sainteté de la vérité (2).

---

(1) L'oraison prononcée sur le nouvel abbé, la bénédiction de l'habit monastique dont le prélat le revêtait, étaient toutes dans cet esprit :

« Deus... super hunc famulum tuum abrenuntiationem sæculi profitentem clementer respicere digneris; per quam in spiritu mentis suæ renovatus, veterem hominem cum actibus suis exuat; et novum qui secundùm Deum creatus est, induere mereatur. »

« Domine Jesu Christe, qui tegumen nostræ mortalitatis induere dignatus es, obsecramus immensam tuæ largitatis abundantiam, ut hoc genus vestimenti, quod sancti Patres innocentiæ, vel humilitatis indicium abrenuntiantes sæculo ferre sanxerunt, tu ita benedicere digneris, ut hic famulus tuus, qui hoc indutus fuerit vestimento, te quoque induere mereatur. » (*Pontificale Romanum Clementis VIII ac Urbani VIII auctoritate recognitum. Venet.* 1740. *De benedictione abbatis.*)

(2) *Pontificale Romanum Clementis VIII ac Urbani VIII auctoritate recognitum*, 1740. *De benedictione abbatis*, p. 80.

On retrouve les mêmes images dans les formules de l'Église pour la bénédiction des habits sacrés dont elle revêt ses ministres : partout ces ornements sont la figure des vertus.

Dans l'ordination du sous-diacre : « Tunicâ jucunditatis, et indumento lætitiæ induat te Dominus... »

Dans celle du diacre : « Accipe stolam candidam de manu Dei... Potens est autem Deus ut augeat tibi gratiam suam... Induat te Dominus indumento salutis, et vestimento lætitiæ, et dalmaticâ justitiæ circumdet te semper... »

Dans celle du prêtre, en croisant l'étole sur sa poitrine : « Accipe jugum Domini... jugum enim ejus suave est, et onus ejus leve. » En le revêtant de la chasuble : « Accipe vestem sacerdotalem, per quam charitas intelligitur. » (*Pontificale Romanum Clementis VIII*, etc.)

Il faut observer néanmoins que dans le langage mystique les vêtements sont pris quelquefois en mauvaise part, comme les fardeaux, l'embonpoint et en général tout ce qui retarde la course en appesantissant le corps, et ce qui

Revenons à notre statue. Ce sujet, penché sur l'espace comme tous ceux qui l'environnent, ne tient au mur de la tourelle que par sa partie inférieure, et son corps, à partir des hanches, est engagé dans le massif et reste invisible au regard. Cette attitude est analogue à celle des douze taureaux en fonte (image prophétique du sacerdoce chrétien et des douze apôtres) qui supportaient, dans l'ancien temple, le réservoir dit *Mer d'airain*, et qui ne sortaient de sa masse que par leur partie antérieure (1). C'est que, remarque saint Grégoire, les seules actions des pasteurs sont exposées à notre vue à l'exclusion de leurs motifs, et nous devons, ajoute-t-il, n'en jamais scruter les principes ni rechercher

en déguise les formes d'une manière ignominieuse. Ainsi il y a un vêtement et un embonpoint qui figurent le péché, et aussi une nudité chrétienne qui marque le détachement et cette pauvreté d'esprit comptée parmi les sept béatitudes. Telle est dans la parabole du mauvais riche le costume somptueux qui l'enveloppait ; tels sont les vêtements du siècle dont on se dépouille dans les ordinations et dans les professions religieuses ; telles sont, pour les animaux mystiques, les noires plumes du corbeau, la peau foncée des poissons mous, etc., figurant les iniquités dont les pécheurs sont revêtus. Tel est l'embonpoint de l'hydropisie marquant premièrement l'orgueil, puis dans un ordre secondaire la réunion des six autres péchés capitaux ; tel est le fardeau du chameau qui représente quelquefois une masse énorme de crimes, etc.

Par contre, la nudité, sans en excepter celle des pieds dont le sens est généralement mauvais, figure pourtant quelquefois un généreux détachement de toutes les affections terrestres. Ainsi, dans les catacombes romaines, plusieurs vierges ou femmes orantes ont les pieds absolument nus : et ce qui est bien plus rare encore, et on peut dire exceptionnel, la Vierge Marie elle-même s'y montre nu-pieds une fois. (Bosio, *Roma sotterranea*, p. 367, 369, 381, 387, 389, 393, 395 et *aliàs*. — P. 549 pour une figure dans laquelle on a cru reconnaître la Sainte Vierge, et qui du moins a les attributs mystiques des vierges chrétiennes. Enfin, pour la représentation de la Sainte Vierge *nu-pieds*, voyez p. 255.)

Du reste, il est bon de le dire, les cas où le vêtement symbolique fait allusion à l'injustice et ceux où la nudité figure un état de vertu sont bien moins communs que les autres, et il est aisé de les discerner.

(1) Ces douze taureaux, rangés en cercle, la tête tournée vers l'extérieur, supportaient sur leurs croupes cette urne immense, prophétiquement symbolique à la piscine baptismale : l'extrême partie de leur croupe étant engagée dans le massif placé sous le centre de l'urne, on ne voyait de ces animaux que la partie antérieure de leur corps. On voit une gravure de la *Mer d'airain* selon *Villalpand*, conforme à l'explication de S. Grégoire, dans le tome IV, planche XI, p. 190 de la Bible in-4° de D. Calmet.

les intentions (1) ; réservés aux yeux de Dieu seul, ces secrets de leur conscience sont cette moitié postérieure qu'on
ne pouvait apercevoir.

Sur cette tourelle, sans doute, l'inclinaison du corps du
moine n'a pas pour lui le même sens que pour les monstres
qui l'entourent : il devait offrir, par sa masse, un ensemble
analogue aux autres ; mais, penché par son attitude, il relève
du moins la tête avec une liberté digne et regarde vers l'occident, en souvenir des fins de l'homme et de la pensée de la
mort, de la crainte du jugement, et du grand avénement
du souverain Juge (2). La maturité des années qu'on lit sur
son front expressif dit-elle que la vie chrétienne est un combat continuel (3), et que le dépouillement du vieil homme
ne se borne point aux promesses et à la ferveur du début,
mais qu'il dure toute la vie ? Faut-il y entrevoir encore que
l'âme acquiert en énergie, en force et en virilité dans la
chaleur de cette lutte, et qu'il lui faut pour triompher qu'elle
se soit longtemps trempée dans l'épreuve purifiante de ce la-
borieux combat ? Quoi qu'il en soit, le port de tête, les narines un peu gonflées, quelque chose de sardonique et de
légèrement contracté dans la découpure des lèvres, rendent
une idée de triomphe, de joie et de dédain profond exprimés
avec énergie.

Il nous reste à analyser les accessoires et le geste. On a vu
que cette statue fait de l'index de sa main gauche un mouvement démonstrateur. Ce doigt indique moins le monstre tenu
captif par la main gauche, que l'acte qui retient son aile et

---

(1) C'est pourquoi ces pieds sont cachés dans la statue du moine. Les pieds,
nous l'avons dit ailleurs, représentent communément dans les œuvres d'art
symboliques, comme dans les commentaires sacrés, les intentions, les motifs
qui font agir l'homme et qui déterminent ses œuvres, de même que les pieds
déterminent ses mouvements et le portent là où sa volonté l'achemine.
(S. Augustin, *Contra Faust.* VI, 7. — S. Brunon. Astens., *in Levitic.* XI.)

(2) Voy. les notes de la statue n° 1.

(3) *Job* VII, 1. — S. Brunon. Astens., *in Job* VII. — *Eccli.* I, 1. —
Regul. S. Benedict., c. 1. — *Commentar. Hrab. Maur.*, *in ibid.*, c. 1. — *Ibid.*
De Agone christiani, etc. Et voyez nos notes sur le texte de la statue n° 1.

l'empêche de s'envoler (1). C'est cette espèce de triomphe, effet de la régénération spirituelle de l'âme, qu'indique évidemment ce doigt, triomphe qui est le dénouement du drame total des tourelles.

Disons un seul mot sur le monstre. Cet animal, à peu près de la grosseur d'un chat ordinaire, paraît être tout à la fois, par l'ossature de sa tête, le chien mentionné dans la Bible (2) comme l'emblème du démon, et la manicore du moyen âge, monstre aux traits humains et au corps hybride doté du même symbolisme. Les autres parties de l'animal offrent plusieurs des caractères assignés à la manicore : museau de chien, griffes de chat et de lion, fortes ailes de palmipède, oreilles pendantes de porc, queue qui a pu être de scorpion, mais visiblement retouchée ou même entièrement refaite; actuellement c'est une queue de dragon remarquable par sa vigueur et par sa tortuosité. La traduction de ces détails donne pour solution exacte autant d'attributs du démon. On y reconnaît aisément, dans le crâne et le front humain, la pensée intelligente et raisonnée dont ils passent pour le foyer, et dans les yeux humains aussi, et le regard oblique et louche, une expression de la malice et des ruses du tentateur. La face, décharnée, lugubre, rappelant les têtes de mort, marque les horribles tortures et le désespoir de cet être qui a légué la mort à la terre et le péché au genre humain; l'immonde et vorace museau de chien, associé à cet ensemble, adjoint à ces attributions tout ce qu'il y a d'igno-

---

(1) C'est l'aile droite qui est ainsi retenue captive; l'aile gauche est abattue et traînante, quoique déployée : l'autre semble marquer l'orgueil par son érection : celle-ci figure l'impuissance par l'élan; elle est cachée, sur la gravure, par le corps, vu en raccourci.

(2) Si on déroulait cette queue, elle excéderait en longueur celle du monstre tout entier; on n'en voit que l'extrémité sur notre gravure, prise d'un point où le corps de l'animal, vu en raccourci, la cache presque entièrement. Les sinuosités de cette queue s'aperçoivent très nettement, avec la lunette d'approche, de l'une des fenêtres du corps de logis des bâtiments claustraux (Maison royale de la Légion-d'Honneur), placé à l'ouest, fenêtre s'ouvrant dans le préau des cloîtres.

minie , de réprobation, d'impiété dans cet Esprit lâche et superbe , comparé dans les Écritures aux plus vils , aux plus
misérables et aux plus impudents des chiens. On voit dans
le corps de ce monstre, dans ses griffes tenant du chat, et dans
la vigueur de ses pattes rappelant un peu le lion, la fourberie
de ses attaques et leur déplorable violence ; dans ses oreilles
de pourceau, l'affection dirigée aux choses abjectes, le mépris
de la loi de Dieu et l'ingratitude obstinée ; dans l'envergure
de ses ailes rappelant les oiseaux de proie, l'orgueil fatal qui
l'a perdu et sa promptitude à l'assaut ; dans leur structure
fantastique, mais rappelant les palmipèdes et dénotant la pesanteur, sa lourde chute dans l'enfer où il entraîne ses victimes. La queue de scorpion, prêtée peut-être antérieurement
à cette figure (1), eût marqué dans cette hypothèse le dard
acéré du remords et les tortures infernales ; celle de dragon
qu'on voit aujourd'hui ne disconvient pas à ce monstre , puisqu'elle marque d'ordinaire les fins détournées et perfides de
l'instigateur de tout mal et son pouvoir d'entraînement si
redoutable au juste même (2) : elle figure en même temps
les *sept chevetains pechiez* représentés par le dragon , qui
d'abord dans le texte apocalyptique, puis dans les manuscrits
enluminés et sur les monuments du moyen âge, balance
sept têtes hideuses ceintes de couronnes royales et vibrant
un dard venimeux (3).

Nous n'avons pu nous assurer des détails de cette figure
qu'après des explorations innombrables pour trouver un

(1) Les autres caractères de ce monstre s'accordent avec ceux de la *Manicore* , nous pensons que sa queue, si elle a été différente antérieurement, a
pu être celle du scorpion , prêtée quelquefois à la manicore. Du reste , cette
manicore, bête absolument fantastique et très en vogue au moyen âge, n'est
pas toujours représentée, comme dans Vincent de Beauvais , avec une queue
de scorpion.

(2) Voy. S. Brunon d'Asti, *in Apocalypsin* XII , au sujet de la queue de
dragon.

(3) S. Brunon Astens., *in Apoc.* XII , et *passim* dans les docteurs de
l'Église.

Les *sept têtes* de ce dragon ont fourni l'un des manuscrits les plus curieux
que nous ayons du moyen âge. Nous y revenons ci-après.

lieu accessible favorable à leur perception. Placé sur la saillie extérieure de la tourelle, et presque toujours voilé par l'ombre que projette habituellement sur lui la statue du moine, ce petit monstre additionnel ne peut être étudié que d'une fenêtre des bâtiments claustraux, et d'une lucarne plus proche percée dans les combles du même édifice, longeant le côté méridional de la basilique. On ne le voit exactement et en face que de cette lucarne, et c'est encore malaisé. Nous en sommes venue à bout à l'aide d'une lunette d'approche disposée verticalement; et nous avons dû choisir l'heure où le soleil, frappant d'à-plomb sur le sujet, efface toute ombre portée et fait ressortir les détails, qui d'ailleurs varient sans cesse pour peu que l'on change de poste d'observation.

Comme la statue du novice est tournée du côté du nord, celui des esprits de ténèbres et des assauts les plus ouverts, ainsi la statue du profès, vainqueur de l'ennemi des hommes, est sur la paroi du *midi*, côté symbolique à la grâce et aux souffles de l'Esprit saint dont il reçoit les influences : ou, d'après une autre interprétation du sens attaché au *midi*, cette statue montre le moine ou le chrétien persévérant, opposé aux tentations les plus subtiles (1), comme le plus

---

(1) Le *nord* signifie d'ordinaire la région de l'esprit du mal, les ténèbres spirituelles, les souffles glacés de l'erreur qui paralysent les âmes : alors, et par opposition, le *midi* figure les souffles vivifiants de l'Esprit de grâce, réchauffant les âmes engourdies et fondant la glace du péché.

D'autres fois, le nord et le midi signifient respectivement les deux genres différents de tentations qui viennent du monde ; et c'est dans ce sens que Durand, évêque de Mende, dit en parlant du plan de l'église matérielle, qu'il doit s'aligner sans inflexion entre l'un et l'autre côté à distance égale de tous les deux. Le *nord* signifie dans ce cas les contradictions, les persécutions, les épreuves qui viennent du monde, et le *midi* ses séductions et ses délices, dangers plus pernicieux pour les âmes. Nous pourrions invoquer ici tous les docteurs de moyen âge et de l'antiquité chrétienne; nous nous contentons de citer textuellement Rhaban Maur, et d'indiquer quelques autres noms : « Meridiana autem plaga mundique et australis ab austro vento vocatur, calore suo frigus dissipat et glaciem solvit : significans gratiam Spiritûs sancti, qui caritatis ardore frigus infidelitatis expellit, et peccatorum duritiam dissolvit... Item in aquilone adversa mundi, in austro blandimenta designantur,

vaillant soldat est consigné, dans la bataille, au poste le plus périlleux ; tout d'ailleurs dit assez en elle que l'adversaire est terrassé. Ce religieux, ainsi vainqueur, clôt par une image morale cette longue série des *vices* : c'est « *le triomphe de la grâce opérant dans l'élu de Dieu le dépouillement du vieil homme et la destruction du péché.* »

De l'ensemble de ce mémoire ressortent naturellement deux questions; les voici telles qu'elles nous ont été posées :

1° *La statuaire des églises du moyen âge offre-t-elle d'autres exemples de statues hybrides comme celles de Saint-Denys ; et l'ensemble des péchés capitaux, tel qu'on le voit sur ces dernières, se rencontre-t-il autre part avec des détails analogues et des caractères pareils?*

A cela nous pouvons répondre que la plupart des cathédrales du XIIIᵉ au XIVᵉ siècle offrent, dans les tympans de leurs portails, les chapiteaux de leurs colonnes, les vitrages de leurs verrières, et souvent, comme à Saint-Denys, dans leurs parties aériennes, beaucoup de figures hybrides représentant aussi des vices. Nous ne voulons rien hasarder sur les statues des frises de la cathédrale de Strasbourg (1), ni sur les statues d'animaux sculptées dans les fenêtres hautes des tours de la cathédrale de Laon, ne connaissant ces édi-

---

quâ geminâ expugnatione probatur Ecclesia. » (Hraban. Maur., *De universo*, IX, 1. — Amalar. Fortunat., *De ecclesiastic. offic.* III, 2. — *Expositio missæ transcript. ex vener. Codic. tom. De divinis offic. ac minist... Libri. Rom.* 1591. (Bibliothèque royale). — *Gemma anima*, XVI. — Hug. à S. Victor, *Erudition. theologic. in Specul. Ecclesiæ*, VII.—Albin. Flacc. Alcuin., *De divin. offic.* XXXIX, etc. — Voy. aussi sur ce sujet la note de la statue nᵘ 1).

(1) « Les frises au-dessous des arcs qui terminent les meneaux des grandes fenêtres nord et midi sont remplies de statuettes singulières. On appelle cette réunion la danse des sorcières : *des femmes terminées en monstres* y jouent de divers instruments; d'autres sujets fantastiques s'y battent ou s'y caressent : *des monstres hideux déchirent les hommes*. Les flèches des tourelles placées devant les contreforts sont surmontées de petits diables complétant cette scène infernale.... » (MM. Chapuys et de Jolimont, *Cathédrales de France*.) Le même ouvrage mentionne des représentations de *péchés écrasés* sous le poids des quatre vertus cardinales, ou sous ceux des vierges sculptées sur les pieds-droits du portail.

fices que par des gravures sur lesquelles les détails de la statuaire ne peuvent être appréciés : nous nous contentons de les signaler à l'attention des archéologues. Nous pouvons avancer du moins que les voussures d'archivolte de la baie centrale du portail ouest de Notre-Dame de Paris, et l'ornementation d'un nombre considérable d'églises, conservent des statues hybrides de démons, qui ne sont autre chose que des personnifications et des réunions de différents vices groupés dans la même figure. De plus, nous tenons pour certain qu'il existe en France et ailleurs des compositions analogues à celle qui sert d'ornement aux tourelles de Saint-Denys, sauf les variations légères qu'ont dû apporter dans leur style l'esprit différent des auteurs, les besoins divers des provinces, les genres d'ordres monastiques ordonnateurs de ces églises, et la date des monuments. Les études d'exploration dirigées partout aujourd'hui sur les anciennes basiliques démontreront d'ailleurs ces faits, et nous en citerons un tout à l'heure observé dans une verrière.

2° *Existe-t-il, dans les monuments écrits appartenant aux époques contemporaines de l'érection des tourelles de Saint-Denys, quelque exemple de même genre?*

A cette seconde question nous répondons également d'une manière affirmative ; en fait de vertus et de vices les documents ne manquent point, et les manuscrits de *clergie* qui ont survécu au moyen âge sont pleins de traités et d'enluminures analogues à la décoration des tourelles de Saint-Denys (1). Il y a à la Bibliothèque royale un manuscrit à miniatures intitulé *Lapocalipse*, qui n'est pas, comme on le pourrait croire, la traduction ni le récit intégral de la vision apocalyptique ». Cette œuvre, qui a cinquante pages

---

(1) Nous passons sous silence les bêtes hybrides et allégoriques dont les prophéties de Daniel, d'Ézéchiel et d'autres visions marquées dans la Bible offrent les premières images, et qui ont évidemment fourni au moyen âge l'idée de ces monstres complexes dont sa symbolique est remplie. Nous nous renfermons strictement dans les preuves empruntées aux monuments des xiie, xiiie, xive et même xve siècles.

du plus grand format in-4°, est tout bonnement l'interprétation, selon la science de clergie, de la « beste que vit
S. Johan » et que décrit l'Apocalypse, et cette bête est un
animal hybride expliqué comme nos statues conformément
aux commentaires, et montré comme l'emblème du démon
et des sept péchés capitaux, tous accompagnés de leurs
branches, de leurs *jetons*, de leurs *rainselés* (1), de leurs
fueilles ; on y voit au moins dans le texte le signalement
détaillé et les raisons toutes mystiques de la composition
hybride de cet animal d'invention : « Beste qui issoit de la mer
» merveilleusement desguisée et trop espouvantable. Car
» (ajoute le manuscrit), le corps de la beste estoit de lieu-
» part, les piez estoient dours la goule de lion. Et si avoit
» sept chies (chiefs, têtes) et dix cornes, et pardesurs les
» dix cornes dix corones... Beste qui senefie li deables... Car
» ausi come le lieupart a divers coleurs ausi li deables a di-
» verses manières d'engins et de baraz (2) a decevoir et a
» tempter les gens. Et les piez estoient dours. Quar (sic)
» ausi come li ours qui a la force es piez et es braz tient
» forment lie celi que il a soubz ses piez et ce que il em-
» brace, ausi fait li deables celi que il embrace est abatu par
» pechie. Et la goule estoit de lion pour sa grant cruauté que
» tout voulsist devourer. *Les sept chies de la beste sont les*
» *sept chevelains* (3) *pechiez...* Les dix cornes... senefient
» les dix trepassements des dix comandemens nostre Seigneur
» que le deables pourchace a trepasser tant come il peut par
» les sept pechiez... Et les dix corones senefient les victoires
» que il a sur tos les pechours por ce que il leur fait tre-
» passer les dix comandemens... Le primier chief de la beste
» est *ourgueil.* Le segont *envie.* Et le tiers *ire.* Et le quart
» *parece* que l'on appelle en clergie accide (acedia). Et le

---

(1) *Getons*, pour rejetons ; *rainseles* (prononcez *rainselets*) pour rinceaux,
petits rinceaux, minces rejetons, pousses souples et délicates formant les
plus flexibles ramifications d'un végétal.

(2) *Engins* (ital. *inganno*), piéges. *Baraz*, artifices, déceptions.

(3) *Chevelains* ou *chieftains*, capitaux ; de *chief*, tête : *chies*, têtes.

» quint *avarice*. Et le sisime *glotonie*. Et le septiesme *luxure*.
» Et en ces sept chiefs descendent toutes menieres de pe-
» chiez... » Suit le détail de ces « pechiez » qui occupent le
reste du livre, et dont les noms servent de titre aux sept chapitres principaux avec le numéro du « chief » qui représente chacun d'eux. Ainsi le chapitre premier a pour titre :
« Le premier chief de la beste est ourgueil » ; le second :
« Le segont chief de la beste est envie », etc. Voilà donc
une bête hybride, dans le même style et les mêmes conditions que celles des tourelles de Saint-Denys ; mais cette
bête emblématique ne se trouve pas seulement dans le manuscrit, on la peut voir en vraie peinture, en peinture monumentale et plus hybride en quelque sorte qu'elle ne l'est
sur le vélin, dans les verrières de l'église de Saint-Nizier,
à Troyes (Aube) (1). Là, les sept *chiefs*, tous décorés du
nimbe uni pour représenter ces *corones* marquant le triomphe du mal, sont encore différents entre eux et tous empruntés à sept des animaux montrés dans notre IIᵉ partie
comme figurant les *sept vices*. L'*orgueil* est une tête humaine au port arrogant et altier ; l'*envie* est celle du serpent ; la *colère* est la tête du chameau (le *gamal* hébreu) ;
la *paresse* (ou *accide*) est la tête informe et les cornes du
limaçon ; l'*avarice*, la tête de cette hyène à poil hérissé
que le moyen âge se représentait constamment fouillant l'intérieur des tombeaux ; la *luxure* est une tête féminine enveloppée à peu près comme notre nº 19, moins les riches
plis et le nœud ; enfin, la tête de l'autruche symbolise la
gourmandise et tous les péchés de la *boiche*. Ces allusions
et leurs principes sont suffisamment expliqués dans notre
aperçu précédent sur la zoologie mystique.

Nous ne citerons plus ici que les miniatures de diables
de la poétique légende intitulée : *la Passion nostre Sei-*

---

(1) Ce vitrail est gravé dans les *Annales archéologiques* de M. Didron,
t. Iᵉʳ, p. 77. OEuvre du xivᵉ siècle, mais composée probablement par des
moines ou des prélats, il conserve intacts dans tous ses détails l'esprit et les
traditions hiératiques.

gneur Jh.ucrist (1), curieuses figures hybrides, réunissant dans un seul monstre la hure du sanglier, l'oreille de l'âne inclinée et la crinière du cheval, les cornes du taureau ou du bélier, la queue et le torse du singe, un bec et des serres d'oiseau de proie avec les pattes de la poule ou le pied bisulque du bouc; tous caractères symboliques précisant les péchés *chieftains :* chacun pourra voir ces figures sur les vélins originaux, et trouvera, pour peu qu'il cherche, quantité d'animaux hybrides dans les manuscrits enluminés de nos riches bibliothèques.

Résumons nos démonstrations dans cette conclusion dernière. Les statues des tourelles de Saint-Denys sont, si l'on peut ainsi parler, le champ clos de la vie chrétienne : puis, après cette grande image, un examen de conscience propre aux laïques et aux moines, et offert à ceux de cette abbaye entre deux ères de réforme (2), à une époque où l'opulence avait nécessairement relâché leurs mœurs. Se garder par de tout désordre, juger l'ignominie du vice, l'extirper d'au-dedans de soi si on lui a ouvert la place, et détruire cet ennemi, telle est toute la vie du moine, et les tourelles sont le livre qui le lui devait rappeler; chaque statue est une page qui, méditée et commentée, devait apprendre au religieux quels *getons* et quels *raincelés* naissent sur les branches maîtresses et les rameaux de chaque vice; la dernière est le saint exemple que doit offrir sa vie entière, péroraison toute chrétienne, arrêtant l'esprit du lecteur sur une pensée de victoire, de rénovation et de paix. Telle est aussi la conclusion du manuscrit de *Lapocalipse*, traité plus étendu, plus vaste, plus explicite et plus complet que les statues de

---

(1) Manuscrit de la Bibliothèque royale.

(2) C'est-à-dire entre la troisième réforme de cette abbaye, accomplie par l'abbé Suger, en l'an 1127, sous le règne de Louis VI, et la quatrième et dernière (la réforme de la congrégation de S. Maur établie dans ce monastère en 1633, pendant l'exercice de l'abbé Henri III de Lorraine, sous le règne de Louis XV). Cette réforme s'accomplit par les soins du cardinal de La Rochefoucauld.

Saint-Denys, mais tout pareil à cet ensemble par l'esprit, le choix des sujets, les détails qui les développent, ayant les mêmes points saillants et offrant les même redites que cette allégorie sculptée. Cet épilogue, très naïf, pourrait par sa naïveté même servir d'inscription, non seulement à la décoration des tourelles de Saint-Denys, mais à toutes les réunions des *chieftains pechiez* sculptées sur les cathédrales du moyen âge. Le secret de la grande popularité de ce thème n'a pas dû avoir d'autre clef que cette conclusion naïve et si pleine de bonhomie, que nous transcrivons mot pour mot :

« Il nest nul si preudome se il voit bien ses déffauz qui ne trovast assez a dire tos les jors de sa confession mes negligence et oblience aveuglent si les pecheurs que il ne voient goute ou (au) livre de leur conscience. » Et plus bas : « Ci finissent (dit le vélin) pechiez morties et toutes les branches. Qui bien estudieret en cest livre il porroit moult profiter et aprendre et conoistre toutes menieres de pechiez et a soi bien confessier. Car nul ne se peut bien confessier ne de pechie sei garder se il ne le cognoist. Or doit donc cil qui en cest livre list regarder diligentement si il est coupables daucun si sen doit repentir et diligentement confessier et se garder a son pocir des autres dont il nest coupables et doit Dieu louer et mercier humblement qui len a garde (1). »

Ici s'arrête notre tâche. Nous quittons, pour d'autres recherches, les tourelles de Saint-Denys. En finissant cette analyse, nous consignons ici un souhait : c'est de voir ce point de l'abbatiale, oublié depuis tant de siècles, visité de ceux que leur science a faits, en archéologie et en Symbolique chrétienne, juges compétents et experts. Les tourelles de Saint-Denys valent bien ce pèlerinage.

Si l'on veut, des galeries hautes disposées sur la basilique, étudier dans son détail ce catéchisme des « péchés », il faut choisir l'heure du jour où l'atmosphère est plus limpide, où les vapeurs sont dissipées et où il reste moins de prise aux

_____

(1) Fol° 59.

illusions de toute espèce qui peuvent tromper le regard. Mais si l'on tient à recueillir tout ce qu'il y a de poésie dans ce mystérieux ensemble, il faut monter aux galeries par une brillante soirée d'été. Alors, frappant sur les tourelles, le soleil, prêt à disparaître, les inonde de ses flots d'or; on croit, à ce moment du jour, voir s'ouvrir leurs inflorescences et leurs animaux s'agiter. Un frémissement progressif hérisse et semble enfler leurs ailes, leurs prunelles lancent l'éclair, tout leur corps paraît nuancé des couleurs les plus chatoyantes. Les vitraux de la basilique étincellent en ce moment entre les meneaux des ogives : le front des pignons et des tours est noyé de teintes rosées, un vaste océan de lumière enveloppe le monument. Alors, comme dans un doux rêve, on croit voir le temple osciller sur ses assises vénérables et prendre un fantastique essor, comme cette cité de Dieu qui vient du ciel toute parée et qu'on voit flotter dans l'éther au chapitre 21 de l'Apocalypse (1); mais tandis que la cité sainte ne va balançant dans l'espace que des êtres purs, impassibles, et l'*alleluia* glorieux, sa représentante terrestre, portant les péchés sur son faîte, déploie aux regards contristés tous les maux, toutes les menaces, toutes les terreurs de la vie. C'est que la mystique enseignante est un inextinguible phare qui doit signaler aux pilotes et aux passagers indolents les écueils où les nefs se brisent. Dans cette légion de fantômes enchaînée à ce mur sacré, on voit, traduit en parabole, le mal, ce fléau d'ici-bas, dompté par le pouvoir céleste; l'imagination fascinée leur prête la vie

---

(1) Et vidi cœlum novum, et terram novam.... Sanctam civitatem Jerusalem novam, descendentem de cœlo à Deo, paratam sicut sponsam ornatam viro suo. Et audivi vocem magnam de throno dicentem : Ecce tabernaculum Dei cum hominibus, et habitabit cum eis.... et absterget Deus omnem lacrymam ab oculis eorum; et mors ultrà non erit, neque luctus, neque clamor, neque dolor erit ultrà.... Jerusalem habentem claritatem Dei, et lumen ejus simile lapidi pretioso, tanquàm lapidi jaspidis... et erat structura ejus ex lapide jaspide, ipsa verò civitas aurum mundum simile vitro mundo.... Et fundamenta muri civitatis omni lapide pretioso ornata.... Et duodecim portæ, duodecim margaritæ sunt. (*Apoc.*, XXI.)

14

et la voix et leur fait jeter dans l'espace ce cri célèbre et moniteur : « Discite justitiam... et non temnere divos (1). »

Nous avons quelquefois nous-même passé sur les galeries hautes de ces radieuses soirées. Le fond qui encadre les tourelles n'est, à ces heures ravissantes, qu'azur, lumière et doux rayons. Arrêtons longtemps nos regards sur ces pompes resplendissantes. O Dieu! qui pourrait rester froid devant cette page chrétienne, riche de si hautes leçons? Qu'on ne cherche plus maintenant comme une découverte à faire, quels principes d'un nouvel ordre ont enfanté ces harmonies et inspiré ce style à part; qu'on ne demande plus la source de la sévère poésie de nos églises d'autrefois, qu'on ne s'étonne plus du charme qui s'attache à leurs pierres frustes : la foi, ce regard de notre âme, dont le rayon vivifie tout, leur donne ce divin prestige; c'est elle qui apprit au ciseau à traduire ainsi noblement nos Écritures inspirées et à formuler son grand œuvre en pompeux monuments de pierre ou en admirables statues ; qui dota cette architecture de ces fleurs, de ces découpures, de cette riche statuaire, pleines des secrets admirables qu'y retrouve l'âge actuel ; c'est elle qui, à Saint-Denys, donna le grand drame des vices avec leurs saints enseignements pour diadème à ses tourelles ; elle encore qui, depuis cinq siècles, conduit là ce chœur incessant ; elle enfin (et c'est un triomphe que lui réserve l'avenir) qui, scrutant par toute l'Europe les conceptions de l'art chrétien, ouvrira la route à la science et donnera la solution de leur structure, de leurs plans, de leur décoration brillante, graves et saints hiéroglyphes dont elle seule a le secret.

---

(1) Avertissement trop tardif dont Virgile fait retentir le Tartare : « Là, dit-il, les uns roulent d'énormes rochers, les autres pendent liés aux rayons d'une roue; le malheureux Thésée est assis, et le sera éternellement; Phlégias, le plus malheureux, les exhorte tous, et de sa forte voix s'écrie dans la foule des ombres : « Avertis par notre exemple, connaissez la justice, et ne » méprisez point les dieux. » (De Pongerville, Énéid., VI, 620.) Le crime de Phlégias était d'avoir mis le feu au temple de Delphes.

FIN.

Fig. 1. Statue hybride Brenleun

Le Paysane

Fig. 2. Monstre hybride.

"Dragon et un poisson, d'après un..."

Fig. 3. Monstre hybride

Bouc de spectral par la tentation de S. acre

Fig. 4. Monstre hybride

Un vengeur d'prétend Théologie, l'Hérésie

Fig. 5. Monstre hybride

Fig. 6. Monstre hybride.

Ithomolatrie de la Rebellion

Fig. 7. L'homme animal.

avarti humain

Fig. 8. Le Flatteur de l'Ecole au Diable.

Flatteur

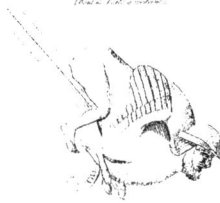

Revue Générale de l'Architecture et des Travaux Publics.
Paris, Rue Hautefeuille N° 9.
II année d'publication

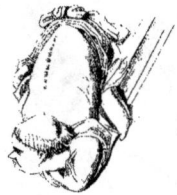

Fig. 29. Monstre hybride.

Fig. 26. Chien rongeur.

Fig. 27. Monstre hybride. Chimp. et chat.
(Bout de l'aile d'moderne.)

Fig. 30. Monstre dévoré par le dos.

« Quelle folle de Destruction. »

Ferronnyre et Lichene.

Homme Bébé "d'Devenir" Lumier.

Rénovation spirituelle.

Fig. 31. Ensemble de Génie Masque.
(Tête et bord des côté moderne.)

Fig. 32. Homme barbet.

Fig. 33. Religieuse chaste.
(Bout de l'aile q moderne.)

Fig. 28. Monstre fantastique et hybride.

« Arcade Cocherie, toujours! »

« Vieux Vénérienne et »

STATUE SYMBOLIQUE
de la Cathédrale Saint Pierre de l'Ancienne Abbaye de des XIIIe siècle
(1836-1854)

ÉLÉVATION ET DÉTAILS D'UNE PILE

TOURELLE NORD-OUEST

Fig 1 Statue humaine : Bienfaisance.
La Persuasion.
2 Monstre hybride.
Dur qu'il est sept prêtres chartrains.
3 Monstre hybride.
Remords exprimé par la tête au de Femme.
4 Monstre hybride.
Sous mystique "Hypocrisie" "Louangerie" Faveur
5 Monstre hybride.
Face de Clément Lazare.
6 Monstre hybride.
"Sorquidance et Rebeïham."
7 L'Homme Gaulois.
Grand Icebuire.
8 "Le Meneur de l'École au Double."
Fhâreus."

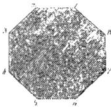

TOURELLE NORD-EST

Fig 9 Monstre hybride.
Avarice
10 Monstre hybride.
"Sparesse."
11 L'Homme Lion.
"Ferrandier de Icebuire."
12 La Agresse.
Tentation, par delà des yeux.
13 L'Hippopotamore.
Gulance heureuse.
14 Le Singe du Diable.
La Débauche.
15 Singes enchaînant une proie.
"Terre folle de débauché."
16 Aux abattu dans un bambère.
"Triomphe des Sens sur l'Esprit."

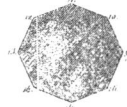

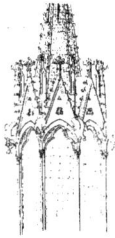

Fig 8 Statue humaine
Même aperçu du Sud-Ouest

Vénération spirituelle.

TOURELLE SUD-OUEST

18 Monstre hybride (Loup et Chat)
Rapine Vedée "d'Exaction" Avarice
20 Chien rageur.
Fanfannerie et Lâcheté.
22 Monstre hybride.
Quante folle de Détraction.
28 Monstre fantastique et hybride.
Haine, Vengeance et
29 Releinnaire-chatte.
Afronde, Lècherie, Dur qu'on'
31 Homme bachot.
Orbes profond des Lois anciennes.
31 Ensemble de Singes Humains
La même Remords et Impatience finale
35 Même aperçu du Sud-Ouest
Retour mon spirituelle.

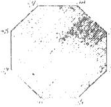

TOURELLE SUD-EST

17 Chien aîté correspondance
"Ire" et "Résurrexion" par Épîre.
18 Convestance.
Déchirure par les Envions.
19 Homme Savant, Chieur et Vampire
Scène du livre des Passeplus.
20 Monstre hybride.
"Salut" (Querelles et Réalités)
21 Trois séduisant cinq Monstre
Ensemble des pensées vile.
22 Monstre hybride.
Moroures.
23 Singe Louis.
Dur qu'il est les.
24 Lazar et réelles immondationes
La Luxiere.

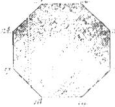

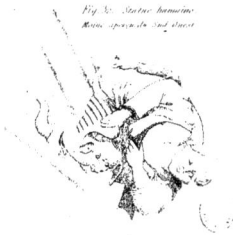

NOTRE-DAME DE PARIS
...

www.ingramcontent.com/pod-product-compliance
Lightning Source LLC
Chambersburg PA
CBHW071949090426
42740CB00011B/1876